MUSICOLOGIE
sous la direction de Philippe Vendrix
21

La Musique et les Animaux dans la pensée antique

Ouvrage publié avec le soutien
de l'Institut thématique interdisciplinaire CREAA
de l'université de Strasbourg, du CNRS et de l'Inserm

Alessandro Arbo
et Agnès Molinier Arbo

La Musique et les Animaux dans la pensée antique

Préface de François-Bernard Mâche

PARIS
CLASSIQUES GARNIER
2025

Alessandro Arbo, professeur de musicologie à l'université de Strasbourg, consacre ses recherches à l'esthétique et à la philosophie de la musique. Il a publié de nombreux essais et monographies sur Adorno, la pensée des Lumières, Nietzsche, Wittgenstein, et, plus récemment, les problématiques de la performance, de l'ontologie musicale, de l'enregistrement et de la diffusion de la musique sur le web.

Agnès Molinier Arbo est professeure de langue et littérature latines à l'université de Strasbourg, où elle dirige le CARRA (UR 3094). Spécialiste de l'histoire et de l'historiographie romaines tardives, entre paganisme et christianisme, elle a consacré de nombreux travaux à des historiens tardifs, à l'histoire des idées et des femmes dans l'Antiquité.

ISBN 978-2-406-18581-9 (livre broché)
ISBN 978-2-406-18582-6 (livre relié)
ISSN 2495-5485

Dis Manibus parentum, matri filiabusque carissimis.
À Whisky, Pops et Gaia.

Si l'animal manifeste même l'esquisse confuse d'un phénomène culturel, l'homme prend facilement peur. Peur de lui-même et de sa responsabilité meurtrière.
François-Bernard Mâche, *Musique au singulier*, Paris, Odile Jacob, 2001, p. 18.

ABRÉVIATIONS

Nous avons adopté les abréviations conventionnelles suivantes :

Ael., *N. A.*	Élien, *De natura animalium* (*La Nature des Animaux* ou *La personnalité des animaux*)
Alc.	Alcman
Ambr., *Ex.*	Ambroise de Milan, *(H)exa(e)meron* (*Exameron*)
Anth. Pal.	*Anthologia Palatina* (*Anthologie Palatine*)
Ap. Rh., *Arg.*	Apollonios de Rhodes, *Argonautica* (*Les Argonautiques*)
Apul., *Flor.*	Apulée, *Florida* (*Florides*)
Ar., *Au.*	Aristophane, *Aues* (*Les oiseaux*)
Aristox., *Harm.*	Aristoxène de Tarente, *Harmonica* (*Traité d'harmonique*)
Arstt., *An.*	Aristote, *De anima* (*De l'âme*)
Arstt., *Cael.*	Aristote, *De caelo* (*Du ciel*)
Arstt., *G. A.*	*De generatione animalium* (*De la génération des animaux*)
Arstt., *H. A.*	Aristote, *Historia animalium* (*Histoire des animaux*)
Arstt., *Interpr.*	Aristote, *De interpretatione* (*De l'interprétation*)
Arstt., *Metaph.*	Aristote, *Metaphysica* (*Métaphysique*)
Arstt., *Nic.*	Aristote, *Ethica Nicomachea* (*Éthique à Nicomaque*)
Arstt., *P. A.*	Aristote, *De partibus animalium* (*Des parties des animaux*)
Arstt., *Parv. Nat.*	Aristote, *Parua naturalia* (*Petits traités d'histoire naturelle*)
Arstt., *Phys.*	Aristote, *Physica* (*Physique*)
Arstt., *Poet.*	Aristote, *Poetica* (*Poétique*)
Arstt., *Pol.*	Aristote, *Politica* (*La Politique*)
Arstt., *Sens.*	Aristote, *De sensu* (*De la sensation*)
Ath., *Deipn.*	Athénée, *Deipnosophistae* (*Le banquet des sophistes*)
Aug., *Ciu.*	Augustin, *De ciuitate Dei* (*La cité de Dieu*)
Aug., *Conf.*	Augustin, *Confessiones* (*Les Confessions*)
Aug., *Lib.arb.*	Augustin *De libero arbitrio* (*Du libre arbitre*)
Aug., *Mus.*	Augustin, *De musica* (*De la musique*)
Aug., *Ord.*	Augustin, *De ordine* (*De l'ordre*)
Bas., *Hex.*	Basile de Césarée, *Hexaemeron* (*Homélies sur l'Hexaemeron*)

Boeth., *Mus.*	Boèce, *De institutione musica* (*Traité de la musique*)
Call., *Telch.*	Callimaque, *Pros Telchinas* (*Réponse aux Telchines*)
Cic., *Brut.*	Cicéron, *Brutus* (*Brutus*)
Cic., *De orat.*	Cicéron, *De oratore* (*De l'orateur*)
Cic., *Diu.*	Cicéron, *De diuinatione* (*De la divination*)
Cic., *Fam.*	Cicéron, *Epistulae ad familiares* (*Épîtres Familières*)
Cic., *Nat. deor.*	Cicéron, *De natura deorum* (*De la nature des dieux*)
Cic., *Orat.*	Cicéron, *Orator* (*L'orateur*)
Cic., *Rep.*	Cicéron, *De Republica* (*de la République*)
Clem. Al., *Protr.*	Clément d'Alexandrie, *Protrepticus* (*Protreptique*)
Colum.	Columelle, *Res rustica* (*L'Agriculture*)
Co.	*Lettres de saint Paul Apôtre aux Corinthiens* dans le Nouveau Testament
D. L.	Diogène Laërce, *De clarorum philosophorum uitis* (*Vies des philosophes illustres*)
Eschl., *Ag.*	Eschyle, *Agamemnon*
Eur., *Alc.*	Euripide, *Alcestis* (*Alceste*)
Eur., *Bacch.*	Euripide, *Bacchae* (*Les Bacchantes*)
FGrHist.	*Fragmenta Graecorum Historicorum* (*Fragments des historiens grecs*, éd. Th. Mueller, Paris, 1841 [en ligne : https://www.dfhg-project.org/DFHG/#]
Fest.	Festus, *De uerborum significatu* (*De la signification des mots*)
G., *Reg. rhythm.*	Guido d'Arezzo, *Regulae rhythmicae* (*Règles en vers*)
Gell.	Aulu-Gelle, *Noctes atticae* (*Les nuits attiques*)
Gn.	Genèse
Hes., *Op.*	Hésiode, *Opera et dies* (*Les travaux et les jours*)
Hh., *Pan.*	*Hymnus homericus ad Panem* (*Hymne homérique à Pan*)
Hist. Aug., *Alex.*	Histoire Auguste, *Alexander* (*Vie d'Alexandre Sévère*)
Hom., *Il.*	Homère, *Ilias* (*L'Iliade*)
Hom., *Od.*	Homère, *Odyssea* (*L'Odyssée*)
Hor., *Carm.*	Horace, *Carmina* (*Odes*)
Isid., *Orig.*	Isidore de Séville, *Origines* (*Étymologies*)
Jude	*Lettre de saint Jude* dans le Nouveau Testament
Lact., *Opif.*	Lactance, *De opificio Dei* (*L'ouvrage du Dieu créateur*)
Lucr.	Lucrèce, *De natura rerum* (*De la Nature*)
Macr., *Somn.*	Macrobe, *Commentarii in Ciceronis somnium Scipionis* (*Commentaires au songe cicéronien de Scipion*)
Mart.	Martial, *Epigrammata* (*Épigrammes*)

Mart. Cap.	Martianus Capella, *De nuptiis Philologiae et Mercurii* (*Les Noces de Philologie et Mercure*)
Opp., *C.*	Oppien, *Cynegetica* (*Les Cynégétiques*)
Orig., *Cels.*	Origène, *Contra Celsum* (*Contre Celse*)
Ov., *Am.*	Ovide, *Amores* (*Les Amours*)
Ov., *Fast.*	Ovide, *Fasti* (*Les Fastes*)
Ov., *Met.*	Ovide, *Metamorphoses* (*Les Métamorphoses*)
Ov., *Trist.*	Ovide, *Tristia* (*Les Tristes*)
P.	*Lettres de saint Pierre Apôtre* dans le Nouveau Testament
Pd., *P.*	Pindare, *Pythia* (*Pythiques*)
Phil., *Alex.*	Philon d'Alexandrie, *Alexander* (*Alexandre*)
Phil., *Fug.*	Philon d'Alexandrie, *De fuga et inuentione* (*De la fuite et de l'invention*)
Phil., *Post.*	Philon d'Alexandrie, *De posteritate Caini* (*De la postérité de Caïn*)
Philstr., *V. Ap.*	Philostrate, *Vita Apollonii* (*Vie d'Apollonios de Tyane*)
Philstr., *V. soph.*	Philostrate, *Vitae sophistarum* (*Vies des sophistes*)
Phld., *Mus.*	Philodème de Gadara, *De musica* (*De la musique*)
Plat., *Conu.*	Platon, *Conuiuium* (*Le Banquet*)
Plat., *Crat.*	Platon, *Cratylus* (*Cratyle*)
Plat., *Leg.*	Platon, *Leges* (*Les Lois*)
Plat., *Phaed.*	Platon, *Phaedo* (*Phédon*)
Plat., *Phaedr.*	Platon, *Phaedrus* (*Phèdre*)
Plat., *Prot.*	Platon, *Protagoras*
Plat., *Rsp.*	Platon, *Respublica* (*La République*)
Plat., *Theaet.*	Platon, *Theaetetus* (*Théétète*)
Plat., *Tim.*	Platon, *Timaeus* (*Timée*)
Plin., *Nat.*	Pline l'Ancien, *Naturalis historia* (*Histoire naturelle*)
Plot., *Enn.*	Plotin, *Enneades* (*Ennéades*)
Plut., *Brut. an. uti*	Plutarque, *Bruta animalia ratione uti* (*Gryllos* ou *Si les bêtes brutes ont l'usage de la raison*)
Plut., *Es. carn.*	Plutarque, *De esu carnium* (*Manger de la chair*)
Plut., *Soll. an.*	Plutarque, *De sollertia animalium* (*De l'intelligence comparée des animaux terrestres et aquatiques*)
Pol. *Fr. h.*	Polybe, *Fragmenta historica* (*Fragments historiques*)
Porph., *Abst.*	Porphyre, *De abstinentia* (*De l'abstinence*)
Quint., *Inst.*	Quintilien, *Institutio oratoria* (*L'Institution oratoire*)
Sen. Rh., *Contr.*	Sénèque le Rhéteur, *Controuersiae* (*Controverses*)

Sen., *Marc.*	Sénèque le Philosophe, *Ad Marciam de consolatione* (*Consolation à Marcia*)
Sen., *Ag.*	Sénèque le Philosophe, *Agamemno* (*Agamemnon*)
Sen., *Epist.*	Sénèque le Philosophe, *Epistulae ad Lucilium* (*Lettres à Lucilius*)
Sen., *Nat.*	Sénèque le Philosophe, *Quaestiones naturales* (*Questions naturelles*)
Sen. *Phaedr.*	Sénèque le Philosophe, *Phaedra* (*Phèdre*)
Sil.	Silius Italicus, *Punica* (*La Guerre Punique*)
SVF	*Stoicorum Veterum Fragmenta* (*Fragments des anciens stoïciens*, éd. Hans Friedrich August von Arnim, 4 vol., Stuttgart, Teubner, 1903-1924).
Serv.	Servius, *Commentarius in Vergilii opera* (*Commentaire sur les œuvres de Virgile*)
Sext. *P.*	Sextus Empiricus, *Purrhôneioi Hupothupôseis* (*Esquisses Pyrrhoniennes*)
Sext., *M.*	Sextus Empiricus, *Aduersus mathematicos* (*Contre les Mathématiciens*)
Tat., *Or. ad Graec.*	Tatien, *Oratio ad Graecos* (*Discours aux Grecs*)
Theoc.	Théocrite, auteur d'*Idylles*
Varro, *Ling.*	Varron, *De lingua latina* (*De la langue latine*)
Varro, *Men.*	*Saturae Menippeae* (*Satires Ménippées*)
Varro, *Rust.*	Varron, *Res rusticae* (*L'Économie Rurale*)
Verg., *Aen.*	Virgile, *Aeneis* (L'*Énéide*)
Verg, *Georg.*	Virgile, *Georgica* (*Les Géorgiques*)

PRÉFACE

Lorsque j'ai proposé, il y a une quarantaine d'années, le terme et la légitimité d'une « zoomusicologie », j'espérais bien, non seulement piquer la curiosité des musiciens, mais plus largement celle du monde intellectuel. Un travail comme celui-ci vient combler tous mes souhaits, et enrichir considérablement la discussion de mes hypothèses. Mon ancienne formation d'helléniste et d'archéologue me donne le plaisir rare de rencontrer une érudition supérieure, afin de comprendre l'antiquité gréco-romaine lorsqu'elle remarquait la musicalité des signaux animaux. L'ampleur des références et des perspectives que développent les auteurs, leur minutieuse évaluation des valeurs philosophiques impliquées et la hauteur de leurs vues font de ce livre une étape essentielle sur le chemin ardu comparant l'animalité et l'humanité. Dépassant l'ostracisme traditionnel d'origine biblique, on y trouve confirmation de certaines affinités culturelles entre ces deux domaines du vivant, que la réflexion philosophique accepte aujourd'hui enfin de reconsidérer.

En tant que compositeur, j'y trouve d'excellentes raisons de confirmer mon espoir que la création artistique soit non seulement l'exercice d'un grand jeu d'origine naturelle, mais, du même coup, la promesse d'une nouvelle joie de vivre.

François-Bernard MÂCHE

INTRODUCTION

La cithare d'Arion enchantait les dauphins, la lyre et le chant d'Orphée adoucissaient les bêtes féroces et les cigales étaient originairement des hommes tellement épris de musique qu'ils en avaient oublié de se nourrir. On le voit, le magnifique réservoir d'images et d'exemples constitué par les mythes antiques n'hésitait pas à placer la musicalité au nombre des aptitudes partagées par les hommes et les animaux. Si la possession de la sensation et de la locomotion inscrit jusqu'à un certain point l'homme dans le monde animal, il n'est pas étonnant qu'il fasse également montre de traits, de comportements ou d'aptitudes semblables à ceux d'autres espèces : des pires, comme leur férocité, parfois totalement incontrôlée, aux meilleurs, parmi lesquels se trouve leur capacité à émettre de virtuoses roulades sonores. Les anciens sont même quelquefois allés plus loin : puisque, comme l'affirme le langage commun, les oiseaux « chantent », qui sait si ce n'est pas l'animal qui est à l'origine des pratiques musicales humaines ?

On objectera que ce n'était là qu'affabulation. De même que les anciens avaient attribué aux dieux leurs vertus et leurs défauts, peut-être ont-ils aussi tout simplement imaginé que, à l'instar de certains hommes, quelques animaux étaient musiciens. Le « chant » des oiseaux ne serait donc qu'une simple métaphore poétique, sans qu'il soit besoin de creuser plus avant. En effet, à bien y regarder, entre ce que les hommes ont désigné – et désignent encore aujourd'hui, même si la signification de l'expression n'est plus exactement la même – du mot de « musique » et les émissions sonores du monde animal, il existe à première vue une distance infranchissable : la première implique une activité liée à une intention, à des dispositions, à des catégories *a priori* indissociables de l'exercice de la raison.

Voilà qui va nous obliger à mieux cerner l'intérêt des mythes si riches d'enseignements que nous examinerons dans le premier chapitre, et, ce faisant, celui de la thématique que nous entendons traiter tout au long de ce livre. Soulignons avant tout que, même si l'on devait admettre que les anciens ne recouraient aux mots « chant » ou « musique » pour décrire les émissions sonores des animaux que dans un sens métaphorique, ce constat serait déjà significatif : il est en effet susceptible de nous révéler, dans une perspective anthropologique, comment Grecs et Romains se sont positionnés dans leur biosphère – ou, plus précisément, comment, en tant qu'humains, ils ont conçu leur rapport aux autres êtres vivants. Une recherche sur la manière dont les sources antiques ont cru retrouver certaines capacités humaines dans le monde animal pourrait déjà trouver là un premier objectif.

Nous sommes néanmoins convaincus que ce n'est pas le seul but auquel nous pouvons tendre. Car ne voir dans le « chant » des animaux qu'une projection anthropomorphique, sans aucun fondement dans le monde réel, n'est pas aussi évident qu'il y paraît de prime abord. En effet, en qualifiant généralement de *cantus* les émissions sonores des oiseaux[1], les anciens avaient conscience que le phénomène ainsi désigné devait être distingué d'autres « voix » animales : le cri, le gazouillement, le sifflement, le murmure, etc. Le « chant » était ainsi appelé en raison de la proximité que le phénomène qu'il désignait entretenait avec ce que le terme impliquait dans le monde des hommes. L'existence de similarités entre les séquences sonores, parfois simples, parfois plus riches et complexes, produites par certains animaux et ce que nous, les humains, appelons « musique » est d'ailleurs un fait admis par certains musiciens et musicologues. Quelques-uns en ont fait une source d'inspiration[2], voire un véritable modèle de composition[3] ; d'autres ont tenté de les décrire et les analyser pour faire ressortir d'éventuelles analogies avec les principales structures formelles de la musique humaine[4] ; d'autres encore se sont penchés sur la variété des émissions sonores des chimpanzés et

1 *Cf.* Maurizio Bettini, *Voci. Antropologia sonora del mondo antico*, Torino, Einaudi, 2008, p. 39.

2 Parmi les cas les plus célèbres, le *Chant des oyseaulx* de Janequin, *La Poule* de Rameau, *L'oiseau de feu* de Stravinsky. D'autres exemples sont étudiés par Louis F. Baptista et Robin A. Keister, "Why birdsong is sometimes like music", *Perspectives in Biology and Medicine*, 48, 3, 2005, p. 426-443. Pour une vision d'ensemble sur le chant des oiseaux comme source d'inspiration pour les compositeurs, voir Antoine Ouellette, *Le chant des oyseaulx. Comment la musique des oiseaux devient musique humaine*, Montréal, Varia, 2020.

3 C'est le cas d'Olivier Messiaen et de François-Bernard Mâche.

4 *Cf.* les travaux de François-Bernard Mâche et notamment son livre *Musique, mythe, nature ou les dauphins d'Arion*, Château-Gontier, Éditions Aedam Musicae, 2015[3].

des baleines[5]. L'aptitude, présente chez certaines espèces, à varier des séquences apprises et à transmettre les variations ainsi obtenues continue d'être étudiée par la musicologie comme par la science[6], au sein d'un questionnement porteur d'enjeux scientifiques, mais aussi, bien souvent, éthiques[7]. Or il est intéressant de noter que les anciens avaient, bien avant nous, compris jusqu'à quel point les sons émis par quelques animaux pouvaient rivaliser avec les prouesses musicales humaines.

Une telle prise de conscience est loin d'être une spécificité occidentale et on pourrait même affirmer qu'elle est attestée dans la plupart des cultures du monde[8]. Il existe cependant entre celles-ci des différences notables. La passion de l'Extrême-Orient, et en particulier de la Chine, pour les émissions sonores des grillons et des criquets est ainsi connue depuis la nuit des temps[9] ; le monde occidental s'est quant à lui sans doute plutôt focalisé sur les émissions sonores des oiseaux[10]. Mais il n'a pas pour autant négligé la sensibilité musicale des mammifères, des biches aux ours, et s'est même intéressé à la production sonore de certains insectes : si l'on en croit le témoignage de Théocrite (vers 310-250 av. J.-C.)[11], les Grecs gardaient en cage des cigales, sans doute « pour leur qualité

5 Dario Martinelli, *Of Birds, Whales, and Other Musicians : An Introduction to Zoomusicology*, Scranton-Londres, University of Scranton Press, 2009.

6 Wolfgang Wickler, *Dialekte im Tierreich. Ihre Ursachen und Konsequenzen*, Münster, Aschendorff Verlag, 1986; Peter Marler et Hans Slabbekorn, (éd.), *Nature's Music. The Science of Bird-songs*, Amsterdam-San Diego, Elsevier Academic Press, 2004.

7 Jeanette Bicknell, "Music", *in* Anna Christina Ribeiro (éd.), *The Bloomsbury Companion to Aesthetics*, Londres, Bloomsbury, 2012, p. 122.

8 Plusieurs cultures africaines font référence aux chants des oiseaux dans leurs danses et rituels, et utilisent des instruments susceptibles de les imiter. On trouve également des musiques inspirées par le chant des oiseaux dans différentes traditions musicales américaines et asiatiques, de la musique classique indienne au gamelan indonésien, jusqu'aux peuples de l'Océanie. Signalons entre autres l'étude réalisée dans les années 70 par l'ethnomusicologue et anthropologue américain Steven Feld sur la façon dont la musique des *kaluli*, un peuple de la Nouvelle Guinée, réélabore les flux sonores de la nature et le chant des oiseaux : Steven Feld, *Sound and Sentiment : Birds, Weeping, Poetics, and Song in Kaluli Expression*, Durham-Londres, Duke University Press, 2012[3].

9 *Cf.* Benjamin Lassauzet et Alain Montandon, « Introduction », *in* Benjamin Lassauzet et Alain Montandon (éd.), *Les insectes et la musique*, Paris, Hermann, 2022, p. 6.

10 *Cf.* Bettini, *Voci*, p. 11.

11 Theoc. 2, 52 – le texte évoque peut-être en fait des sauterelles plutôt que des cigales. Sur les capacités musicales attribuées dans l'Antiquité aux cigales, voir encore Call., *Telch.* 29-30, où le chant mélodieux de la cigale est opposé au braiement de l'âne, et surtout des passages du *Phèdre* (259b-c) de Platon ou encore d'Élien (*N. A.* 1, 20) sur lesquels nous reviendrons.

musicale[12] ». Un détail *a priori* étrange, si l'on considère l'apparente monotonie de leurs émissions sonores, mais nous savons aujourd'hui que les chœurs de cigales sont en réalité le lieu d'intéressantes variations rythmiques[13].

Pourquoi une telle attention prêtée dans l'Antiquité aux sons produits par les bêtes ? La voix des animaux était omniprésente dans le monde gréco-romain, ou, plus exactement, dans ce qu'on a parfois appelé sa « phonosphère[14] » : elle faisait partie intégrante de la vie quotidienne des anciens, de leur environnement économique, social et même religieux, et on lui prêtait une signification plus riche qu'aujourd'hui. C'est ainsi, par exemple, que le chant du coq, en plus de marquer le point du jour, était considéré comme prophétique. Ajoutons qu'on domestiquait autrefois beaucoup plus d'espèces qu'aujourd'hui. On se plaisait à s'entourer d'oiseaux[15] et il n'était pas rare que le petit peuple possédât des pigeons ou des pies ; quant aux plus riches, ils faisaient construire des volières, parfois de taille impressionnante et qui constituaient des espaces de convivialité pour les maîtres de maison et leurs hôtes. À en croire les sources, un empereur romain qui vécut au IIIe siècle de notre ère, Alexandre Sévère, aurait possédé jusqu'à 20.000 oiseaux de toutes sortes[16]. Varron (vers 116-27 av. J.-C.), un des plus grands érudits romains, nous a laissé une description de son immense volière, située dans sa villa au bord d'un ruisseau, et divisée en deux parties, réservées respectivement aux oiseaux d'eau et aux oiseaux les plus chanteurs. Voici la description de la zone où évoluaient les seconds :

> *Gradatim substructum ut theatridion auium, mutuli crebri in omnibus columnis impositi, sedilia auium. Intra retem aues sunt omnigenus, maxime cantrices, ut lusciniolae ac merulae, quibus aqua ministratur per canaliculum, cibus obicitur sub retem. Subter columnarum stylobaten est lapis a falere pedem et dodrantem alta ; ipsum falere ad duo pedes altum a stagno, latum ad quinque, ut in culcitas et columellas conuiuae pedibus circumire possint* (*Rust.* 3, 5, 13-14).

12 Alain Montandon, « Paysages sonores », *in* Lassauzet et Montandon (éd.), *Les insectes et la musique*, p. 64.

13 *Cf.* Dario Martinelli, *Quando la musica è bestiale davvero. Studiare e capire la zoomusicologia*, Rome, Aracne, 2011, p. 181.

14 Voir Bettini, *Voci*, p. 5-6.

15 *Cf.* Jeremy Mynott, *Birds in the Ancient World. Winged words*, Oxford-New York, Oxford University Press, 2018, p. 131-140. Sur ce point, voir par exemple le témoignage de Bas., *Hex.* 8, 3 [172B/73C] qui déclare que l'on apprivoise de son temps la plupart des espèces d'oiseaux.

16 *Cf.* Hist. Aug., *Alex.* 41, 6-7.

> « [Dans la volière] il y a une structure en gradins, sorte de petit théâtre pour oiseaux : des consoles fixées en grand nombre sur toutes les colonnes et servant de perchoir aux oiseaux. À l'intérieur de ces filets, il y a des oiseaux de toutes sortes, surtout des chanteurs, tels que les rossignols et les merles ; on leur fournit de l'eau par un petit canal et la nourriture leur est passée sous le filet. Au-dessus du stylobate des colonnes, et en partant d'une plate-forme, il y a une pierre haute d'un pied trois quarts ; la plate-forme elle-même s'élève d'environ deux pieds au-dessus d'un bassin, si bien que les convives peuvent circuler à pied en direction des coussins et des colonnettes » (éd. et trad. Guiraud).

On remarquera, dans cette description détaillée, la place assignée aux merles et aux rossignols, posés sur des perchoirs « étagés comme les gradins d'un théâtre », pour faire spectacle : le « petit théâtre » (*theatridion*) de Varron illustre bien l'intérêt prêté dans l'Antiquité aux plus belles émissions sonores des oiseaux. En outre, un tel contact quotidien avec ces espèces et d'autres encore, dont la plupart ne vivent à notre époque que dans la nature, a permis aux anciens de pousser assez loin leur observation du monde animal, et notamment de remarquer que certaines espèces réagissent à des modes et à des rythmes et sont quelquefois capables de produire des expressions harmonieuses. Leur intérêt pour ces phénomènes est attesté par des œuvres de nature très diverse, philosophiques et littéraires – n'oublions pas que la frontière entre ces différents domaines était très poreuse dans l'Antiquité. On y trouve des remarques, des hypothèses, des descriptions, et bien sûr des opinions et des positions de principe qui scandent les étapes d'un dialogue entre écoles de pensée.

L'objectif de ce livre est de démêler l'écheveau de ces références pour suivre l'évolution de ce débat sur un ample arc temporel allant de la période archaïque jusqu'au début de l'ère chrétienne. Cette délimitation s'explique par la discontinuité majeure représentée par le christianisme, dont la vision du monde, on le verra, a aussi eu des répercussions sur la manière dont nous envisageons aujourd'hui les capacités musicales des animaux. Nous espérons ainsi jeter quelque lumière sur les cadres d'une discussion qui nous a semblé lier avec un fil subtil – mais en fait des plus solides – les arguments d'auteurs souvent temporellement très éloignés entre eux. Cette discussion a vu émerger non seulement une problématique touchant à la définition de la musique comme produit de l'intelligence humaine, mais aussi une réflexion sur les facultés qui rapprochent l'homme et l'animal[17], grâce à une étude du rôle joué, entre sensibilité et intellect, par l'imagination et la mémoire. En ce sens, notre étude répondra à des préoccupations d'ordre philosophique : éclairer les arguments et les observations que les anciens avaient réunis pour comprendre dans quelle mesure les sons émis par certains animaux les rapprochent ou les éloignent de la nature humaine. Dans un périmètre

17 Sur la conception de l'animal dans l'antiquité, la bibliographie est immense ; c'est pourquoi nous nous contenterons de signaler les titres suivants, déjà nombreux : Heinrich Ernst Ziegler, *Der Begriff des Instinktes einst und jetzt. Eine Studie über die Geschichte und die Grundlagen der Tierpschychologie*, Jena, Fischer, 1910 ; Otto Keller, *Die antike Tierwelt*, 2 vol., Leipzig, 1913, repr. Hildesheim, Georg Olms 1963 ; Gisela M. A. Richter, *Animals in Greek Sculpture*, Londres, Oxford University Press, 1930 ; Jean Calvet et Marcel Cruppi, *Le bestiaire de l'Antiquité classique*, Paris, F. Landre, 1955 ; Jocelyn M. C. Toynbee, *Animals in Roman Life and Art*, New York, Cornell University Press, 1973 ; Urs Dierauer, *Tier und Mensch im Denken der Antike. Studien zur Tierpsychologie, Anthropologie und Ethik*, Amsterdam, Grüner (Studien zur Antiken Philosophie 6), 1977 ; John Pollard, *Birds in Greek Life and Myth*, Londres, Thames & Hudson, 1977 ; Paul Münch et Rainer Walz, *Tiere und Menschen – Geschichte und Aktualität eines prekären Verhältnisses*, Paderborn, Ferdinand Schöningh, 1997 ; Liliane Bodson, "Attitudes Toward Animals in Greco-Roman antiquity", *International Journal for the Study of Animal Problems*, 4, 1983, p. 312-320 ; Robert Delort, *Les animaux ont une histoire*, Paris, Seuil, 1984 ; Alain Couret et Frédéric Ogé (éd.), *Histoire et animal*, Toulouse, Presses de l'Institut d'études politiques de Toulouse, 1989 ; Richard Sorabji, *Animal Minds and Human Morals. The Origins of the Western Debate*, Londres, Duckworth, 1993 ; Centre de recherches André Piganiol (éd.), *Homme et animal dans l'Antiquité romaine : actes du Colloque de Nantes 1991*, Tours, Centre A. Piganiol, 1995 ; Liliane Bodson et Roland Libois (éd.), *Contributions à l'histoire des connaissances zoologiques*, Liège, Université de Liège, 1991 ; Liliane Bodson (éd.), *L'histoire de la connaissance du comportement animal : actes du colloque international*, Liège, Université de Liège, 1993 ; Silvana Castignone et Giuliana Lanata (éd.), *Filosofi e animali nel mondo antico*, Pise, ETS, 1994 ; Liliane Bodson (éd.), *Le statut éthique de l'animal : conceptions anciennes et nouvelles*, Liège, Université de Liège / Institut de zoologie, 1996 ; Barbara Cassin, Jean-Louis Labarrière et Gilbert Romeyer Dherbey (éd.), *L'animal dans l'Antiquité*, Paris, Vrin, 1997 ; Fabio Gasti et Elisa Romano (éd.), *« Buoni per pensare » : gli animali nel pensiero e nella letteratura dell'antichità. Atti della II Giornata ghisleriana di Filologia classica (Pavia, 18-19 aprile 2002)*, Côme, Ibis, 2003 ; Annetta Alexandridis, Markus Wild, Lorenz Winkler-Horacek (éd.), *Mensch und Tier in der Antike : Grenzziehung und Grenzüberschreitung*, Wiesbaden, Reichert Verlag, 2008 ; Anna Maria G. Capomacchia (éd.), *Animali tra mito e simbolo*, Rome, Carocci, 2009 ; Stephen Newmyer, *Animals in Greek and Roman Thought. A Sourcebook*, Londres-New York, Routledge, 2011 ; Kenneth F. Kitchell, *Animals in the Ancient World from A to Z*, Londres, Routledge, 2014 ; Jean-Louis Poirier, Cave Canem. *Hommes et bêtes dans l'Antiquité*, Paris, Les Belles Lettres, 2016 ; Tua Korhonen et Erika Ruonakoski, *Human and Animal in Ancient Greece : Empathy and Encounter in Classical Literature*, Londres, Tauris, 2017 ; Sian Lewis et Lloyd Llewellyn-Jones (éd.), *The Culture of Animals in Antiquity : a Sourcebook with Commentaries*, Londres-New York, Routledge, 2018 ; Pietro Li Causi, *Gli animali nel mondo antico*, Bologne, Il Mulino, 2018 ; Giulia Maria Chesi et Francesca Spiegel (éd.), *Classical Literature and Posthumanism*, Londres-New York, Bloomsbury, 2020.

plus large, nos objectifs seront assez semblables à ceux poursuivis par deux domaines d'étude récents : celui des « Human-Animal Studies », visant à « explorer les espaces que les animaux occupent dans les mondes humains, sociaux et culturels, et les interactions que les humains ont avec eux[18] » ; et celui de la zoomusicologie, une discipline qui examine les caractéristiques internes et l'articulation des émissions sonores des bêtes, et recherche, dans les résultats obtenus, des analogies formelles avec les « grandes catégories d'organisations musicales » présentes dans la musique humaine[19] ou encore « [étudie] l'usage esthétique de la communication sonore des animaux[20] ».

Mais, avant d'entamer ce parcours, il convient de procéder au préalable à quelques mises au point terminologiques et méthodologiques. Nous voudrions d'abord souligner l'attention que nous avons prêtée à la lettre des textes que nous citons, selon une approche fondamentalement philologique, sans pour autant nous interdire de nous référer aux sens plus « modernes » des expressions qui y apparaissent. Ainsi en est-il déjà du premier mot-clef, « musique ». La musique (*mousikè*) était si importante pour les Grecs que le mot qui la désignait signifiait également « instruction », « culture[21] ». En effet, ce substantif, dérivé du terme *mousa*, « muse », désignait un art (*technè*) et une science (*épistèmè*) ; mais il désignait plus largement aussi un ensemble d'activités, de la poésie à la danse et à la gymnastique, caractérisées par l'union de l'harmonie, du rythme et du *logos*[22] ; et il entretenait des liens avec des disciplines qui peuvent nous sembler aujourd'hui fort éloignées, comme l'astronomie, la médecine, la religion, la philosophie ou la pédagogie[23].

---

18 Margo De Mello, *Animals and Society. An Introduction to Human-Animal Studies*, New York, Columbia University Press, 2012, p. 4 ; sur les différentes approches et les enjeux propres à ce domaine d'étude, appelé parfois aussi « anthrozoologie », *cf.* Gabriela Kompatscher, "Human-Animal Studies. Bridging the Lacuna between Academia and Society", *in* Raija Mattila, Sanae Ito et Sebastian Fink (éd.), *Animals and their Relation to Gods, Humans and Things in the Ancient World*, Wiesbaden, Springer, 2019, p. 11-22.

19 Mâche, *Musique, mythe, nature*, p. 103. Pour un regard synoptique sur l'état de l'art de la zoomusicologie, voir Hollis Taylor, "How Musical Are Animals ? Taking Stock of Zoömusicology's Prospects", *Music Research Annual*, 1, p. 1-35 ; pour une discussion de l'approche fondatrice de Mâche, voir la postface du présent ouvrage.

20 Martinelli, *Quando la musica è bestiale davvero*, p. 23.

21 *Cf.* Eleonora Rocconi, "Musical Aesthetics", *in* Tosca A. C. Lynch et Eleonora Rocconi (éd.), *A Companion to Ancient Greek and Roman Music*, Hoboken, Wiley Blackwell, 2020, p. 321-322.

22 Giovanni Comotti, *La musica nella cultura greca e romana*, Turin, EDT, 1983, p. 5.

23 Enrico Fubini, *L'estetica musicale dall'antichità al Settecento*, Turin, Einaudi, 1976, p. IX.

D'autre part, les Grecs, et, après eux, les Romains, pratiquaient aussi bien le chant que ce qu'aujourd'hui nous appelons la musique instrumentale – même si les instruments étaient essentiellement utilisés pour accompagner le chant et la danse. Cependant, en tant qu'art (*technè* et, à l'époque romaine, *ars*), la *mousikè/musica* était généralement pour eux ce qui, à nos yeux, ne constitue qu'une des branches de cet art, c'est-à-dire la musique vocale, ou, pour mieux le dire, la poésie chantée. En outre, le discours sur la musique avait tendance à s'articuler, dans les traités anciens, en deux domaines distincts, la musique « pratique » et la musique « théorique », ou « harmonique ». Cette dernière était considérée par Platon comme la « sœur » de l'astronomie, et sera traditionnellement inscrite, avec la science du nombre et la géométrie, dans l'ensemble des sciences mathématiques – ce que Boèce appellera le *quadriuium*. Or concevoir la musique comme une science rend improbable voire impossible l'attribution de capacités musicales aux animaux. Tout au plus pourra-t-on reconnaître à certains d'entre eux une forme de réactivité à la musique des hommes. Ou alors on ne parlera de leur « musique » qu'entre guillemets, pour indiquer qu'il ne s'agit que d'une simple métaphore. Cependant, une étude approfondie des sources anciennes prouve que celles-ci ne s'en tenaient souvent pas là. Plusieurs témoignaient d'une réelle curiosité pour les capacités de modulation sonore des animaux – ce que nous sommes tentés d'appeler aujourd'hui leur « musicalité ».

Partons d'une constatation élémentaire pour mieux éclairer notre perspective. Dans la plupart des civilisations anciennes et modernes, la sphère du « musical » recoupe la sphère du sonore, et, plus précisément, d'un sonore qui, à l'écoute, manifeste certaines relations ou propriétés (surtout rythmiques ou mélodiques). Or, le fait que ce sonore soit généré et organisé par une culture[24] ne doit pas nous empêcher de rechercher l'origine de ces modes d'organisation dans des comportements, tendances, inclinations, préférences et capacités qui apparaissent aussi bien chez l'homme que dans certaines espèces animales. C'est en ce sens que nous parlerons de la musicalité des animaux, mais sans perdre de vue que

24 *Cf.* Jean-Jacques Nattiez, « Pluralité et diversité du savoir musical », *in* Jean-Jacques Nattiez, avec la collaboration de Margaret Bent, Rossana Dalmonte et Mario Baroni (éd.), *Musiques. Une encyclopédie pour le* XXI*e siècle. 2. Les savoirs musicaux*, Arles-Paris, Actes Sud / Cité de la musique, 2004, p. 24.

nous nous référons à une signification moderne du terme. Rappelons que, d'un point de vue cognitif, les composantes fondamentales de la musicalité humaine sont généralement identifiées avec la capacité à distinguer la hauteur relative des sons et l'aptitude à percevoir une pulsation rythmique régulière. Ces capacités sont-elles partagées par d'autres animaux ? La question suscite aujourd'hui de vifs débats[25]. Or, même si les anciens ne ramenaient évidemment pas celle-ci à la « nature physiologique commune de [nos] systèmes nerveux[26] », nous tenterons de montrer qu'ils se l'étaient déjà posée à leur manière. Ce faisant, nous nous efforcerons, pour le dire avec des mots que l'anthropologie culturelle et les sciences sociales ont empruntés à la linguistique[27], de garder à l'esprit la différence entre les conclusions que l'on peut tirer d'une approche « *emic* », vouée à examiner les valeurs et les pratiques d'une culture du point de vue de ceux qui participent de cette même culture ; et celles que l'on peut tirer d'une approche « *etic* », encline à étudier une culture du point de vue d'un observateur ou d'un chercheur extérieur – ce que nous sommes toujours lorsque nous étudions une conception ou un phénomène éloigné dans le temps ou dans l'espace. Ainsi, nous tenterons d'évaluer « sur le terrain » la complémentarité ou l'antagonisme éventuel de ces deux approches, en essayant de ne pas négliger leurs différences fondamentales. Cela ne nous empêchera pas de rechercher, dans des sources remontant à plus de deux millénaires, l'origine de problèmes ou de modes de pensée qui continuent jusqu'à un certain point à structurer nos manières de concevoir le monde animal dans ses relations avec les humains.

Les observations que nous venons de faire à propos des termes « musique » et « musicalité » valent également pour une série d'autres mots tout aussi importants, à commencer par « art », « imagination », « raison », etc. Pour décrire le comportement des animaux, nous devrons

25 Voir surtout Henkjan Honing (éd.), *The Origins of Musicality*, Cambridge-Londres, The MIT Press, 2018 et Henkjan Honing, *The Evolving Animal Orchestra. In Search of What Makes Us Musical*, trad. Sherry Macdonald, Cambridge-Londres, The MIT Press, 2019.

26 C'est l'hypothèse de Charles Darwin, *The Descent of Man, and Selection in Relation to Sex*, London, Murray, 1871, p. 333.

27 On doit l'introduction et la première extension de la signification de ces deux concepts (utilisés initialement pour décrire les comportements linguistiques) au linguiste américain Kenneth Lee Pike, *Language in Relation to a Unified Theory of Structure of Human Behavior*, The Hague, Mouton, 1976^2 ; voir Marvin Harris, "History and Significance of the Emic / Etic Distinction", *Annual Review of Anthropology*, 5, 1976, p. 329–350.

également employer certaines expressions assez problématiques, tel « instinct[28] », qui n'existait pas vraiment en tant que tel dans le lexique antique. Mais, encore une fois, il nous semble que l'absence d'un terme, ou encore la signification différente qu'il revêtait autrefois, ne doit pas nous inciter à bannir certaines questions, d'intérêt zoologique, mais aussi psychologique, anthropologique et éthique. D'ailleurs, même si le mot « instinct » n'existait pas, l'idée d'une impulsion naturelle ou d'un comportement instinctif surgit dès la pensée présocratique[29]. Relever les différences sur ce point n'interdit pas de faire ressortir des similitudes ou la présence de questions récurrentes.

Reconstituer la manière dont les anciens ont appréhendé la musicalité des animaux, dans ses différences comme dans ses ressemblances avec ce qui se manifeste dans l'art musical des humains, sera donc l'objectif principal de ce livre. La thématique comporte deux volets : d'un côté, nous examinerons si (et éventuellement dans quelle mesure), dans la pensée des anciens, certains animaux étaient sensibles à la musique des hommes : nous étudierons donc dans les textes les effets que pourrait avoir la musique sur les animaux. Nous nous demanderons également si (et éventuellement dans quelle mesure), aux yeux des anciens, certains animaux étaient capables de produire des séquences sonores caractérisées par des propriétés similaires à celles de la musique humaine – et ce, parfois, avec une telle habileté que l'on en est venu à soupçonner que c'est en les écoutant que les hommes ont appris à chanter. Nous avons pris en compte les différentes façons (des plus « scientifiques » aux plus spéculatives et imaginatives) dont les Grecs et les Romains ont appréhendé ces questions.

À titre plus secondaire, nous avons aussi abordé la symbologie riche et complexe associée dans les textes antiques aux comportements et parfois à la production sonore des animaux, notamment par le biais de la science augurale. L'art de l'interprétation du chant des oiseaux était en effet susceptible d'intéressantes retombées pour notre recherche, car les augures étaient réputés capables d'entendre et de distinguer les « traits phoniques » propres aux différentes émissions sonores[30]. Les principales

---

28 Sur la flexibilité excessive de ce terme, voir Martinelli, *Quando la musica è bestiale davvero*, p. 286-287.

29 *Cf.* Urs Dierauer, « Raison ou instinct ? Le développement de la zoopsychologie antique », *in* Cassin, Labarrière et Romeyer Dherbey (éd.), *L'animal dans l'antiquité*, p. 6.

30 Bettini, *Voci. Antropologia sonora del mondo antico*, p. 213. En plus des remarques contenues dans ce travail, le lecteur trouvera d'intéressantes informations sur la façon dont de telles

sources susceptibles de répondre à notre thématique ont été examinées en suivant un ordre chronologique. En même temps, nous avons essayé d'organiser notre propos en fonction de quelques problématiques émergeantes, telle cette interrogation récurrente : les capacités musicales peuvent-elles constituer un indice de la présence, chez l'animal, d'une impulsion naturelle ou de formes d'intelligence, d'imagination et de raison semblables à celles des hommes ? En d'autres termes, impliquent-elles une forme de continuité, de parenté ou de gradualité entre le règne animal et le monde des humains ? Ou bien ne font-elles que souligner la discontinuité existant entre les hommes et les autres êtres animés, ce hiatus devant être expliqué au moyen des idées-clefs d'intellect, de raison ou de langage ?

La méthodologie suivie dans la formulation et la vérification de nos hypothèses consiste dans l'analyse, le commentaire et la comparaison des sources. Cette démarche, nourrie par une approche interdisciplinaire croisant des compétences philologiques, philosophiques, historiques et musicologiques, a été accompagnée d'une confrontation avec les résultats de quelques études scientifiques modernes, ainsi qu'avec des exemples et des transcriptions empruntés à plusieurs compositeurs. Nous avons enfin nous-mêmes recouru à quelques observations empiriques afin de tenter de corroborer nos hypothèses interprétatives. Nous espérons ainsi avoir contribué à l'histoire de la pensée antique et, par l'étude de la musicalité prêtée (ou non) par les Grecs et les Romains aux animaux, éclairé la manière dont ceux-ci se positionnaient au milieu du vivant.

Avant d'entrer dans le vif du sujet, nous voudrions donner quelques informations d'ordre pratique à propos de la démarche que nous avons adoptée. Nous avons d'abord repris ici, mais sous une forme entièrement révisée et approfondie, des observations et des arguments déjà présentés dans d'autres contextes[31]. Quelques mots également à propos de notre

---

émissions sonores s'inscrivaient dans la phonosphère antique dans Romina Carboni et Marco Giuman (éd.), Sonora. *La dimensione acustica nel mondo mitico, magico e religioso dell'antichità classica*, Perugia, Morlacchi, 2015 et Sibylle Emerit, Sylvain Perrot et Alexandre Vincent (éd.), *De la cacophonie à la musique. La perception du son dans les sociétés antiques. Actes des journées d'études tenues à l'École française d'Athènes 12-14 juin 2014*, Le Caire, Institut français d'archéologie orientale, 2022.

31 Il s'agit notamment d'Alessandro Arbo et Agnès Molinier Arbo, « Les animaux sont-ils musiciens ? Autour d'un thème de la réflexion musicale antique », *in* Odile Mortier-Waldschmidt (éd.), *Musique et Antiquité. Actes du Colloque d'Amiens*, Paris, Les Belles

méthode de citation et de traduction des sources anciennes : nous nous sommes appuyés sur les éditions scientifiques les plus récentes, et principalement sur la Collection des Universités de France aux Belles Lettres et, quand les textes qui nous intéressaient n'y étaient pas encore parus, sur les collections Teubner ou Loeb. Mais nous ne nous sommes jamais interdits de modifier ponctuellement le texte proposé par ces ouvrages quand une autre leçon nous semblait plus pertinente. Nous avons aussi fréquemment – et parfois considérablement – remanié les traductions françaises existantes, soit pour les mettre en adéquation avec une édition plus récente, soit pour essayer de les rendre plus précises sur des points importants. Nous avons également proposé nos propres traductions.

Lettres, 2006, p. 209-243 ; Alessandro Arbo et Agnès Molinier Arbo, « *In una perfecta musica scientia* : le rossignol de Pline l'Ancien », *in* Claude Brunet (éd.), *Des formes et des mots chez les Anciens. Mélanges offerts au Professeur Danièle Conso*, Besançon, PUFC, 2008, p. 255-273 ; Alessandro Arbo et Agnès Molinier Arbo, « Aristote, Pline et le chant des oiseaux », *in* Yves Lehmann (éd.), Aristoteles Romanus. *La réception de la science aristotélicienne dans l'Empire gréco-romain*, Turnhout, Brepols, 2013, p. 121-139 ; Alessandro Arbo, « Musique animale ? », *in* Marta Grabocz et Geneviève Mathon (éd.), *F.-B. Mâche : le poète et le savant face à l'univers sonore*, Paris, Hermann, 2018, p. 141-155 ; Alessandro Arbo et Agnès Molinier Arbo, « Musica e natura. Platone, Aristotele e la musicalità degli animali », *in* Enrica Lisciani Petrini, Piergabriele Mancuso et Laurence Wuidar, *La passione estetico-musicale. Per i 90 anni di Enrico Fubini*, Venise, Fondazione Ugo e Olga Levi, 2025, p. 203-210.

LES ANIMAUX ET LA MUSIQUE DANS L'IMAGINAIRE GREC

Dans quelle mesure et sous quelles formes les premiers Hellènes étaient-ils prêts à concéder à certaines espèces animales des aptitudes musicales similaires à celles des humains ? Nous allons dans ce chapitre tenter de fournir de premiers éléments de réponse à cette question en interrogeant quelques mythes fondateurs, ainsi que des témoignages relatifs à la poésie des premiers siècles en Grèce. Il nous faut ici préciser au préalable que le fossé instauré aujourd'hui par notre terminologie entre humains et animaux n'était pas aussi marqué dans l'Antiquité : le mot *zôa* désignait l'ensemble des vivants, c'est-à-dire les humains, les animaux et les plantes, puis, dans un sens plus restrictif, les êtres animés, ainsi distingués des végétaux. Plus tard, par opposition aux hommes (*anthrôpoi*), on employa l'expression *aloga zôa* (« animaux dépourvus de *logos*, c'est-à-dire de parole/raison[1] ») pour caractériser ce que nous appelons aujourd'hui les « animaux non humains[2] ». Mais, au sein de cette catégorie, on mit d'abord surtout l'accent sur la distinction entre animal domestique (ou domestiqué) et sauvage[3]. Aux humains et à tous les animaux qui lui obéissaient et l'aidaient, les premiers Grecs opposaient les *thèria*, les bêtes sauvages, normalement perçues comme dangereuses.

---

1 Sur la notion d'*aloga zôa* qui va nous occuper tout au long de l'ouvrage, nous renvoyons à l'utile synthèse de Fabio Turtrone, "Dumb animals : a Short History of Classical Logocentrism", *Vichiana. Rassegna Internazionale di Studi Filologici e Storici*, 58, 1, 2021, p. 81-97. Comme l'a montré John Heath (*The Talking Greek. Speech, Animals, and the Other in Homer, Aeschylus, and Plato*, Cambridge, Cambridge University Press, 2005, p. 10), le *logos* dont apparaissent dépourvus les *aloga* était fort probablement « à l'origine la "parole", et ce n'est que plus tard que le terme a déployé ses ailes sémantiques jusqu'à englober l'idée d'"irrationalité" ».

2 Cette expression est révélatrice de l'impact, depuis une dizaine d'années, des questions éthiques sur l'évolution de notre lexique ; voir Martinelli, *Quando la musica è bestiale davvero*, p. 9.

3 Sur ce point, se reporter aux réflexions de Pietro Li Causi, « Animali e uomini nel pensiero greco antico », *in* Pietro Li Causi et Roberto Pomelli, *L'anima degli animali. Aristotele, frammenti stoici, Plutarco, Porfirio*, Torino, Einaudi, 2015, p. IX-X.

C'est donc en gardant en tête cette distinction entre deux sphères, celle des animaux domestiqués ou domesticables, capables de formes de communication inter-espèces, et celle, bien plus vaste et obscure, des *thèria*, que nous allons à présent étudier les cas de sensibilité musicale chez les animaux proposés par l'imaginaire grec des premiers siècles.

MUSIQUE HUMAINE ET CONTRÔLE DU MONDE ANIMAL

Notre parcours commence par Orphée, une des figures à la fois les plus importantes et les plus énigmatiques de la mythologie gréco-romaine[4]. Ce héros, fils du barbare thrace Œagre[5] et de Calliope, la muse de la poésie épique[6], incarne le *mousikos anèr* par excellence et dans tous les sens du terme, à la fois musicien et homme cultivé[7]. Ses différentes facettes – musicien capable de charmer non seulement l'ensemble des êtres vivants (*zôa*), bêtes féroces et plantes comprises, mais même les rochers, vaillant Argonaute, époux tentant d'arracher son Eurydice aux Enfers et, pour finir, ennemi des femmes par la main desquelles il mourut littéralement déchiqueté – ont été tour à tour mises en valeur aux différentes époques[8].

Parmi elles, le pouvoir de sa musique sur les animaux a été très tôt mentionné par l'art et les écrits grecs[9]. Au VIe siècle av. J.-C., Simonide

4 *Cf.* le catalogue d'exposition dirigé par Catherine Camboulives et Michèle Lavallée (éd.), *Les métamorphoses d'Orphée*, Tourcoing-Strasbourg-Bruxelles, Snœck-Ducaju et Zoon, 1995, qui retrace la fortune du mythe d'Orphée depuis la plus haute antiquité jusqu'à nos jours à travers une série d'articles spécialisés.

5 Dès l'époque de Pindare (*P.* 4, 177), on faisait aussi d'Orphée un fils d'Apollon.

6 On a également fait de lui le fils de Polhymnie, la muse de l'éloquence et du chant ; *cf.* Luc Brisson *Orphée et l'Orphisme dans l'Antiquité gréco-romaine*, Aldershot, Ashgate (Variorum), 1995, p. 2873.

7 *Cf.* Marcel Détienne, *L'écriture d'Orphée*, Paris, Gallimard, 1989.

8 *Cf.* Henri Stern, « Les débuts de l'iconographie d'Orphée charmant les animaux », *in* Pierre Bastien, Françoise Dumas, Hélène Huvelin et Cécile Morrison (éd.), *Mélanges de numismatique, d'archéologie et d'histoire offerts à Jean Lafaurie*, Paris, Société française de numismatique, 1980, p. 156-157 ; voir aussi Susanna Sarti, "Musical Heroes", *in* Tosca A. C. Lynch et Eleonora Rocconi (éd.), *A Companion to Ancient Greek and Roman Music*, Hoboken, Wiley Blackwell, 2020, p. 61-64.

9 Soulignons ici que c'est surtout l'iconographie romaine, et tout particulièrement tardive, qui a été obsédée par le pouvoir de la musique d'Orphée sur les animaux :

déclarait que, lorsque Orphée chantait (en mer, pendant l'expédition des Argonautes ?), les oiseaux voletaient au-dessus de sa tête et les poissons bondissaient autour de lui[10]. Aux époques suivantes, les poètes tragiques évoquaient quant à eux la douce violence que faisait aux bêtes l'art d'Orphée, tel Eschyle voyant dans la voix du héros une alternative efficace à la force brute[11], ou encore Euripide décrivant, dans l'*Alceste*, le féroce chien Cerbère impuissant à lui résister aux Enfers[12]. Pour tous, l'art d'Orphée était capable de dompter sans violence les animaux et de les dépouiller le temps d'un chant de leur état de sauvagerie naturelle. C'est encore ce que montre avec une grande richesse de détails la célèbre mosaïque conservée au Museo Archeologico Regionale de Palerme, qui place tous les animaux terrestres et aériens, domestiques (ou domesticables) et sauvages, ainsi que les plantes, sous le charme du musicien.

Cf. Laurence Vieillefon, *La figure d'Orphée dans l'Antiquité tardive. Les mutations d'un mythe : du héros païen au chantre chrétien*, Paris, De Boccard, 2003 ; Laurence Vieillefon, « Les mosaïques d'Orphée dans les maisons de l'Antiquité tardive : fonctions décoratives et valeurs religieuses », *Mélanges de l'École française de Rome. Antiquité*, 116, 2, 2004, p. 983-1000 ; sur les références littéraires et iconographiques à Orphée et au pouvoir de sa musique, *cf.* encore Alberto Bernabé, *Poetae Epici Graeci. Pars II. Orphicorum et Orphicis similium testimonia et fragmenta*, Münich-Leipzig, K. G. Saur, 2004, p. 428-443.

10 Frg. 943 T Bernabé, *Poetae Epici Graeci. Pars II*, p. 430 = Frg. 47 Otto Kern, *Orphicorum fragmenta*, Dublin-Zurich, Weidmann, 1922² [1972], p. 14 ; sur les différents témoignages antiques sur Orphée, consulter également Annick Béague *et al.* (éd.), *Les Visages d'Orphée*, Lille, Presses universitaires du Septentrion (Collection Savoirs Mieux, 2), 1998, qui propose un utile répertoire des références à Orphée dans la littérature gréco-latine.

11 Égisthe, s'adressant dans l'*Agamemnon* (1629-1632) au coryphée, lui reproche de ne pas avoir la voix d'Orphée et le menace de l'apprivoiser par la force.

12 Voici en quels termes Admète s'adresse à son épouse Alceste qui s'apprête à mourir à sa place (*Alc.* 357-362) : Εἰ δ' Ὀρφέως μοι γλῶσσα καὶ μέλος παρῆν, / ὥστ' ἢ κόρην Δήμητρος ἢ κείνης πόσιν / ὕμνοισι κηλήσαντά σ' ἐξ Ἅιδου λαβεῖν, / κατῆλθον ἄν, καί μ' οὔθ' ὁ Πλούτωνος κύων / οὔθ' οὑπὶ κώπῃ ψυχοπομπὸς ἂν Χάρων ἔσχον, πρὶν ἐς φῶς σὸν καταστῆσαι βίον ; « Ah ! si la voix mélodieuse d'Orphée m'était donnée pour chanter de mes accents la fille de Déméter ou son époux, et t'enlever à l'Hadès, j'y descendrais ; ni le chien de Pluton, ni le rameur Charon, conducteur des âmes, ne m'arrêteraient avant d'avoir au jour ramené ta vie » (éd. et trad. Méridier) ; voir encore *Bacch.* 560-564 : τάχα δ' ἐν ταῖς πολυδένδροισιν Ὀλύμπου / θαλάμαις, ἔνθα ποτ' Ὀρφεὺς κιθαρίζων σύναγεν δένδρεα μούσαις, / σύναγεν θῆρας ἀγρώστας ; « ou peut-être dans les retraites de l'Olympe aux bois touffus, où la cithare d'Orphée, jadis, par ses accents rassemblait les arbres et les bêtes sauvages » (éd. Meunier et trad. Grégoire).

FIG. 1 – Orphée entouré d'animaux. Mosaïque de sol romaine (Museo Archeologico Regionale « Antonio Salinas », Palerme). Reproduction aimablement autorisée par la direction du Museo Regionale « Antonio Salinas » de Palerme.

Cette légende illustre donc d'abord la prééminence des humains sur les animaux, car Orphée, contrairement, par exemple, à Héraclès, ne connaîtra jamais l'apothéose et restera toujours un homme. Elle souligne aussi la supériorité de l'état de « culture » sur l'état de nature. Dans la mosaïque mentionnée, le musicien a une expression de tristesse ou d'absence, ses yeux sont levés vers le ciel. Nous connaissons son histoire, racontée une infinité de fois par les poètes anciens et modernes : lorsqu'il joue dans la nature pour cet auditoire, il sait qu'il a définitivement perdu son aimée. Il est néanmoins dans une position centrale, de commandement : il tient la lyre de sa main gauche et, dans sa main droite, un grand plectre en forme de flèche. Il est attentivement écouté, aussi bien par les animaux domestiques que sauvages. Ainsi est ici mise en scène la toute-puissance que la musique était censée posséder sur les animaux. Car c'est bien grâce à la musique – et *via* la musique – qu'Orphée règne sur le monde animal : c'est elle qui permet, comme on le dirait aujourd'hui, la communication inter-espèces – même si une telle communication est caractérisée par un évident déséquilibre en faveur d'Orphée.

Au-delà de la mythologie, le pouvoir de la musique sur les animaux ne semble pas avoir constitué un simple fantasme littéraire : à en croire les sources, dans leur vie quotidienne, les anciens auraient voulu tirer parti de la sensibilité présumée de certaines espèces à la musique pour la chasse, la pêche ou l'élevage. Le chant ou la flûte auraient ainsi été d'une aide précieuse pour capturer les biches, fascinées par les sons mélodieux au point d'oublier leur propre salut en se couchant devant le musicien : le chasseur caché derrière celui-ci pouvait alors tirer à coup sûr[13]. Les accents les plus suaves des *auloi*[14] auraient encore permis de piéger sans difficulté les cochons sauvages et les cerfs[15]. Mentionnons encore une scène qui se serait plus tard déroulée hors de Grèce, en Italie, chez un riche propriétaire terrien[16]. Celui-ci possédait un parc à gibiers où il avait fait installer une salle à manger un peu en hauteur. Un jour, pour impressionner ses amis, il aurait ordonné à un esclave nommé Orphée de chanter en s'accompagnant de la cithare tandis que lui-même aurait

13 Arstt., *H. A.* 611b.

14 *L'aulos* était un instrument à vent à anche particulièrement prisé dans l'Antiquité gréco-romaine. Il pouvait être muni d'un ou deux tuyaux (*auloi*).

15 Voir Ael., *N. A.* 12, 46 ; Sur ce passage, voir encore *infra*, p. 138.

16 Varro, *Rust.* 3, 13, 2-3.

soufflé dans la *bucina*[17]. Une multitude de cerfs, de sangliers et d'autres quadrupèdes, comme charmés par la musique, auraient alors commencé à affluer autour des convives émerveillés.

Même les crustacés et les poissons étaient réputés sensibles à la musique : l'alose était par exemple amenée à remonter à la surface sous l'effet du chant[18], tandis que le crabe était, dit-on, infailliblement tiré hors de son trou par la syrinx[19]. La danse et ses rythmes étaient aussi susceptibles de faciliter la prise de certains oiseaux, tel le moyen duc : comme ce volatile ne pouvait s'empêcher de mimer les mouvements exécutés devant lui par l'oiseleur, un autre chasseur en profitait pour se saisir de lui[20]. Les mêmes techniques passaient également pour ne laisser aucune chance aux tourterelles, menées directement aux filets par l'attrait du chant et de la danse[21]. Les fauves n'auraient pas non plus été indifférents aux sons tirés des instruments. Nous conservons par exemple le souvenir d'une chasse à l'ours qui aurait été autrefois pratiquée sur les bords du Tigre et en Arménie : on y jouait de la trompette pour débusquer l'animal[22].

La musique semble encore avoir fait partie des techniques d'élevage primitives : Euripide évoque par exemple dans l'*Alceste* les mystérieux « airs d'hyménée » joués par les pâtres sur leurs flûtes pour convier les troupeaux à l'amour[23]. Élien, auteur d'un plus tardif ouvrage sur *La Nature des Animaux* dont nous reparlerons, nous explique de quoi il s'agirait : c'était un air à même de plonger dans une véritable frénésie amoureuse les juments et les étalons que l'on souhaitait accoupler[24]. Plus généralement, la musique était fréquemment présentée comme susceptible de jouer un rôle dans le dressage des animaux domestiques :

17 La *bucina* était un instrument à vent de la famille des cuivres, de forme presque circulaire, et à vocation essentiellement militaire.

18 *Cf.* Porph., *Abst.* 3, 22, 4. Voir Gilbert Romeyer Dherbey, « Les animaux familiers », *in* Cassin, Labarrière et Romeyer Dherbey (éd.), *L'animal dans l'Antiquité*, p. 152.

19 *Cf.* Plut., *Soll. an.* 984b-c ; Porph., *Abst.* 3, 22, 4.

20 Arstt., *H. A.* 597b.

21 *Cf.* Ael., *N. A.* 1, 39.

22 Oppien, *C.* 4, 354-424.

23 *Cf.* *Alc.* 575-577 : δοχμιᾶν διὰ κλειτύων / βοσκήμασι σοῖσι συρίζων / ποιμνίτας ὑμεναίους ; « au penchant des collines, pour tes bêtes [le] pipeau pastoral [d'Apollon] sifflait des airs d'hyménée » (éd. et trad. Méridier).

24 *Cf.* Ael., *N. A.* 12, 44 ; voir encore Arstt. *H. A.* 604b ; Ael., *N. A.* 15, 25 ; Porph., *Abst.* 3, 22, 4 (à propos des cerfs et des chevaux).

l'*aulos* réussissait à calmer les chevaux et à les faire avancer et s'arrêter au gré du palefrenier[25]. Et il en allait de même des taureaux[26], ou encore des cochons sauvages : hors de Grèce, la décoration de la partie inférieure d'un vase étrusque métallique du VIIe siècle av. J.-C., conservé au musée de Florence (la situle de Plikasna[27]), met ainsi en scène un gardien accompagnant des sangliers au son d'un instrument qui semble correspondre à un *aulos*.

FIG. 2 – Détail de la situle de Plikasna (VIIe s. av. J.-C.)
(Museo archeologico, Firenze). Par concession du Ministero della Cultura –
Museo Archeologico Nazionale di Firenze –
Direzione regionale Musei Nazionali Toscana-Firenze.

En Corse ou en Italie, les cochons pouvaient encore être conditionnés à l'aide de la *bucina*[28]. La musique jouait parfois aussi un rôle primordial dans le dressage des éléphants qui passaient pour y être extrêmement sensibles[29].

25 *Cf.* Ael., *N. A.* 12, 44.

26 *Cf.* Porph., *Abst.* 3, 6, 2.

27 *Cf.* Stefano Bruni, « Sulla provenienza della situla di Plikasna. Contributi per una storia del collezionismo di antichità a Pistoia nella tarda età barocca », *Atti dell'Accademia nazionale dei Lincei. Rendiconti. Classe di scienze morali, storiche e filologiche*, 30, 3-4, 2019, p. 179-206.

28 *Cf.* Varro, *Rust.* 2, 4, 20 ; voir aussi Pol. *Fr. h.* 12, 2, 4, 1-3, à propos de l'élevage en Corse. On peut encore citer ici Varron (*Rust.* 3, 13, 1) qui évoque des sangliers et des chevreuils domestiqués que l'on faisait venir à heure fixe au son de la *bucina* pour les nourrir.

29 Voir Ael., *N. A.* 2, 11 ; 12, 44.

De telles techniques de chasse ou de dressage en musique ont-elles réellement été employées ? Nous ne pouvons pas le savoir, même si certains des cas rapportés ne sont peut-être pas aussi fantaisistes qu'ils le semblent de prime abord[30]. Au fond, peu importe : ce qui compte, pour nous, est que ces pratiques supposées témoignent de l'immense pouvoir de contrôle sur le monde animal attribué par les anciens à la musique. On comprend aussi à travers elles que, dans l'imaginaire collectif, la musique était susceptible de faciliter l'interaction entre les hommes et les autres êtres animés, car de nombreuses espèces passaient pour y être sensibles. Les paradoxes de la figure d'Orphée ne signifient pas autre chose : ce demi-barbare devenu modèle d'instruction à la grecque avait pour rôle de relier les mondes, mondes barbare et grec, mondes des vivants et des morts, mondes des dieux, des hommes, et de tous les autres vivants, en premier lieu les animaux[31].

UNE COMMUNICATION INTER-ESPÈCES

La musique semble donc se situer dans une sorte de zone grise, entre humanité et animalité, où la communication, voire la communion entre les espèces était possible. Commençons par mentionner le poème de Sappho (VIIe-VIe siècle av. J.-C.) sur Tithon (fr. 58), qui met en scène des formes d'interaction entre hommes et animaux grâce à la musique[32].

---

30 *Cf.* l'intéressant article de Rodney Martin Cross, "*Vox naturae* : Music as Human-Animal Communication in the Context of Animal Training in Ancient Rome", *Greek and Roman Musical Studies*, 5, 2, 2017, p. 147-158, qui confronte des témoignages antiques récurrents à quelques pratiques modernes. Lire encore Marie-Pierre Zannier, « De la classification au conditionnement des animaux chez l'agronome romain Varron », *in* Judith Förstel et Martine Plouvier (éd.), *L'animal : un objet d'étude*, Paris, Éditions du Comité des travaux historiques et scientifiques, 2020, http://dx.doi.org/10.4000/books.cths.10138, § 28-32, qui montre que les anciens exploitaient à coup sûr la sensibilité auditive des animaux pour les conditionner.

31 Lire, sur ce point, Luc Brisson, *Orphée et l'Orphisme dans l'Antiquité gréco-romaine*, Aldershot, Ashgate (Variorum), 1995, p. 2869, qui souligne que la figure d'Orphée « transgresse ou permet de transgresser nombre d'oppositions qui définissent l'être humain : hommes/dieux ; hommes/bêtes ; vivants/morts ». Lire aussi Laurence Vieillefon, *La figure d'Orphée dans l'Antiquité tardive*, p. 131-154, où Orphée est décrit comme une figure de la transgression et de la médiation.

32 Comme le soulignent Elvira Pataki, « Variations sur l'immortalité. Tithon et la cigale chez Sappho (fragment 58) et dans la tradition homérique », *Gaia*, 18, 2015, p. 535-547

L'histoire du musicien Arion, racontée en premier lieu par Hérodote (vers 484-425), est peut-être plus révélatrice encore. Au cours d'une traversée entre Tarente et Corinthe, le célèbre citharède originaire de Méthymne est attaqué par des matelots décidés à le tuer pour s'emparer de ses richesses : Arion, après avoir demandé comme ultime grâce de pouvoir chanter un nome orthien[33], est contraint de se jeter à la mer. C'est alors que se présente un sauveur inattendu : un dauphin, charmé par sa musique, le prend sur son dos et l'emmène au cap Ténare[34]. Cet animal était dans l'Antiquité présenté à la fois comme mélomane et ami de l'homme[35] – un peu comme si les deux caractéristiques étaient liées. La virtuosité d'Arion a en tout cas ici suscité chez lui un bel élan de solidarité entre espèces. L'animal s'est en outre incontestablement montré plus « humain » que les matelots assassins.

Une telle « humanisation » de l'animal par la musique est peut-être encore perceptible dans ces vers d'Hésiode (VIII-VIIe siècle av. J.-C.) pourtant censés démontrer de manière irréfutable ce qui sépare l'homme des autres êtres animés[36] :

ὧδ' ἴρηξ προσέειπεν ἀηδόνα ποικιλόδειρον
ὕψι μάλ' ἐν νεφέεσσι φέρων ὀνύχεσσι μεμαρπώς·
ἣ δ' ἐλεόν, γναμπτοῖσι πεπαρμένη ἀμφ' ὀνύχεσσι,
μύρετο· τὴν ὅ γ' ἐπικρατέως πρὸς μῦθον ἔειπεν·
"Δαιμονίη, τί λέληκας; ἔχει νύ σε πολλὸν ἀρείων·
τῇ δ' εἶς ᾗ σ' ἂν ἐγώ περ ἄγω καὶ ἀοιδὸν ἐοῦσαν·
δεῖπνον δ', αἴ κ' ἐθέλω, ποιήσομαι ἠὲ μεθήσω.
Ἄφρων δ', ὅς κ' ἐθέλῃ πρὸς κρείσσονας ἀντιφερίζειν·
νίκης τε στέρεται πρός τ' αἴσχεσιν ἄλγεα πάσχει."
Ὣς ἔφατ' ὠκυπέτης ἴρηξ, τανυσίπτερος ὄρνις (*Op.* 203-212).

---

et Leslie Kurk, "Musical Animals, Choral Assemblages, and Choral Temporality in Sappho's Tithonus poem (fr. 58)", *American Journal of Philology*, 142, 1, 2021, p. 1-39.

33 Sur le nome orthien et les nomes en général, voir par exemple Martin L. West, *Ancient Greek Music*, Oxford, Clarendon Press, 1992, p. 215-217 ; Eleonora Rocconi, « Effetti speciali sonori e mimetismo musicale nelle fonti greche », *Annali della Scuola Normale Superiore di Pisa. Classe di Lettere et Filosofia*, 6, 2, 2014, p. 708-710.

34 1, 23-24. Sur la genèse et le développement de la légende d'Arion inventeur du dithyrambe et du dauphin, *Cf.* Giorgio Ieranò, « Arione e Corinto », *Quaderni Urbinati di Cultura Classica*, 41, 1992, p. 39-52 ; Sarti, "Musical Heroes", p. 65.

35 La sensibilité des dauphins à la musique était une croyance bien établie dans l'Antiquité : *cf.* Plin., *Nat.* 9, 8, 24-28 ; Plut., *Soll. an.* 984a-b ; Ael., *N. A.* 2, 6 ; 12, 12 ; 12, 46, etc. Voir Hugo C. Montgomery, « The Fabulous Dolphin », *Classical Journal*, 61, 1966, p. 311-314.

36 Sur ce passage, lire Annie Bonnafé, « Le rossignol et la justice en pleurs (Hésiode, *Travaux* 203-212) », *Bulletin de l'Association Guillaume Budé*, 3, 1983, p. 260-264.

« Voici ce que l'épervier dit au rossignol au col tacheté, tandis qu'il l'emportait là-haut, au milieu des nues, dans ses serres ravissantes. Lui, pitoyablement, gémissait, transpercé par les serres crochues ; et l'épervier, brutalement, lui dit : "Misérable, pourquoi cries-tu ? Tu appartiens à bien plus fort que toi. Tu iras où je te mènerai, pour beau chanteur que tu sois, et de toi, à mon gré, je ferai mon repas ou te rendrai la liberté. Bien fou qui résiste à plus fort que soi : il n'obtient pas la victoire et à la honte ajoute la souffrance." Ainsi dit l'épervier rapide, qui plane ailes déployées » (éd. et trad. Mazon).

Hésiode développe ici l'idée, récurrente dans les *Travaux et les Jours*, que, par le don de la justice, l'homme a été nettement distingué par Zeus de tous les autres êtres animés qui se font la guerre et s'entretuent[37]. Il est pourtant à notre sens significatif que le poète oppose ici à l'épervier, symbole de la force brute des *thèria*, l'animal qu'il considère manifestement comme son exact contraire, le rossignol, le plus chanteur des oiseaux et, en tant que tel, peut-être plus proche de l'homme que les autres bêtes : ainsi paraît-il en droit de se plaindre de l'iniquité de son sort, jusqu'à ce que l'épervier vienne brutalement lui rappeler qu'il appartient malgré tout au monde animal.

La belle histoire d'Arion et le petit apologue du rossignol et de l'épervier représentent néanmoins des cas isolés. En fait, au lieu de révéler l'« humain » dans l'animal, la musique semble plutôt dans plusieurs mythes faire surgir l'animal dans l'homme, et à ce titre, apparaît dotée du pouvoir inquiétant, maléfique, qu'on lui a souvent attribué dans l'Antiquité[38]. C'est d'abord la signification première de l'histoire de Circé contée par l'*Odyssée*. On se souvient en effet de ce qui arrive dans le palais de la magicienne aux compagnons d'Ulysse : attirés par sa voix merveilleuse, ceux-ci sont par elles transformés en pourceaux, les plus répugnants des animaux[39]. On peut également ici penser au mythe des Sirènes, chanteuses hybrides, mi-femmes mi-oiseaux dont le chant menait les hommes à leur perte[40], ou encore à la transformation des pirates tyrrhéniens en dauphins par Dionysos

37 Hes., *Op.* 276-280.

38 Il suffit ici de rappeler les différents sens du mot *carmen* en latin, de « morceau de musique instrumentale ou chantée » à « incantation magique ». La recherche la plus complète sur les mythes qui racontent la métamorphose d'humains en animaux musiciens est celle de Pauline LeVen, *Music and Metamorphosis in Greco-Roman Thought*, Cambridge, Cambridge University Press, 2021.

39 Hom., *Od.* 10, 221-243.

40 Nous reviendrons plus bas sur ce mythe : *cf. infra*, p. 42-43.

au son d'invisibles *auloi*[41]. Le lien existant entre musique et métamorphose est mis en évidence par une représentation de ce dernier mythe sur une *kylix* (coupe attique pour le vin) conservée au Musée National Étrusque de la Villa Giulia : on y voit les marins devenus dauphins en train de jouer des *auloi*.

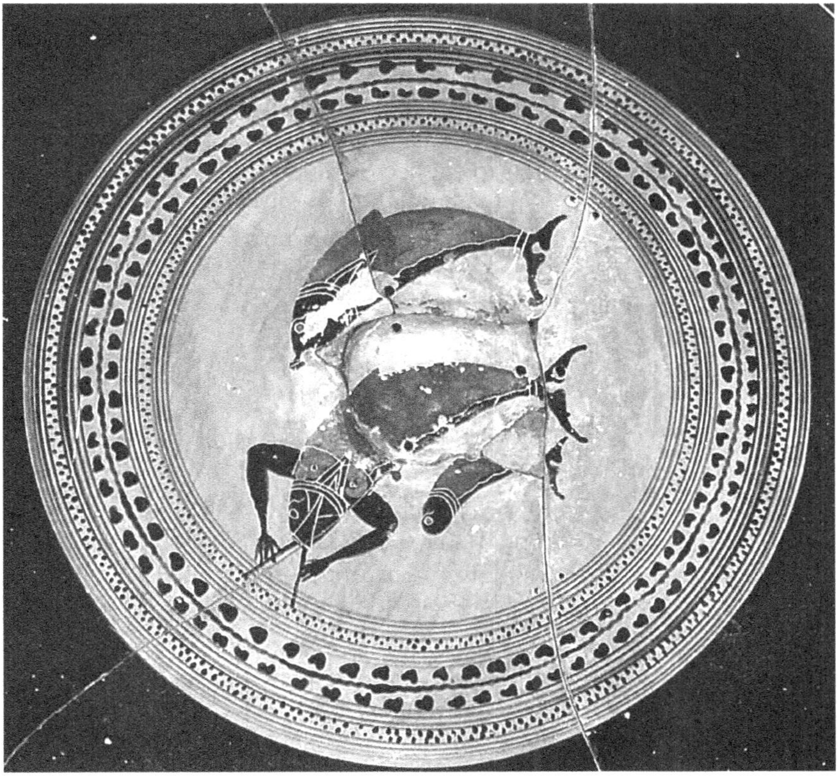

FIG. 3 – Détail d'une *kylix* représentant le mythe des pirates tyrrhéniens transformés en dauphins (570-550 av. J.-C.)
Reproduction aimablement autorisée
par le Museo Nazionale Etrusco di Villa Giulia (Rome) –
Archivio fotografico (photo : Mauro Benedetti).

41 Sur ce mythe, *cf.* Alan W. James, "Dionysos and the Tyrrhenian Pirates", *Antichton*, 9, 1975, p. 17-34.

L'histoire de Térée, Procné et Philomèle[42] est plus instructive encore. Celle-ci ne se déroule pas, de manière significative, en terre civilisée grecque, mais en Thrace (qui était aussi la patrie originelle d'Orphée[43] !). Le roi de cette contrée, Térée (également appelé Zéthos), était l'heureux époux d'une princesse athénienne, Procné. Ce souverain, tombé amoureux de sa jeune belle-sœur Philomèle, la viola et lui arracha la langue pour l'empêcher de divulguer le crime. Mais elle réussit à en avertir son aînée Procné qui, pour la venger et se venger de son époux, tua, avec la complicité de sa sœur, Itys, le fils qu'elle avait eu avec Térée. Les actes monstrueux dont tous trois s'étaient rendus coupables furent sanctionnés : ils furent transformés en oiseaux, Térée en huppe, Procné en rossignol et Philomèle en hirondelle[44]. Leurs forfaits bestiaux les firent passer dans le monde animal mais, en même temps, ils purent grâce au chant pleurer tout à leur aise sur leur infanticide : Procné le rossignol se lamente ainsi chaque printemps sur la mort de son fils.

L'ORIGINE ANIMALE DE LA MUSIQUE

Ce mythe nous offre d'intéressantes clefs pour appréhender l'expression musicale dans sa connexion avec le monde non humain[45]. En effet les sons émis par le rossignol étaient perçus dans l'Antiquité à la fois comme particulièrement virtuoses et tristes[46]. Comment une telle perception s'explique-t-elle ? S'agit-il d'un *topos* purement littéraire ? En ce qui

42 Ce mythe apparaît pour la première fois chez Homère (voir citation *infra*, p.) et a fait l'objet d'innombrables reprises dans la culture gréco-romaine.

43 *Cf.* Sarti, "Musical Heroes", p. 61, qui souligne que la musique était souvent associée avec la Thrace dans l'imaginaire grec en tant que patrie de la musique exotique, et de la beauté et du luxe ; la Phrygie était dans le même cas.

44 Ovide (*Met.* 6, 420-674), qui rapporte le plus en détail le mythe tel que nous venons de le raconter, atteste qu'au cours des siècles c'est Philomèle qui est devenue rossignol et Procné hirondelle : voir Gisèle Mathieu-Castellani, *Le rossignol poète dans l'Antiquité et à la Renaissance*, Paris, Classiques Garnier, 2016, p. 19-21, 25-27 et 67-86.

45 Voir LeVen, *Music and Metamorphosis in Greco-Roman Thought*, p. 168-205.

46 Voir entre autres Mathieu-Castellani, *Le rossignol poète*, p. 56-65. C'est également le cas de l'autre oiseau considéré comme un grand chanteur par les anciens, le cygne : *Cf. infra*, p. 62 où Socrate/Platon s'insurge contre l'opinion reçue qui veut que le chant du cygne ou du rossignol soit triste.

concerne la virtuosité, la réponse paraît assez simple, les capacités de production sonore et de variation – rythmique et timbrique – de cet oiseau étant bien connues de plusieurs civilisations et cultures. Dans certaines d'entre elles, son nom signifie d'ailleurs « mille voix[47] ». Mais pourquoi le chant du rossignol a-t-il été aussi souvent associé à la tristesse ? Soulignons qu'il commence souvent par une émission sonore prolongée sur une note répétée et sensiblement infléchie vers le bas. C'est l'aspect le plus caractéristique de son chant nocturne, comme l'observera Messiaen, qui en proposera une transcription avec une série de demi-tons descendants[48]. Or, on sait que dans plusieurs cultures et langages musicaux, un petit intervalle descendant (un demi-ton dans le langage tonal, mais la théorie musicale de la Grèce antique, au même titre que celle d'autres cultures, envisage des intervalles plus serrés) est généralement perçu comme plaintif. Il est donc bien possible que l'inflexion descendante de la note prolongée du chant du rossignol puisse constituer le fondement iconique de la tristesse du chant du rossignol.

Revenons à l'infanticide de Procnè : dans l'imaginaire antique, ne fallait-il pas d'une certaine manière que celle-ci fût métamorphosée en rossignol pour être à même d'entonner un chant de deuil à la mesure du drame dont elle était la protagoniste ? C'est ce que semble vouloir nous dire la version la plus ancienne de l'histoire, transmise par l'*Odyssée.* Pénélope y compare le chagrin permanent qui l'habite à la douleur sonore exhalée par Procné à chaque retour de la belle saison :

> ὡς δ' ὅτε Πανδαρέου κούρη, χλωρηῒς ἀηδών,
> καλὸν ἀείδῃσιν ἔαρος νέον ἱσταμένοιο,
> δενδρέων ἐν πετάλοισι καθεζομένη πυκινοῖσιν,
> ἥ τε θαμὰ τρωπῶσα χέει πολυηχέα φωνήν,
> παῖδ' ὀλοφυρομένη Ἴτυλον φίλον, ὅν ποτε χαλκῷ
> κτεῖνε δι' ἀφραδίας, κοῦρον Ζήθοιο ἄνακτος… (Hom., *Od.* 19, 518-524).

> « Quand la fille de Pandaréos, la verte Aédon, tout juste au commencement du printemps, dit son beau chant, posée parmi l'épais feuillage des arbres, dans ses modulations incessantes elle répand les mille accents de sa voix et gémit sur son enfant, sur Itylos, le fils du roi Zéthos, qu'un jour, d'un coup d'une arme de bronze, elle tua… effet de son étourderie ! » (éd. Bérard et trad. Bardollet).

47 *Cf.* David Rothenberg, *Un rossignol dans la ville. À la recherche du son parfait*, Arles, Actes Sud, 2024, p. 29.

48 Comme le décrira plus tard, à l'époque romaine, le naturaliste Pline l'Ancien ; voir *infra* p. 123-130 où nous comparons sa description avec les analyses de Messiaen.

Ici, de manière significative, il n'est plus question de forfait monstrueux, mais seulement d'homicide involontaire. Procné, la malheureuse mère infanticide malgré elle, fut métamorphosée en rossignol, car le chant aussi triste que varié émis par cet oiseau était manifestement le seul qui pût exprimer sa douleur : *aèdon*, « le rossignol », étymologiquement « la chanteuse », « chante » (*aeidèsin*) – une paronomase révélatrice[49], car, dans l'esprit des premiers Grecs, le chant et la musique n'étaient-ils pas originairement le privilège de l'animal, et plus particulièrement de l'oiseau, avant d'être celui de l'homme ? C'est en tout cas ce que paraît aussi signifier une peinture sur un lécythe[50] du Ve siècle av. J.-C. du Peintre d'Achille conservée au musée de Munich : nous y voyons une Muse assise sur un rocher du mont Hélicon et jouant de la cithare-berceau avec, posé sur le sol devant elle, un oiseau (un rossignol ?) en train de l'écouter, voire de chanter, accompagné par la Muse[51].

Peut-être faut-il également interpréter en ce sens l'évolution qui caractérisa au cours des siècles l'inquiétant mythe des Sirènes. Dans l'ancienne version de l'*Odyssée*[52], ces figures féminines dont le chant merveilleux attirait irrésistiblement, pour les noyer, les marins qui avaient le malheur de longer leur île, semblent avoir eu une forme humaine. Or, elles devinrent peu à peu au cours des siècles des êtres hybrides mi-femmes mi-oiseaux, comme l'atteste par exemple au IIIe siècle avant notre ère ce passage d'un poème épique, les *Argonautiques* d'Apollonios de Rhodes[53] :

> νῆα δ' εὐκραὴς ἄνεμος φέρεν · αἶψα δὲ νῆσον
> καλήν, Ἀνθεμόεσσαν ἐσέδρακον, ἔνθα λίγειαι
> Σειρῆνες σίνοντ' Ἀχελωίδες ἡδείῃσιν
> θέλγουσαι μολπῇσιν, ὅ τις παρὰ πεῖσμα βάλοιτο.
> Τὰς μὲν ἄρ' εὐειδὴς Ἀχελωίῳ εὐνηθεῖσα
> γείνατο Τερψιχόρη, Μουσέων μία · καί ποτε Δηοῦς
> θυγατέρ' ἰφθίμην ἀδμῆτ' ἔτι, πορσαίνεσκον

49 Voir sur ce point, Thomas J. Nelson, "'Most Musical, Most Melancholy' : Avian Aesthetics of Lament in Greek and Roman Elegy", 2019, p. 5, § 17 (en ligne : https://journals.openedition.org/dictynna/1914), et Mathieu-Castellani, *Le rossignol poète*, p. 15.

50 Vase grec de forme allongée, généralement utilisé pour stocker de l'huile parfumée destinée aux soins du corps ; sa présence est commune dans les sépultures.

51 Sur la technique de ce peintre, voir Dyfri Williams, « La céramique grecque et le rôle d'Athènes », *in* Giovanni Pugliese Caratelli (éd.), *Les Grecs en Occident*, Milan, Bompiani, 1996, p. 96.

52 *Cf.* Hom., *Od.* 12, 39-46.

53 Voir aussi Ov., *Met.* 5, 551-563 etc.

ἄμμιγα μελπόμεναι· τότε δ'ἄλλο μὲν οἰωνοῖσιν,
ἄλλο δὲ παρθενικῇς ἐναλίγκιαι ἔσκον ἰδέσθαι (Ap. Rh., *Arg.* 4, 891-899).

« Un vent modéré emportait le navire. Bientôt [les Argonautes] aperçurent une île, la belle Ile-aux-fleurs (Anthémoessa), où les mélodieuses Sirènes, filles d'Achélôos, faisaient périr de leurs doux chants ensorceleurs quiconque jetait l'amarre auprès d'elles. La jolie Terpsichore, l'une des Muses, les avait enfantées dans le lit d'Achélôos ; jadis elles étaient au service de la puissante Déo (Perséphone), encore vierge, et partageaient ses jeux ; mais maintenant elles ressemblaient par leur aspect en partie à des oiseaux et en partie à des jeunes filles » (éd. Vian et trad. Delage et Vian).

Une telle métamorphose constitue sans doute d'abord la sanction physique de leur cruauté inhumaine. Mais elle s'explique peut-être aussi parce que le chant si mélodieux des filles du fleuve Achélôos ne pouvait que comporter une part d'animalité. Le mythe de Pan, être hybride mi-homme mi-bouc et merveilleux musicien inventeur de la flûte du même nom, peut lui aussi être interprété de la même manière[54].

Du reste, en une croyance qui plongeait sans doute ses racines dans la préhistoire du monde méditerranéen[55], les Grecs affirmaient explicitement que l'homme avait appris la musique en imitant avec la bouche ou des instruments de sa fabrication des sons entendus dans la nature. On peut évoquer ici une thèse allant dans ce sens attribuée au philosophe Démocrite (ve siècle av. J.-C.), sur laquelle nous aurons l'occasion de revenir[56]. Un auteur tardif, Athénée de Naucratis, mentionne aussi dans ses *Deipnosophistes* un ancien philosophe, Chaméléon d'Héraclée (IVe siècle av. J.-C.) qui, selon lui, affirmait que les anciens avaient inventé la musique en s'inspirant des oiseaux chantant dans les lieux déserts. Cet art serait ainsi né de l'imitation du monde animal[57] :

---

54 Pour une analyse stimulante de la figure de Pan, entre nature et culture, lire Pauline LeVen, "Pan and the Music of Nature", *in* Tosca A. C. Lynch et Eleonora Rocconi (éd.), *A Companion to Ancient Greek and Roman Music*, p. 49-59, et notamment p. 51.

55 Sur ce point, lire Walter Graf, « Musikethnologische Notizen zum Orpheus von Enns-Lorch », *Anthropos*, 51, 1956, p. 735-741.

56 *Infra*, p. 59-60.

57 Chaméléon du Pont était un disciple d'Aristote : sur ce personnage, *cf.* Theodora Hadjimichael, "The Peripatetics and the Transmission of Lyric", *in* Bruno Currie et Ian Rutherford (éd.), *The Reception of Greek Lyric Poetry in the Ancient World : Transmission, Canonization and Paratext*, Leyde-Boston, Brill, 2020, p. 161-163.

Χαμαιλέων ὁ Ποντικὸς ἔφη τὴν εὕρεσιν τῆς μουσικῆς τοῖς ἀρχαίοις ἐπινοηθῆναι ἀπὸ τῶν ἐν ταῖς ἐρημίαις ᾀδόντων ὀρνίθων· ὧν κατὰ μίμησιν λαβεῖν στάσιν τὴν μουσικήν (Ath., *Deipn.* 9, 390a).

« Chaméléon du Pont a dit que les anciens ont eu l'idée d'inventer la musique en écoutant chanter les oiseaux dans les lieux déserts ; et c'est en les imitant qu'ils sont devenus musiciens » (éd. Olson et notre traduction).

L'assimilation des sons des instruments de musique aux sons émis par les animaux est d'ailleurs nette dans le vocabulaire grec. Ainsi, selon Eleonora Rocconi[58], le verbe *térétizein* aurait d'abord été employé pour définir le chant des hirondelles ou des cigales avant d'être appliqué au son de la cithare et surtout de l'*aulos* et de la voix humaine lorsqu'elle émet des séquences sonores semblables à celles de ces oiseaux et de ces insectes. Une telle adéquation entre les sons produits par les animaux et les instruments de musique est d'ailleurs illustrée par une jolie fable colportée tout au long de l'Antiquité : on racontait qu'une cigale avait volé au secours d'Eunome de Locres le citharède en se posant sur son instrument pour remplacer de son chant la corde qu'il venait de casser[59].

ALCMAN ET LES PERDRIX

C'est surtout la poésie lyrique qui passait pour être fille du chant des oiseaux. Si l'on en croit encore le témoignage d'Athénée, Alcman, un poète du VIIe siècle av. J.-C., proclamait avoir emprunté aux perdrix les vers qu'il chantait et la musique qui les accompagnait :

Ἔπη δέ γε καὶ μέλος Ἀλκμὰν
εὗρε γεγλωσσαμένον
κακκαβίδων στόμα συνθέμενος (Ath., *Deipn.* 9, 390a = Alc., frg. 91 Calame = frg. 25 Bergk, 92 Diehl, 39 Page et 72 Garzya).

58 Eleonora Rocconi, *Le parole delle Muse. La formazione del lessico tecnico musicale nella Grecia antica*, Rome, Quasar, 2003, p. 81-98 : l'auteure y suit l'évolution sémantique de ce verbe en le replaçant dans un cadre musical au fil des siècles.

59 *Cf.* Tim., *FGrHist* 64-65, p. 206-207 ; *Anth. Pal.* 6, 54 ; Clem. Al., *Protr.* 1, 1, 2 : voir Rocconi, *Le parole delle Muse*, p. 83 ; Paul Antin, « Cigales littéraires », *Bulletin de l'Association Guillaume Budé*, 3, 1962, p. 340.

« Alcman a trouvé des paroles et une phrase musicale [...] en écoutant la bouche des perdrix pourvue d'une langue » (notre traduction)[60].

Ce texte constitue sans doute la « signature » d'une composition (un parthénée ?) d'Alcman[61]. Comme il est corrompu, il a donné matière à un grand débat philologique[62]. Nous avons retenu la correction *stoma* (« bouche ») plutôt que l'*onoma* (« nom ») des manuscrits, leçon pourtant conservée dans une édition récente[63], car nous n'en voyons pas le sens :

60 D'autres traductions (éventuellement fondées sur un texte établi différemment) ont été proposées : citons entre autres celle de Carlo Gavallotti (« Le pernici di Alcmane », in *Quaderni Urbinati di Cultura Classica*, 14, 1972, p. 33 : « poi aggiungeva anche la musica Alcmane, e la trovò componendo all'unisono con cinguettanti pernici » ; celle de Bettini, *Voci*, p. 119 : « Queste parole e il canto [...] Alcmane trovò [...] componendo in linguaggio la voce [...] delle pernici [...] » ; celle d'Emanuele Fadda (« Alcmane e la pernice. Note su vocalità e iconismo », *De musica*, 13, 2009, p. 1) : « Queste parole e il canto Alcmane trovò mettendo insieme la voce delle pernici, dotata di lingua » ; celle de Claude Calame, *Alcman*, Rome, Edizioni dell'Ateneo, 1983, frg. 91 (qui considère le texte comme irréversiblement corrompu) : « Alcman a trouvé les paroles et la mélodie... attentif à la voix des perdrix » ; celle de Philippe Brunet (*La naissance de la littérature dans la Grèce ancienne*, Paris, Librairie Générale Française, 1997, p. 123), fort belle mais moins littérale : « Alcman a trouvé ces paroles et de sa langue a sifflé l'air en tressant la chanson des perdrix » ; celle de Rodolfo Cherubina, *in* Rodolfo Cherubina *et al.*, *Ateneo. I deipnosofisti* (traduction commentée collective sur le projet de Luciano Canfora), II (VI-XII), Rome, Salerno editrice, 2001 : « Queste parole e il canto Alcmane inventò raccogliendo nell'animo il canto garrulo delle pernici ».

61 *Cf.* Calame, *Alcman*, p. 480 ; Carlo Brillante, « Il canto delle pernici in Alcmane et le fonti del linguaggio poetico », *Rivista di Filologia e di Istruzione Classica*, 119, 1991, p. 151-152 ; sur les parthénées d'Alcman, voir Claude Calame, *Les chœurs de jeunes filles en Grèce archaïque* II (Alcman), Urbino, Edizioni dell'Ateneo & Bizzarri, 1977 ; *Les chœurs de jeunes filles en Grèce ancienne. Morphologie, fonction religieuse et sociale (Les parthénées d'Alcman)*, Paris, Les Belles Lettres, 2019, p. 453-572 ; Gloria Ferrari, *Alcman and the Cosmos of Sparta*, Chicago-Londres, University of Chicago Press, 2008.

62 Nous avons pour notre part opté ici pour le texte établi par Georg Kaibel, *Athenaei Naucratitae libri XV* II (VI-X), Leipzig, Teubner, 1887, p. 350, car il nous a semblé à la fois plus respectueux de la tradition manuscrite et plus cohérent. Pour une revue et une discussion des différentes conjectures auxquelles les vers ont donné lieu, se reporter aux apparats établis par Kaibel, *Athenaei Naucratitae libri XV* II, p. 350 ; Calame, *Alcman*, p. 116-117 (assorti d'un commentaire p. 480-483) et Antonio Garzya, *Alcman I frammenti*, Naples, Libreria scientifica editrice, 1954, p. 143-144, *Athenaeus. Deipnosophistae* III (libri VIIII-XI), éd. S. Douglas Olson, Berlin-Boston, De Gruyter, Teubner, 2020, p. 111-112 ; ou encore à la discussion des points les plus litigieux par Brillante, « Il canto delle pernici e le fonti del linguaggio poetico », p. 150-151. Nous remercions notre collègue et amie helléniste Dominique Lenfant pour les conseils éclairés qu'elle nous a donnés lors de la phase d'établissement et de traduction du texte. Les choix que nous avons effectués n'engagent bien sûr que nous.

63 *Cf.* Olson, *Athenaeus. Deipnosophistae*, p. 111-112 : † ἐπηγε † δὲ Ἀλκμὰν / εὗρε γεγλωσσάμενον / κακκαβίδων ὄνομα συνθέμενος : la reprise de l'ἐπηγε de la tradition manuscrite amène d'ailleurs aussi l'éditeur à postuler dans le premier vers un *locus desperatus*.

pourquoi Alcman se serait-il inspiré du *nom* des perdrix (*kakkabis*) – si mimétique qu'il soit de leur cri – plutôt que de leur cri même (émis par leur *bouche*, comprise comme organe de la parole, voix) ? Ce choix est d'ailleurs en contradiction avec le commentaire dont Athénée assortit sa citation : selon lui, le poète y déclare hautement que « ce sont les perdrix qui lui ont appris à chanter[64] ».

La traduction du texte n'est pas non plus aisée : nous avons ainsi choisi de traduire le mot *mélos* non par « mélodie », mais par « phrase musicale rythmée », d'après le sens premier du mot, « articulation », et par opposition aux « paroles » (*èpè*) évoquées juste avant. Nous avons également rendu *sunthemenos* par « écouter », car cette acception est plus courante à l'époque archaïque que le sens d'« arranger », « composer[65] ».

Ajoutons que l'on hésite bien sûr à prendre au pied de la lettre l'affirmation d'Alcman contenue dans les vers[66]. Et pourtant, une analyse philologique et sémiotique approfondie montre qu'il y a peut-être plus ici qu'une simple image poétique[67]. Maurizio Bettini a attiré l'attention sur le mot utilisé pour désigner cet oiseau : non pas le plus commun *perdix*, mais *kakkabis*. Ce nom a valeur d'« icône sonore », car il reproduit les sons émis par l'oiseau (« *cac, cac*… »). Les vers d'Alcman demeurent néanmoins délicats à interpréter. Commençons par le terme *geglôssamenon*, au cœur de problèmes aussi bien philologiques qu'interprétatifs : c'est

64 *Cf.* Ath., *Deipn.* 9, 390a : σαφῶς ἐμφανίζων ὅτι παρὰ τῶν περδίκων ᾄδειν ἐμάνθανε (« montrant clairement par là que ce sont les perdrix qui lui ont appris à chanter » ; éd. Olson ; notre traduction).

65 Calame, *Alcman*, p. 483, refuse formellement le sens de « composer », selon lui inexistant à l'époque archaïque ; se reporter néanmoins à l'étude des significations du verbe συντίθεμαι chez Homère menée par Brillante, « Il canto delle pernici », p. 152-154, qui relève chez ce poète le sens de « saisir par l'écoute », de « mettre ensemble pour soi ». Il reste que le sens d'« écouter » est le plus fréquent à l'époque archaïque : *cf.* par exemple Hom., *Od.* 20, 92 : τῆς (…) κλαιούσης ὄπα σύνθετο δῖος Ὀδυσσεύς ; « le divin Ulysse entendit la voix (ὄπα σύνθετο) [de Pénélope] qui pleurait » ; éd. Bérard, notre traduction.

66 *Cf.* entre autres Elsa Bouchard, "The Self-Revealing Poet : Lyric Poetry and Cultural History in the Peripatetic School", *in* Bruno Currie et Ian Rutherford (éd.), *The Reception of Greek Lyric Poetry in the Ancient World. Transmission, Canonization and Paratext*, Leyde-Boston, Brill (Mnemosyne. Supplements, 430. Studies in Archaic and Classical Greek Song, 5), 2020, p. 189-194, qui analyse la conception anthropologique qui sous-tendrait le passage et émet l'hypothèse que le chant qu'Alcman avait emprunté aux perdrix était de nature érotique.

67 Sur les problèmes de texte et d'interprétation posés par ces vers, voir Calame, *Alcman*, p. 116-117 et 480-483 ; Brillante, « Il canto delle pernici in Alcmane e le fonti del linguaggio poetico », p. 150-163 ; Bettini, *Voci*, p. 118-122 ; Fadda, « Alcmane e la pernice », p. 1-15.

le participe d'un hypothétique verbe **glôssaomai*[68], qui aurait signifié « faire marcher sa langue », « articuler[69] ». Selon Maurizio Bettini[70], Alcman, en écoutant – ou en « composant », si l'on tient absolument au deuxième sens de *sunthemenos*[71] – aurait « réarticulé » la voix de la perdrix, mis en mots humains ses séquences sonores, pour en tirer ses propres vers. C'est donc bien d'un acte de *mimèsis* dont il serait question.

Comme l'a suggéré Emanuele Fadda[72], une telle lecture s'accorde d'abord assez bien avec l'explication proposée par Aristote des origines de l'art poétique (*Poet.* 48b, 4-9) : le philosophe situe celles-ci dans le talent d'imitation, plus développé chez l'homme que dans d'autres espèces, et dans le plaisir découlant de l'imitation. Un peu comme Stravinsky, qui, lorsqu'il travaillait au *Sacre du printemps*, sur les rives du Boug, aurait été sensible aux combinaisons rythmiques des fauvettes aquatiques[73], Alcman aurait donc commencé par imiter les sons émis par les perdrix, puis se serait employé à les varier et à les perfectionner.

La question qui se présente alors immédiatement à l'esprit est la suivante : qu'a donc de si spécial la « bouche », c'est-à-dire l'organe de la parole (*stoma*), de la perdrix ? Pour tenter d'éclaircir ce point, Maurizio Bettini a fait appel au plus tardif Élien, sur lequel nous aurons l'occasion de revenir[74] : dans un passage de l'œuvre de celui-ci, on lit que parmi les perdrix, « celles qui ont une voix aiguë et chantante » (*hoi toroi te kai ôdikoi*) possèdent une « bonne maîtrise de la langue (*euglôttia*[75]) ». Voilà une expression qui fait écho au participe *geglôssamenon* accolé par Alcman à la « bouche » (*stoma*) des perdrix, capable d'articuler. Les perdrix les plus sonores et chanteuses auraient donc leur mode d'articulation propre, dont Alcman aurait à son tour tiré ses compositions.

---

68 L'existence de ce verbe dans la langue grecque n'est attestée que par ce passage et, indirectement, par son composé *epiglôssaomai* (« mal parler de » ; « dire du mal de »).

69 *Cf.* Gallavotti, « Le pernici di Alcmane », p. 33, qui propose comme traduction « mettre en mouvement la langue », « mouvoir rapidement la langue ».

70 Bettini, *Voci*, p. 120. Sur ce travail de réappropriation voir aussi Brillante, « Il canto delle pernici in Alcmane et le fonti del linguaggio poetico », p. 157-158.

71 Sur cette traduction, *cf.* Brillante, « Il canto delle pernici in Alcmane et le fonti del linguaggio poetico », p. 153-154.

72 Fadda, « Alcmane e la pernice », p. 4.

73 C'est une hypothèse de François-Bernard Mâche, qui a mis en évidence des correspondance singulières entre les procédés rythmiques utilisés par Stravinsky dans la *Danse sacrale* du *Sacre* (aux chiffres 142 à 148 de la partition) et les émissions sonores de cet oiseau.

74 Voir *infra*, p. 136-144.

75 Ael., *N. A.* 4, 13, qui parle des *perdikes* en général ; voir Bettini, *Voci*, p. 121.

Arrêtons-nous un instant sur la voix particulièrement « aiguë et chantante » prêtée par Élien aux perdrix. Ailleurs, celui-ci explique encore, d'après Théophraste (vers 372-288 av. J.-C.), qu'elles n'émettent jamais le même son articulé (*phthegma*), mais varient[76]. Voilà qui est de plus en plus énigmatique : à quelle(s) espèce(s) pourrait s'être référé Alcman lui-même pour ses paroles (*épè*) et sa musique (*melos*) ? Dans les classification modernes, « perdrix » (ou *Perdix*) désigne plusieurs espèces de gallinacés de petite taille[77]. Les perdrix les plus communes en Europe sont cependant la perdrix rouge et la perdrix grise. Or, ce qui frappe d'emblée à l'écoute de ces espèces, c'est que leur voix n'a rien de particulièrement mélodieux ou chantant[78]. Leur sonorité est efficacement restituée par les deux verbes onomatopéiques que les Grecs employaient pour désigner leur cri : les perdrix « *kakkabissent* » ou « *trissent*[79] ». Si le deuxième terme correspond assez bien au cri de la perdrix grise (*Perdix perdix* dans la nomenclature binominale de Linné[80]), le premier évoque plutôt les émissions sonores de la perdrix rouge (*Alectoris rufa*), ainsi que les *cac, cac* des *kakkabides* d'Alcman. Quant aux cris de la perdrix bartavelle (classée sous le nom d'*Alectoris graeca*), ils semblent être un mélange des sons que font entendre les deux autres perdrix. Lequel de ces oiseaux pourrait être la source d'inspiration d'Alcman ?

Étudions le spectrogramme (fig. 4[81]) de l'émission sonore d'une perdrix grise[82]. On relève la fréquence plutôt élevée de la fondamentale et

76 *Cf.* Ael., *N. A.* 4, 13.

77 Ces espèces appartiennent à la famille des *Phasianidae*, et plus particulièrement aux sous-familles des *Perdicinae* et des *Tetraoninae.*

78 Le lecteur pourra s'en faire lui-même une idée en écoutant les exemples répertoriés dans la base de données de la Sonothèque du Muséum National d'Histoire naturelle (consultables à l'adresse : https://sonotheque.mnhn.fr/).

79 Voir notamment Arstt., *H. A.* 536b ; *cf.* aussi Brillante, « Il canto delle pernici e le fonti del linguaggio poetico », p. 154-155.

80 Dans la deuxième édition du *Systema Naturae* (1758).

81 Le spectrogramme (ou sonagramme) est la représentation graphique de l'ensemble des fréquences qui constituent un son : les fréquences sont indiquées sur l'axe vertical, tandis que l'axe horizontal indique les unités de temps. Sur l'intérêt d'utiliser ce système de représentation pour étudier le chant des oiseaux (et de le privilégier par rapport à d'autres systèmes de notation), voir Martinelli, *Quando la musica è bestiale davvero*, p. 151-154. Pour une description et des exemples des modes d'utilisation de ce dispositif dans la recherche ornithologique, voir Mark Constantine et *al.*, *La voix des oiseaux. Une nouvelle approche des cris et des chants*, trad. de Guilhelm Lesaffre, Lonay, Delachaux et Niestlé, 2008, p. 25-39.

82 Enregistrement publié sur le site de la Sonothèque du Muséum National d'Histoire naturelle (adresse *supra*, note 78). Pour réaliser les spectrogrammes de ce livre, nous

la distinction des premiers partiels, témoignant d'un son aigu et un peu crissant : une image sonore qui correspond assez bien à l'onomatopée (tri-tri) plus tard décrite par Aristote employant le mot *trigmon*[83].

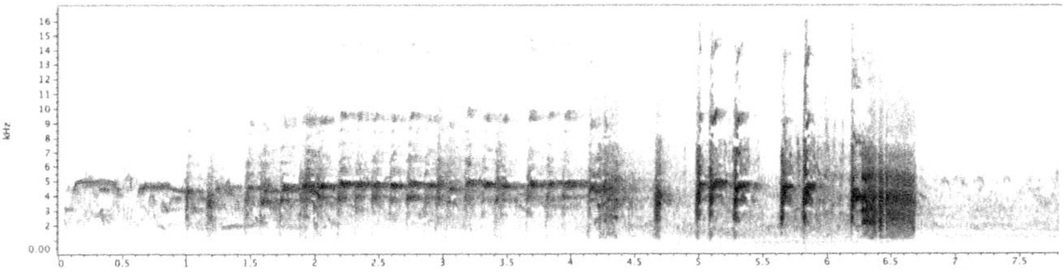

FIG. 4 – Spectrogramme d'un chant de perdrix grise (*Perdix perdix*).

Notons en revanche, dans ce spectrogramme d'une émission de perdrix rouge, que la fondamentale est à la fois moins distincte et (nettement) plus basse. Dans l'ensemble, la morphologie spectrale est plus brouillée et témoigne d'un son plus bruiteux :

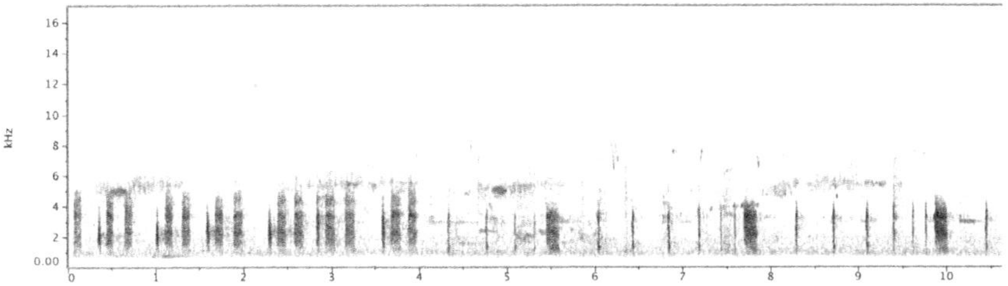

FIG. 5 – Spectrogramme d'un cri de perdrix rouge (*Alectoris rufa*).

Loin d'être un mélange des sons des deux autres oiseaux, les émissions d'une perdrix bartavelle possèdent quant à elles une morphologie qui paraît proche tantôt du premier, tantôt du second :

avons utilisé le logiciel « Raven Lite », version 2.0.5, mis à disposition par le Cornell Lab of Ornithology (K. Lisa Yang Center for Conservation Bioacoustics) à cette adresse : https://www.ravensoundsoftware.com/ (consulté le 23/10/24).

83 *H. A.* 536b.

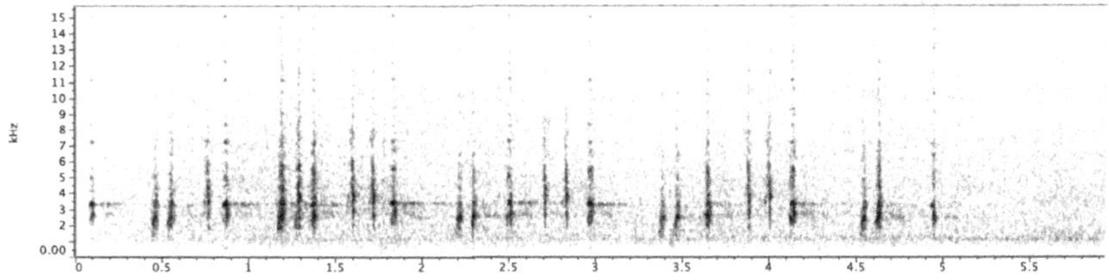

FIG. 6 – Spectrogramme d'un cri de perdrix bartavelle (*Alectoris graeca*).

Sans pouvoir exclure cette dernière possibilité, si nous nous en tenons à l'onomatopée du terme utilisé par Alcman (*kakkabis*) il est fort probable qu'il s'agisse d'une perdrix rouge[84]. Mais, au fond, peu importe à quelle espèce correspondent les verbes onomatopéiques utilisés en grec pour décrire les sons produits par les perdrix. La question principale que l'on ne peut s'empêcher de se poser à l'écoute de ces séquences sonores est la suivante : comment des cris, qui, tout articulés qu'ils soient, sont extrêmement peu mélodieux (n'en déplaise à Théophraste et Élien !), ont-ils pu inspirer la poésie d'Alcman ? Or, après avoir écouté un certain nombre d'exemples d'espèces communes[85], notre hypothèse est que, si l'on persiste à voir dans les propos du poète autre chose qu'une simple métaphore poétique, il convient de se focaliser non pas sur la texture sonore, mais sur un autre aspect du chant des perdrix : le rythme[86]. C'est surtout à l'écoute des émissions de la perdrix rouge et de la perdrix bartavelle que les séquences sonores – assez différentes d'un exemple à l'autre – sont caractérisées par d'intéressantes scansions rythmiques. Ce n'est d'ailleurs sans doute pas un hasard si, au moment de reprendre l'exemple d'Alcman dans une œuvre pour orchestre de 1969, *Rituels de l'oubli*[87], François Bernard Mâche s'est justement concentré sur cet aspect. On peut observer ce trait dans l'exemple de la perdrix rouge que nous venons de voir, mais dont il convient de reproduire la forme d'onde :

84 Nous retrouvons cette hypothèse, à laquelle nous sommes parvenus de manière autonome, dans le texte d'une conférence donnée par François-Bernard Mâche au cours du colloque « Moisa », Athènes, le 14 juillet 2016 et intitulée "Philology and Zoömusicology" (texte inédit ; nous remercions l'auteur de nous l'avoir transmis).

85 Notamment les exemples de la sonothèque mentionnée *supra*, note 78.

86 Cette hypothèse a été également avancée par LeVen, *Music and Metamorphosis in Greco-Roman Thought*, p. 38.

87 François-Bernard Mâche, *Cent opus et leurs échos*, Paris, L'Harmattan, 2012, p. 63-65.

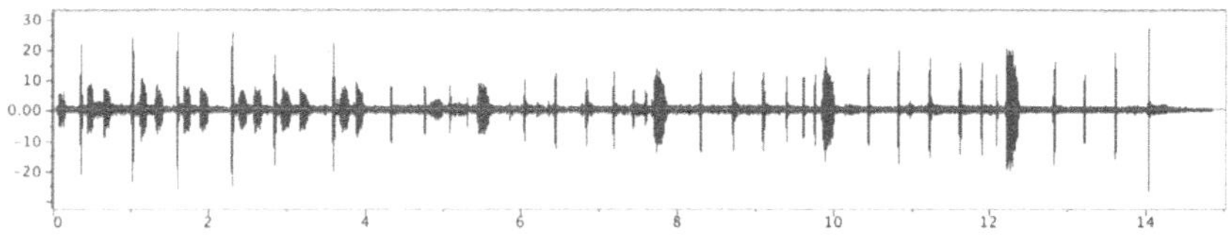

FIG. 7 – Forme d'onde de l'émission d'une perdrix rouge (*Alectoris rufa*).

On note dans cette séquence (de 15 secondes) une cellule rythmique comportant deux valeurs brèves suivies d'une valeur longue, ce qui pourrait correspondre à un anapeste. Celui-ci est ensuite remplacé par une formule rythmique plus saccadée et répétée quatre fois, chacune avec une petite variation. Quant à la deuxième séquence, elle fait alterner des phases de pulsation « simple » (- - - -) et des phases qui reprennent la formule en anapestes saccadés (-- — -- —).

Que peut-on déduire de ces analyses ? L'intérêt de ces séquences nous paraît résider dans leur variété rythmique, susceptible de donner lieu à une scansion particulièrement dynamique. Il nous semble notamment entendre une base anapestique. Or des structures anapestiques sont attestées parmi la multiplicité des mètres et des rythmes utilisés par Alcman[88]. On voit en tout cas que l'affirmation de ce poète n'est peut-être pas aussi fantaisiste qu'elle en a l'air. Il est en effet plausible qu'Alcman se soit inspiré de la variété rythmique propre aux émissions sonores de la perdrix plutôt que de leur mélodie qui, à moins que les perdrix antiques n'aient chanté autrement que leurs congénères contemporaines, est assurément moins intéressante. Un autre fragment où le poète se glorifie de connaître le *nomos* – c'est-à-dire le chant, au sens de motif ou thème[89] – de tous les oiseaux[90] doit sans doute également être pris au

88 On trouve au moins un trimètre anapestique catalectique dans les fragments qui nous sont parvenus. Surtout, une séquence de deux brèves suivies d'(au moins) une longue est susceptible de caractériser d'autres vers lyriques. Elle est ainsi présente dans le mètre qu'un fragment anonyme d'un traité de métrique antique désigne comme typique du parthénée : nous renvoyons ici aux réflexions de Calame, *Les chœurs de jeunes filles en Grèce archaïque*, p. 176 ; Calame, *Les chœurs de jeunes filles en Grèce ancienne*, p. 603-604 ; et, plus généralement, Martin L. West, *Greek Metre*, Oxford, Oxford University Press, 1982, p. 46-56.

89 *Cf.* Fubini, *L'estetica musicale dall'antichità al Settecento*, p. 10-11 ; voir aussi West, *Ancient Greek Music*, p. 215-217.

90 Frg. 140 Calame : Οἶδα δ' ὀρνίχων νόμως / πάντων (*Cf.* Ath., *Deipn.* 9, 374d). Pour une discussion et un commentaire de ce fragment, *Cf.* Calame, *Alcman*, p. 141-142 et 548-549.

sérieux : là aussi, c'était peut-être d'abord le rythme des vocalises des oiseaux qu'Alcman imitait et « (ré)articulait » dans ses vers.

L'AÈDE OISEAU

Quelle que soit la part de vérité contenue dans les propos d'Alcman, l'idée que la poésie était fille du chant des oiseaux allait devenir un lieu commun de la littérature antique. On racontait par exemple qu'Homère aurait dès le berceau indiqué à ses proches quel grand poète il serait en imitant neuf voix d'oiseaux : celles d'une hirondelle, d'un paon, d'une colombe, d'un corbeau, d'une perdrix, d'une poule d'eau, d'un étourneau, d'un rossignol et d'un merle[91]. Et, à en croire Aristophane[92], l'ancien poète tragique Phrynichos[93], qui, comme son successeur Eschyle, pratiquait une poésie essentiellement lyrique, affirmait lui aussi « s'être nourri du chant des oiseaux, comme une abeille butinant une fleur ». De manière significative, l'aptitude d'un poète à s'inspirer du ramage des oiseaux et, peut-être aussi, à comprendre les messages dont ils sont porteurs[94] apparaît ici comme un gage de l'excellence présente ou future de son art.

Une telle conception a donné naissance dans l'Antiquité à une autre image littéraire : l'assimilation du poète/aède lui-même à un oiseau, et notamment à un rossignol ou à un cygne[95]. Elle est présente dès les *Hymnes Homériques* : par exemple, dans l'*Hymne à Pan*, où les sons que le dieu tire de la syrinx sont comparés au chant du rossignol[96]. La

91 *Cf.* Alexandre de Paphos, *Vita Homeri* 7 = Eustathe de Thessalonique, *Od.* 1713, 17-21 (*Commentarii ad Homeri Odysseam ad fidem exempli romani editi*, éd. Johann Gottfried Stallbaum, Leipzig, Weigel 1825-1826 (réimpr. Hildesheim, G. Olms, 1970); voir Bettini, *Voci*, p. 45 ; Nelson, "'Most Musical, Most Melancholy' : Avian Aesthetics of Lament in Greek and Roman Elegy", p. 8 § 28.

92 Ar., *Au.* 748-750.

93 Sur Phrynichos, *cf.* par exemple West, *Ancient Greek Music*, p. 352.

94 Comme le souligne Brillante, « Il canto delle pernici e le fonti del linguaggio poetico », p. 154.

95 Sur cette métaphore, lire entre autres Mathieu-Castellani, *Le rossignol poète*, p. 47-65, et Nelson, "'Most Musical, Most Melancholy' : Avian Aesthetics of Lament in Greek and Roman Elegy", p. 1-47.

96 *Cf. Hh.*, *Pan* 14-18.

métaphore de l'aède-oiseau eut une longue postérité : depuis Théognis, Bacchylide, Eschyle, Sophocle, Euripide et Aristophane chez les Grecs[97], jusqu'à Catulle[98], Virgile[99] et Ovide[100] chez les Romains, en passant par Théocrite et Callimaque[101].

Un *topos* aussi répandu ne manqua pas de donner lieu à des développements parodiques dont le plus savoureux exemple se trouve sans conteste dans les *Oiseaux* d'Aristophane. Celui-ci y met irrévérencieusement en scène un fantasque auteur de dithyrambes désireux d'être muni d'ailes pour atteindre le sommet de son art : il souhaite ainsi devenir « rossignol à la voix sonore[102] ».

Il y a peut-être plus dans les *Oiseaux* : la pièce, qui contient également plusieurs tirades imitant avec une grande habileté le chant de plusieurs espèces, et notamment du rossignol, est également riche d'enseignements sur la vogue contemporaine pour une musique qui affichait volontiers une forme de proximité avec les sons du monde animal. On sait qu'à la fin du ve siècle avant notre ère s'est développé à Athènes ce qu'on appelle la Nouvelle Musique[103] : celle-ci, pratiquée par les auteurs de

---

97 Pour ne pas trop alourdir les notes, nous renvoyons à propos de tous ces auteurs à Nelson, "'Most Musical, Most Melancholy' : Avian Aesthetics of Lament in Greek and Roman Elegy", p. 6-12 § 22-39, qui offre, pour les périodes grecque comme romaine, une gamme d'exemples beaucoup plus riche que la nôtre. Nous aurons quant à nous l'occasion de revenir un peu plus bas sur la métaphore de l'aède-oiseau chez Aristophane.

98 65, 11-16.

99 Verg., *Georg.* 4, 507-520.

100 Ov., *Am.* 2, 6, 7-10 ; 3, 1, 1-10 ; *Trist.* 5, 1, 9-14. Le recours à l'image du poète-oiseau revêt la plupart du temps certainement un aspect parodique chez Ovide : voir Nelson, "'Most Musical, Most Melancholy' : Avian Aesthetics of Lament in Greek and Roman Elegy", p. 14-15, § 47.

101 *Cf.* tout particulièrement l'épigramme pour Héracleitos, *Anth. Pal.* 7, 80, citée par Nelson, "'Most Musical, Most Melancholy' : Avian Aesthetics of Lament in Greek and Roman Elegy", p. 10-12, § 33 et Mathieu-Castellani, *Le rossignol poète*, p. 47, où les vers mêmes sont des rossignols.

102 *Av.* 1380 : Ὄρνις γενέσθαι βούλομαι λιγύφθογγος ἀηδών. Cet auteur de dithyrambe est sans doute Cinésias, le représentant athénien de la Nouvelle Musique : *Cf.* West, *Ancient Greek Music*, p. 359.

103 Sur les caractéristiques et les enjeux de la Nouvelle Musique, se reporter entre autres à West, *Greek Metre*, notamment p. 135-141 ; West, *Ancient Greek Music*, p. 44-45 ; 205-207 ; 353-372, en particulier p. 356-372 ; Andrew Barker, "Transforming the Nightingale : Aspects of Athenian Musical Discourse in the Late Fifth Century", *in* Penelope Murray et Peter Wilson (éd.), *Music and the Muses. The Culture of Mousikē in the Classical Athenian city*, Oxford, Oxford University Press, 2004, p. 185-204 ; Eric Csapo, "The Politics of the New Music", *in* Penelope Murray et Peter Wilson (éd.), *Music and the Muses : The Culture of*

dithyrambes ou de nomes ou par les poètes tragiques tel Euripide[104], était caractérisée par son goût pour l'ornementation propre à mettre en valeur la virtuosité des instrumentistes et pour le mimétisme obtenu par les instruments – l'*aulos* étant considéré comme le plus mimétique de tous – comme par la voix. On imitait ainsi volontiers les animaux, et notamment les oiseaux, à qui les hommes étaient censés avoir emprunté la musique et qui inspiraient les prouesses instrumentales, caractérisées par la variété (*poikilia*), des musiciens contemporains.

C'est certainement cette Nouvelle Musique que parodie non sans admiration et talent Aristophane aux vers 209-262 des *Oiseaux*. On connaît l'argument de la pièce : deux Athéniens, Euelpidès et Pisthétairos, dégoûtés de leur cité où démagogues et sycophantes tiennent le haut du pavé, se lancent dans la nature à la recherche de la Huppe Térée. Quand ils l'ont trouvée, ils la persuadent de rallier toute la gent ailée pour fonder entre ciel et terre une cité idéale pour les oiseaux. Térée, séduit par l'idée, se met alors à chanter pour réveiller son épouse Procnè la Rossignole, « muse des fourrés[105] », qui doit l'aider à battre le rappel de tous les oiseaux (209-222). Ce personnage, incarné par une joueuse d'*aulos* cachée derrière la scène, se lance alors dans un solo instrumental qui suscite l'admiration d'un des deux Athéniens (223-224). Après cet intermède, la Huppe, entonnant une parodie d'hymne clétique[106] accompagnée de l'*aulos*[107], convoque en assemblée tous les volatiles des environs (227-262)[108] :

'Mousikè' in the Classical Athenian City, Oxford, Oxford University Press, 2004, p. 207-248 ; Armand J. D'Angour, "The New Music : so What's New ?", *in* Simon Goldhill et Robin Osborne (éd.), *Rethinking Revolutions through Ancient Greece*, Cambridge-New York, Cambridge University Press, 2006, p. 264-283 ; Armand J. D'Angour, "'Old' and 'New' Music : the Ideology of *Mousikè*", *in* Tosca A. C. Lynch et Eleonora Rocconi (éd.), *A Companion to Ancient Greek and Roman Music*, Hoboken, Wiley Blackwell, 2020, p. 409-420. ; Egert Pölhmann, "Aristophanes and the 'New Music' : *Acharnians*, *Knights*, *Clouds*, *Birds*, *Thesmophoriazousai*, *Frogs*", *in* Dimitrios Yatromanolakis (éd.), *Music and Cultural Politics in Greek and Chinese Societies*, I (Greek antiquity), Cambridge (Mass.)-Londres, Harvard University Press, 2011, p. 29-64.

104 La tradition nous a conservé les noms de Mélanippidès, Phrynis, Cinésias, Crexos, Timothée, Philoxène, Télestès, ainsi que de poètes tragiques comme Euripide et Agathon : *cf.*, entre autres, West, *Ancient Greek Music*, p. 350 et surtout p. 357-366. Sur les nomes, *cf. supra*, note 33.

105 Trad. Van Daele.

106 C'est-à-dire un hymne qui invoque la présence des dieux qu'il honore.

107 *Cf.* sur ce point Cécile Corbel-Morana, *Le bestiaire d'Aristophane*, Paris, Les Belles Lettres, 2012, p. 265.

108 Il n'est évidemment pas question pour nous de proposer un commentaire fouillé des passages des *Oiseaux* d'Aristophane que nous utilisons, et renvoyons entre autres à Michel

(ΕΠΟΨ) Ἐποποποῖ ποποῖ, ποποποποῖ ποποῖ,
ἰὼ ἰὼ ἴτω ἴτω
ἴτω τις ὧδε τῶν ἐμῶν ὁμοπτέρων·
ὅσοι τ' εὐσπόρους ἀγροίκων γύας
νέμεσθε, φῦλα μυρία κριθοτράγων
σπερμολόγων τε γένη
ταχὺ πετόμενα, μαλθακὴν ἱέντα γῆρυν·
ὅσα τ' ἐν ἄλοκι θαμὰ
βῶλον ἀμφιτιττυβίζεθ' ὧδε λεπτὸν
ἡδομένᾳ φωνᾷ·
– τιοτιοτιοτιοτιοτιοτιοτιο –
ὅσα θ' ὑμῶν κατὰ κήπους ἐπὶ κισσοῦ
κλάδεσι νομὸν ἔχει,
τά τε κατ' ὄρεα τά τε κοτινοτράγα τά τε κομαροφάγα,
ἀνύσατε πετόμενα πρὸς ἐμὰν αὐδάν·
– τριοτο τριοτο τοτοβριξ· –
οἵ θ' ἑλείας παρ' αὐλῶνας ὀξυστόμους
ἐμπίδας κάπτεθ', ὅσα τ' εὐδρόσους γῆς τόπους
ἔχετε λειμῶνά τ' ἐρόεντα Μαραθῶνος (...).
Ἀλλ' ἴτ' εἰς λόγους ἅπαντα,
δεῦρο δεῦρο δεῦρο δεῦρο·
τοροτοροτοροτοροτιξ,
κικκαβαυ κικκαβαυ,
τοροτοροτοροτορολιλιλιξ (*Av.* 227-262).

(*La Huppe chante accompagnée par l'*aulos)

LA HUPPE. – Epopopoi, popoi, popopopoi, popoi, io, io, venez (*itô*[109]), venez (*itô*), venez (*itô*) tous ici (*deuro*), mes frères ailés : vous tous qui vous nourrissez des champs bien semés des paysans, tribus innombrables de grignoteurs d'orge, races des picoreurs de grains au vol rapide, au doux babil : et vous tous qui dans le sillon en foule autour des glèbes gazouillez comme ceci d'une voix grêle et joyeuse : tio, tio, tio, tio, tio, tio, tio, tio ; et tous ceux d'entre vous qui dans les jardins trouvent leur nourriture sur les rameaux de lierre ; et ceux des montagnes et les becqueteurs d'olives sauvages, et les mangeurs d'arbouses, vite, accourez à ma voix, trioto, trioto, totobrix ; vous aussi qui le long des vallons marécageux happez les moustiques à la trompe aiguë ; vous qui habitez les régions humides de rosée et l'aimable prairie

Casevitz, *Commentaire aux* Oiseaux *d'Aristophane*, Lyon, Éditions L'Hermès, 1978, *passim* ; Corbel-Morana, *Le bestiaire d'Aristophane*, p. 249-276 ; Michel Debidour, « Mythologie, littérature et utopie : les oiseaux dans les *Oiseaux* d'Aristophane », *in* Claude Lachet et Guy Lavorel (éd.), *Les oiseaux. De la réalité à l'imaginaire. Actes du colloque international des 1, 2 et 3 juin 2005*, C.E.D.I.C. n° 26, Centre Jean Prévost (Université Jean Moulin Lyon 3), Lyon, Jacques André, 2006, p. 11-24.

109 Littéralement, « que vienne quelqu'un », « qu'on vienne ! ».

de Marathon (…). Allons ! venez tous délibérer ici, ici, ici, ici (*deuro, deuro, deuro, deuro*), tototorotorotorotix, kikkabau, kikkibau, torotorotorolililix » (éd. Coulon et trad. légèrement modifiée Van Daele).

On relève d'abord avec quel savoureux réalisme les onomatopées ponctuant le chant de la Huppe semblent reproduire les séquences sonores les plus caractéristiques de plusieurs oiseaux, et notamment du rossignol lui-même[110]. Le chant de ce dernier est évoqué au moyen de sept onomatopées différentes répétées plusieurs fois : *io, itô, tio, trioto, totobrix, deuro, lililix*[111]. En outre, ainsi que l'a observé François-Bernard Mâche, l'une d'entre elles au moins (*io io*) tenait sans doute aussi lieu d'*ololugè* – littéralement « clameur », « cris », « lamentations de femmes » : une *ololugè* venait d'être évoquée par la Huppe au vers 222. Ce mot évoque irrésistiblement les « ululations qui sont encore pratiquées dans de nombreux pays d'Europe, d'Asie, et surtout familières aux femmes arabes pour exprimer de fortes émotions collectives[112] ».

En même temps, Aristophane, jouant souvent sur la proximité entre expressions grecques et séquences sonores propres au rossignol, fait un peu « parler grec » à ses oiseaux[113] : *io io itô itô itô* (228-229 : « hélas, hélas, venez, venez, venez ! ») ; *deuro, deuro, deuro, deuro* (259 : « ici, ici, ici, ici »). Cette convergence par l'onomatopée entre langue grecque et « langue » des oiseaux est peut-être d'ailleurs une application humoristique de la méthode de composition d'Alcman, le poète archaïque qui prétendait avoir à l'origine emprunté son art au bec de tous les oiseaux[114]. Aristophane parodiant la Nouvelle Musique pousse jusqu'au bout la logique du *topos* en faisant de l'oiseau un auteur lyrique à part entière.

Mais le personnage le plus intéressant de notre passage est certainement la Rossignole, invisible sur scène, mais dont on apprend dans la

110 *Cf.* Auguste Haury, « Le chant du rossignol ou Buffon mystifié par Aristophane », *Bulletin de l'Association Guillaume Budé*, 1960, p. 374-375 ; voir aussi André Wartelle, « Analyse métrique de l'appel de la huppe (Aristophane, *Oiseaux*, vers 209-262) », *Bulletin de l'Association Guillaume Budé*, 1966, p. 440-449 ; Corbel-Morana, *Le bestiaire d'Aristophane*, p. 264-272 ; Vayos J. Liapis, "Who Sings the Hoopoe's Song ? Aristophanes, *Birds* 202-208", *Classical Quarterly*, 63,1, 2013, p. 413-417 ; Egert Pöhlmann, "The Monody of the Hoopoe in Aristophanes' *Birds* 227-62", *Greek and Roman Musical Studies*, 5, 2017, p. 191-202.

111 Mâche, "Philology and Zoömusicology", p. 1-2.

112 Mâche, "Philology and Zoömusicology", p. 1-2.

113 Nous reprenons ici l'expression attribuée à Buffon par Haury, « Le chant du rossignol ou Buffon mystifié par Aristophane », p. 374.

114 Voir les deux fragments que nous avons étudiés *supra*, p. 44-52.

suite de la pièce qu'elle est incarnée par une joueuse d'*aulos* au costume hybride, mi-femme mi-oiseau[115]. Contrairement à ce qu'on attendrait d'un acteur de comédie, la Rossignole d'Aristophane ne prononce pas une parole, et – chose paradoxale pour cet oiseau, dont le ramage était explicitement assimilé au chant dans l'Antiquité – ne chante pas non plus[116]. Elle joue de la musique, et d'abord, juste avant l'appel de la Huppe, un solo dont la virtuosité est saluée par l'Athénien Euelpidès : celui-ci recourt pour l'occasion à la métaphore éculée de la voix « de miel » du rossignol[117]. On imagine à peu près en quoi consistait ce solo d'*aulos* : d'abord, comme le chant du rossignol était réputé triste, il s'agissait bien sûr d'une lamentation, caractérisée par les trilles, roulades, notes longuement tenues, staccatos, variations d'intensité et de registre, glissandos, etc. propres à cet oiseau[118]. Ensuite, après le commentaire admiratif de l'Athénien, les prouesses instrumentales de la Rossignole se faisaient plus diversifiées encore, en soutien musical du chant d'appel de la Huppe : celui-ci, entrecoupé d'onomatopées aviaires, était en effet accompagné par l'*aulos* qui élargissait lui aussi son répertoire à de multiples voix d'oiseaux.

Dans cette scène, Aristophane a donc ménagé à la musique instrumentale un espace considérable, non entièrement saturé par la parole : il y rend compte avec humour du goût contemporain, porté par la métaphore usée du poète-oiseau, pour une musique « naturelle », entre autres marquée par une virtuosité instrumentale qui rappelait les vocalises des oiseaux. Une telle vision de la musique était néanmoins loin de satisfaire tous les Athéniens. Pan le flûtiste contre Apollon le citharède[119] ou les

115 Sur les caractéristiques et les enjeux du personnage de la Rossignole d'Aristophane, lire Barker, "Transforming the Nightingale", p. 186-187.

116 *Cf.* Barker, "Transforming the Nightingale", p. 185-204.

117 *Av.* 223-224 ; Ὦ Ζεῦ βασιλεῦ, τοῦ φθέγματος τοὐρνιθίου · / οἷον κατεμελίτωσε τὴν λόχμην ὅλην ; « Ô Zeus souverain ! Oh la voix du petit oiseau ! Comme elle a rempli de miel le fourré entier » ; éd. Coulon et trad. Van Daele.

118 *Cf.* la description développée par Corbel-Morana, *Le bestiaire d'Aristophane*, p. 263.

119 Signalons ici que la mythologie rapportait le concours de musique qui aurait opposé Pan à Apollon, et évidemment gagné par le second, car il incarnait une musique fondée sur la *technè* et accompagnant des paroles chantées. Midas, l'un des juges du concours, osa néanmoins préférer la flûte de Pan : Apollon punit sa rusticité présumée en le transformant, lui aussi, en un être hybride, de forme humaine mais pourvu d'oreilles d'âne ; voir Ov., *Met.* 9, 146-193 ; *cf.* Luigi Galasso, "Musical Metamorphoses in the Roman World", *in* Lynch et Rocconi (éd.), *A Companion to Ancient Greek and Roman Music*, p. 78-80. Sur l'harmonie civique incarnée par Apollon, *cf.* Ian Rutherford, "Apollo and Music", *in* Lynch

Muses[120] : nous allons au chapitre suivant voir comment les philosophes contemporains éprouvèrent le besoin, contre les excès mimétiques des poètes-compositeurs, de définir clairement les caractéristiques de la musique des hommes.

---

et Rocconi (éd.), *A Companion to Ancient Greek and Roman Music*, p. 30-31. Rappelons qu'Orphée, le *mousikos aner*, jouait lui aussi d'un instrument à cordes.

120 Sur les connotations attachées aux Muses et à leurs arts, lire Penelope Murray, "The Mythology of the Muses", *in* Lynch et Rocconi (éd.), *A Companion to Ancient Greek and Roman Music*, p. 13-24.

AUX FONDEMENTS DU PROBLÈME

Platon et Aristote

À partir du Ve siècle avant notre ère, les philosophes grecs s'attachèrent à poser en principe aussi bien l'existence d'une similitude psychique fondamentale entre l'homme et l'animal que celle d'une infériorité de l'âme animale par rapport à celle de l'homme[1]. Auparavant, un Empédocle ou un Anaxagore n'avaient pas cherché à définir la singularité de celui-ci au sein du vivant ; quant aux pythagoriciens, qui croyaient en la métempsycose et en la parenté de tous les êtres animés[2], ils pratiquaient le végétarisme[3].

D'autres faisaient même de l'animal le professeur de l'homme. En reprenant à son compte l'idée que nous avons déjà repérée chez Alcman[4], le philosophe matérialiste Démocrite (vers 460-370) soutenait que les hommes avaient appris à chanter en imitant le ramage des oiseaux, de la même manière qu'ils tenaient le tissage de l'araignée et l'architecture de l'hirondelle :

> τὰ ζῷα (...), ὧν ὁ Δημόκριτος ἀποφαίνει μαθητὰς ἐν τοῖς μεγίστοις γεγονότας ἡμᾶς· ἀράχνης <ἐν> ὑφαντικῇ καὶ ἀκεστικῇ, χελιδόνος ἐν οἰκοδομίᾳ, καὶ τῶν λιγυρῶν, κύκνου καὶ ἀηδόνος, ἐν ᾠδῇ κατὰ μίμησιν (Plut. *Soll. an.* 974a = frg. B 154 DK).

> « les animaux... [dont] Démocrite montre que, dans nos activités les plus importantes, nous sommes nous-mêmes leurs élèves ; élèves de l'araignée dans le tissage et le raccommodage, de l'hirondelle dans la construction, et

1 Dierauer, « Raison ou instinct ? », p. 4.

2 Cette même parenté explique le désir d'Empédocle de s'abstenir de tout type de viande ; voir Catherine Osborne, *Dumb Beasts and Dead Philosophers. Humanity and the Humane in Ancient Philosophy and Literature*, Oxford, Clarendon Press, 2007, p. 54.

3 Sur le végétarisme dans l'Antiquité, voir la synthèse désormais classique de Johannes Haussleiter, *Der Vegetarismus in der Antike*, Berlin, Töpelmann, 1935 et, plus récemment, Erica Joy Mannucci, *La cena di Pitagora. Storia del vegetarismo dall'antica Grecia a Internet*, Rome, Carocci, 2008.

4 Voir *supra*, p. 44-52.

> de ceux qui sont mélodieux, comme le cygne et le rossignol, dans le chant ; en tout cela nous les imitons » (éd. et trad. modifiée Bouffartigue).

Ce passage met en lumière à la fois la suprême habileté dont font preuve les animaux dans leurs activités et réalisations, et ce qui apparaît comme le plus grand talent de l'homme, comme devait plus tard le souligner Aristote[5] : sa capacité à imiter le comportement d'autres espèces. Comme l'œuvre de Démocrite nous est parvenu d'une manière indirecte et partielle, il nous est difficile de savoir si cette pensée s'inscrivait dans un raisonnement plus ample ou n'était qu'une simple intuition. Tout au plus peut-on dire qu'elle était destinée à une longue fortune[6].

Parallèlement, au cours de la période qui va des présocratiques aux sophistes, se développe aussi l'idée qu'il peut y avoir quelque chose comme un savoir inscrit dans la nature. Si tous les animaux savent et font « naturellement » (*phusei*) certaines choses, notamment en vue de leur propre conservation et celle de leur espèce, c'est peut-être dans cette direction qu'il convient de chercher la clef pour expliquer ce qui pousse les oiseaux à chanter. Car la présence d'un tel « chant » dans la nature faisait problème, au même titre que d'autres phénomènes exceptionnels qui semblaient rapprocher les œuvres de la nature de celles des hommes – les toiles d'araignée, les nids, les fourmilières ou encore les rayons d'abeilles. Comment expliquer des créations aussi sophistiquées ? Qu'est-ce qui distingue les œuvres animales des œuvres humaines ? Et jusqu'à quel point peut-on parler de « musique » et de « chant » dans le cas des animaux ?

En l'état actuel de nos sources, les premiers philosophes qui ont tenté d'apporter une réponse articulée à ces questions s'avèrent être Platon et Aristote. Nous allons à présent nous arrêter un peu longuement sur les arguments propres à ces deux sources car, on le verra, elles étaient appelées à exercer une influence décisive sur les textes postérieurs.

---

5 Voir *infra*, p. 81-82.

6 Jusqu'à trouver un parfait écho dans la zoosémiotique de Thomas A. Sebeok : « Il est prouvé que les oiseaux ont développé des phrases musicales complexes bien avant l'apparition de l'homme, à propos duquel on peut supposer qu'il a tiré sa musicalité primitive de la sollicitation ou, en tout cas, de l'influence de leur chant : les hommes l'ont certainement entendu et certains l'ont probablement imité » ; d'après Thomas A. Sebeok, *Il gioco del fantasticare*, trad. it. de Massimo Pesaresi, Milan, Spirali, 1984, p. 294.

ESCHATOLOGIE MUSICALE

Comment Platon situe-t-il les humains au milieu de la vaste gradation des *zôa* qu'il établit notamment dans le *Timée*[7] ? Pour le philosophe, si les hommes (mais pas tous[8]) ont le privilège exclusif du *logismos*, du raisonnement[9], strictement lié à l'exercice du *logos* (en son double sens de parole et de raison[10]), ils partagent une identité psychique fondamentale avec les autres êtres animés, tous dotés à des degrés divers de sensibilité (*aisthèsis*) et d'intellect (*nous*)[11].

On ne s'étonne donc pas de voir Platon accorder des aptitudes musicales à des animaux non humains[12]. Dans l'ensemble de son œuvre, les observations les plus intéressantes à ce sujet apparaissent dans deux registres discursifs principaux : le premier est mythologique, le deuxième, politique (ou plus précisément éthico-politique ou politico-éducatif). Commençons par les mythes, qui, on le sait, sont utilisés dans le cadre des dialogues pour rendre les idées plus accessibles et intuitives. Des animaux musiciens apparaissent dans trois récits présentés respectivement dans le *Phédon*, le *Phèdre* et *La République*.

Voyons d'abord le *Phédon*, qui s'applique à démontrer l'immortalité de l'âme. Platon y raconte, par la bouche de Socrate sur le point de mourir, la légende du chant du cygne[13] : le philosophe explique que,

7 *Tim. passim*, et notamment 39e-40a. Sur les différentes positions adoptées par Platon et ses disciples à l'égard des animaux, lire Paola Pinotti, « Gli animali in Platone : metafore e tassonomie », *in* Silvia Castignone et Giuliana Lanata (éd.), *Filosofi e animali nel mondo antico*, Pise, Edizioni ETS, 1994, p. 103-122 ; Dierauer, « Raison ou instinct ? », p. 9-10 ; voir aussi Luc Brisson, « Le corps animal comme signe de la valeur d'une âme chez Platon », *in* Cassin, Labarrière et Romeyer Dherbey (éd.), *L'animal dans l'Antiquité*, p. 227-245.

8 Cette négation a surtout (mais pas exclusivement) une signification ontogénétique ; voir *Rsp.* 4, 441b, où Platon explique que les enfants ne reçoivent que tard la raison, et certains d'entre eux jamais.

9 *Cf. Conu.* 207c ; *Rsp.* 4, 441b.

10 Il faut ici citer le célèbre passage du *Théétète* (189e) définissant la pensée comme un dialogue de l'âme avec elle-même.

11 *Cf. Leg.* 961d.

12 À propos des animaux dans l'œuvre de Platon, consulter par exemple Jeremy Bell et Michael Naas (éd.), *Plato's Animals : Gadflies, Horses, Swans, and other Philosophical Beasts*, Bloomington (Ind.), Indiana University Press, 2015.

13 La croyance en l'existence du chant du cygne était très répandue dans l'Antiquité : Aristote (*H. A.* 615b) rapporte lui-même cette légende ; sur la fortune de celle-ci aux

contrairement à une croyance répandue, cet oiseau ne chante pas avant de mourir sous l'effet de la peur du trépas et que, de toute façon, aucun oiseau, pas même l'hirondelle, le rossignol ou la huppe, ne chante inspiré par la crainte ou la douleur, ou encore la faim ou le froid. Le cygne, oiseau devin consacré à Apollon, à l'approche de la mort, entonne simplement son chant le plus long et le plus beau parce qu'il est heureux d'aller dans l'Hadès :

> οἳ ἐπειδὰν αἴσθωνται ὅτι δεῖ αὐτοὺς ἀποθανεῖν, ᾄδοντες καὶ ἐν τῷ πρόσθεν χρόνῳ, τότε δὴ πλεῖστα καὶ μάλιστα ᾄδουσι, γεγηθότες ὅτι μέλλουσι παρὰ τὸν θεὸν ἀπιέναι οὗπέρ εἰσι θεράποντες. Οἱ δ' ἄνθρωποι διὰ τὸ αὑτῶν δέος τοῦ θανάτου, καὶ τῶν κύκνων καταψεύδονται, καί φασιν αὐτοὺς θρηνοῦντας τὸν θάνατον ὑπὸ λύπης ἐξᾴδειν, καὶ οὐ λογίζονται ὅτι οὐδὲν ὄρνεον ᾄδει ὅταν πεινῇ ἢ ῥιγοῖ ἤ τινα ἄλλην λύπην λυπῆται, οὐδὲ αὐτὴ ἥ τε ἀηδὼν καὶ χελιδὼν καὶ ὁ ἔποψ, ἃ δή φασι διὰ λύπην θρηνοῦντα ᾄδειν. Ἀλλ' οὔτε ταῦτά μοι φαίνεται λυπούμενα ᾄδειν οὔτε οἱ κύκνοι, ἀλλ' ἅτε, οἶμαι, τοῦ Ἀπόλλωνος ὄντες μαντικοί τέ εἰσι καὶ προειδότες τὰ ἐν Ἅιδου ἀγαθὰ ᾄδουσι καὶ τέρπονται ἐκείνην τὴν ἡμέραν διαφερόντως ἢ ἐν τῷ ἔμπροσθεν χρόνῳ (*Phaed.* 84e-85b).
>
> « Eux, quand ils sentent qu'ils doivent mourir, ces oiseaux qui déjà dans leur vie chantaient, ils font alors entendre leur chant le plus éclatant, le plus beau ; ils sont joyeux, car ils vont aller trouver le dieu qu'ils servent. Mais les hommes, dans leur effroi de la mort, calomnient jusqu'aux cygnes : ces derniers se lamentent, disent-ils, sur leur mort, et le chagrin inspire ce dernier chant. C'est oublier que nul oiseau ne chante quand il a faim, ou quand il a froid, ou qu'il ressent un chagrin – ni le rossignol, ni l'hirondelle, ni la huppe, qui d'après la légende chantent en gémissant de chagrin. Mais, pour moi, ce n'est point le chagrin qui les fait chanter, ni eux, ni les cygnes, car ils sont les oiseaux d'Apollon et par là même ils ont, je crois, un don divinatoire et c'est parce qu'ils prévoient les biens de l'Hadès, qu'ils chantent et se réjouissent en ce jour plus que jamais » (éd. et trad. modifiée Vicaire).

Il faut avoir à l'esprit le contexte dans lequel se situe ce légende : face à l'incompréhension de ses disciples Simmias et Cébès qui lui avaient proposé d'organiser et de financer son évasion pour échapper à la mort, Socrate souligne combien l'âme du philosophe peut être heureuse de se libérer des chaînes du corps et d'affronter sereinement la mort. L'exemple des cygnes, dont le chant le plus long et le plus beau est censé être celui qu'ils font entendre avant de mourir, constitue donc une métaphore du passage de l'âme vers la nature des êtres incorruptibles : celui-ci ne peut

---

périodes ultérieures, et notamment romaine : voir *infra*, p. 116, note 10.

qu'être joyeux. C'est pourquoi Platon corrige une idée communément admise : aucun oiseau ne chante parce qu'il souffre – voilà qui paraît d'ailleurs en quelque sorte réconcilier son discours avec le sens commun[14].

Le traitement platonicien de ce mythe n'en est pas moins significatif à plusieurs égards : d'abord, à aucun moment le philosophe ne remet en cause le fait que les cygnes « chantent » (*adousi*). Ensuite, ce « chant », présenté comme un mystérieux cadeau des dieux, est véritablement un *don*, dans son double sens de « présent » et de « faculté naturelle ». Et, soulignons-le, il n'est pas l'expression d'une souffrance consécutive à un quelconque besoin : les cygnes de Platon sont chanteurs *par nature* et chantent pour chanter – et, quand les heureuses perspectives de l'au-delà se rapprochent, plus joyeusement que jamais.

Dans le *Phèdre*, un autre exemple d'émission sonore existant dans le monde animal est présenté comme un « chant » : c'est celui des cigales, qui, soulignons-le d'emblée, apparaît lui aussi dans un contexte de passage de la vie à la mort et est présenté comme l'expression d'une forme de plaisir. Le bon usage et la valeur de la rhétorique dans le cadre de l'éducation et de la philosophie sont au centre de ce dialogue. Le mythe des cigales, dont on ignore l'origine et qui a probablement été inventé par Platon lui-même, constitue, dans le cadre d'un raisonnement consacré à la composition d'un beau discours, une sorte d'intermède poétique inspiré par l'environnement naturel du dialogue[15]. Nous sommes en plein été, vers midi : Phèdre et Socrate, après s'être rencontrés lors d'une promenade hors de la ville, dialoguent sur les rives de l'Ilissos, à l'ombre d'un grand platane. Socrate raconte alors l'histoire suivante :

> λέγεται δ' ὥς ποτ' ἦσαν οὗτοι ἄνθρωποι τῶν πρὶν Μούσας γεγονέναι · γενομένων δὲ Μουσῶν καὶ φανείσης ᾠδῆς, οὕτως ἄρα τινὲς τῶν τότε ἐξεπλάγησαν ὑφ' ἡδονῆς ὥστε ᾄδοντες ἠμέλησαν σίτων τε καὶ ποτῶν, καὶ ἔλαθον τελευτήσαντες αὑτούς · ἐξ ὧν τὸ τεττίγων γένος μετ' ἐκεῖνο φύεται, γέρας τοῦτο παρὰ Μουσῶν λαβόν, μηδὲν τροφῆς δεῖσθαι γενόμενον, ἀλλ' ἄσιτόν τε καὶ ἄποτον εὐθὺς ᾄδειν ἕως ἂν τελευτήσῃ, καὶ μετὰ ταῦτα ἐλθὸν παρὰ Μούσας ἀπαγγέλλειν τίς τίνα αὐτῶν τιμᾷ τῶν ἐνθάδε (*Phaedr.* 259b-c).

14 La seule exception pourrait être ici, comme nous l'avons déjà signalé (*supra*, p. 40-41) le rossignol, dont le chant a été souvent défini par les anciens comme plaintif.

15 C'est ainsi du moins qu'il a été le plus souvent interprété par les commentateurs ; certains d'entre eux n'ont cependant pas hésité à lui donner une signification plus profonde, en relation avec des topiques centrales dans le dialogue, comme la nature de l'âme, la célébration d'Éros ou la beauté ; *cf.* LeVen, *Music and Metamorphosis in Greco-Roman Thought*, p. 81.

« D'après la légende, [les cigales] étaient jadis des hommes, de ceux qui existaient avant la naissance des Muses. Quand les Muses furent nées et que le chant eut paru sur la terre, certains hommes alors éprouvèrent un plaisir si bouleversant, qu'ils oublièrent en chantant de manger et de boire, et moururent sans s'en apercevoir. C'est d'eux que par la suite naquit l'espèce des cigales : elle a reçu des Muses le privilège de n'avoir nul besoin de nourriture une fois qu'elle est née, mais de se mettre à chanter tout de suite, sans manger ni boire, jusqu'à l'heure de la mort ; après, elles vont trouver les Muses et leur rapportent qui les honore ici-bas, et à qui d'entre elles est adressé cet hommage » (éd. Moreschini et trad. Vicaire).

Il peut paraître étonnant à nos yeux (et surtout à nos oreilles !) de constater que l'émission sonore de cet insecte est considérée ici comme une forme de « chant » ; cependant, les Grecs appréciaient particulièrement le son de ces insectes[16]. La musique représente, pour les hommes devenus cigales, une fin en soi, dégagée de toute contingence extérieure, et notamment plus forte que leurs besoins essentiels. Après la venue des Muses, qui leur accordent le privilège de passer leur vie entière à chanter sans avoir besoin de manger ni de boire, celles-ci n'existent que par la musique et pour la musique. Même s'il est difficile de comprendre exactement ce que Platon voulait suggérer en mettant en scène une telle existence paradoxale[17], la métamorphose subie en récompense par ces chanteurs passionnés semble indiquer que, d'une certaine manière, la musique, loin d'être le privilège des humains, est peut-être d'abord l'apanage de l'animal.

Passons à présent à *La République* qui évoque, dans ses conclusions, à travers le mythe eschatologique du valeureux soldat Er mort au combat, une singulière métempsycose. Er se réveille de son sommeil mortel au moment d'être brûlé sur le bûcher funéraire et raconte ce qu'il a vu dans l'au-delà. Il explique ainsi comment les âmes choisissent leur vie future en fonction des habitudes qu'elles avaient contractées dans leurs vies antérieures :

ἰδεῖν μὲν γὰρ ψυχὴν ἔφη τήν ποτε Ὀρφέως γενομένην κύκνου βίον αἱρουμένην, μίσει τοῦ γυναικείου γένους διὰ τὸν ὑπ' ἐκείνων θάνατον οὐκ ἐθέλουσαν ἐν

16 Platon est loin d'être le seul écrivain grec à souligner la musicalité des cigales : voir *supra*, p. 19-20.

17 LeVen, *Music and Metamorphosis in Greco-Roman Thought*, p. 79-106 a proposé une interprétation originale de ce mythe : le chant des cigales serait une sorte de « métonymie de la voix » et des significations qu'elle peut assumer, d'un côté, dans ses relations avec le *logos*, de l'autre, en tant que source de plaisir sensible.

γυναικὶ γεννηθεῖσαν γενέσθαι · ἰδεῖν δὲ τὴν Θαμύρου ἀηδόνος ἑλομένην · ἰδεῖν δὲ καὶ κύκνον μεταβάλλοντα εἰς ἀνθρωπίνου βίου αἵρεσιν, καὶ ἄλλα ζῷα μουσικὰ ὡσαύτως (*Rsp.* 10, 620a).

« Il avait vu, disait-il, l'âme qui avait été celle d'Orphée choisir la vie d'un cygne, parce qu'il ne voulait pas, en haine des femmes qui l'avaient mise à mort, naître du sein d'une femme ; il avait vu l'âme de Thamyras choisir la vie d'un rossignol ; il avait vu aussi un cygne changer son existence pour celle d'un homme, et d'autres animaux chanteurs faire de même » (éd. et trad. Chambry légèrement modifiée).

Les passages de l'âme réincarnée d'Orphée dans le corps d'un cygne et de celle du mythique aède thrace Thamyras[18] dans celui d'un rossignol, de même que le choix de divers animaux chanteurs d'une réincarnation dans un corps d'homme, montrent avant tout jusqu'à quel point les capacités musicales pouvaient représenter, dans une perspective certes imaginaire mais néanmoins susceptible de renforcer le raisonnement dialectique, un trait que l'homme posséderait en commun avec l'animal. Du point de vue de ces artistes légendaires, « la vie d'un oiseau paraît pure, une vie d'expression libre et de beauté naturelle[19] ». Il reste qu'il faut, dans ces passages, faire la part du mythe et de la signification que Platon veut réellement lui donner, ainsi que de l'humour dont ils peuvent quelquefois subtilement se teinter (ce serait par exemple avant tout par haine des femmes que l'âme d'Orphée aurait choisi de passer dans un corps animal). Notons aussi que, dans une certaine mesure, Platon s'amuse peut-être à prendre à revers des *topoi* chers à ses contemporains, célébrant par exemple la sublime tristesse du chant du cygne ou du rossignol ou encore faisant de ces oiseaux les maîtres à chanter de l'homme.

LA MUSIQUE, UN DON DES DIEUX

Le discours platonicien à propos des émissions sonores des animaux change lorsqu'on sort du registre mythologique pour entrer dans le cœur de son argumentation éthique et politique. Convaincu, à la suite

18 Hom., *Il.* 2, 594-600.

19 Janet McCracken, "Dogs and Birds in Plato", *Philosophy and Literature*, 38, 2, 2014, p. 455.

de Damon d'Oé[20], du rôle crucial joué par la musique dans la formation de *l'èthos* des citoyens[21], Platon cherche à comprendre quand et comment elle peut avoir une valeur éducative. Les arguments de l'interlocuteur de son dernier dialogue, *Les Lois*, un vieillard appelé « l'Athénien », sont alors explicites : si les jeunes animaux, tout comme les enfants, sont enclins à émettre toutes sortes de sons et à bouger sans cesse, comme s'ils dansaient[22], « aucun animal n'a le sentiment de l'ordre ou du désordre dans les mouvements, de ce que nous appelons rythme et harmonie[23] ». L'Athénien précise ensuite que c'est le rythme et l'harmonie que les hommes sont censés avoir reçu en don des divinités qui président à leurs fêtes[24] : c'est à « l'ordre dans le mouvement » qu'ils ont donné le nom de « rythme », au mélange des tons graves et aigus dans la modulation de la voix celui d'« harmonie », et à l'union du chant et de la danse celui de « chorée[25] ».

Les *Lois* finissent ainsi par tracer une ligne de démarcation particulièrement nette entre les émissions sonores des humains et celles des animaux : si la musicalité peut être animale, en revanche, l'art de la musique participe d'une idée d'ordre d'origine divine auquel seul

20 Ami et conseiller de Périclès, le musicien et philosophe Damon d'Oé (Ve siècle av. J.-C.) est connu pour avoir attribué à la musique, *via* l'imitation du comportement, une fonction éducative fondamentale. Son idée que la musique est susceptible d'amener à pratiquer toutes sortes de vertus fut reprise par Diogène de Babylone et, inversement, frontalement critiquée par le philosophe épicurien Philodème de Gadara dans le livre IV de son traité sur la musique (éd. et trad. D. Delattre, Paris, Les Belles Lettres, 2007, vol. 1, p. 92-98).

21 Pour Platon, l'homme bien éduqué, le *mousikos anèr*, est celui qui est « capable de bien chanter et bien danser » ; *cf. Leg.* 655c. Sur ce point, lire les réflexions de Michael Naas, "Song and Dance Man : Plato and the Limits of the Human", *in* Emanuela Bianchi, Sara Brill et Brooke Holmes (éd.), *Antiquities Beyond Humanism*, Oxford, Oxford University Press, 2019, p. 63-76.

22 *Leg.* 653d-e ; 664e.

23 *Leg.* 653e : Τὰ μὲν οὖν ἄλλα ζῷα οὐκ ἔχειν αἴσθησιν τῶν ἐν ταῖς κινήσεσιν τάξεων οὐδὲ ἀταξιῶν, οἷς δὴ ῥυθμὸς ὄνομα καὶ ἁρμονία ; éd. et trad. des Places.

24 *Cf. Leg.* 653e-654a.

25 *Leg.* 664e-665a : τῇ δὴ τῆς κινήσεως τάξει ῥυθμὸς ὄνομα εἴη, τῇ δὲ αὖ τῆς φωνῆς, τοῦ τε ὀξέος ἅμα καὶ βαρέος συγκεραννυμένων, ἁρμονία ὄνομα προσαγορεύοιτο, χορεία δὲ τὸ συναμφότερον κληθείη ; « L'ordre du mouvement s'appelait rythme ; celui de la voix, quand le grave et l'aigu se mêlent, portait le nom d'harmonie, et l'ensemble s'appelait chorée » ; éd. et trad. des Places. Sur les chœurs (épinicie, parthénée, dithyrambe et péan) dont il est ici question, *cf.* entre autres Naomi Weiss, "Ancient Greek *Choreia*", *in* Tosca A. C. Lynch et Eleonora Rocconi (éd.), *A Companion to Ancient Greek and Roman Music*, Hoboken, Wiley Blackwell, 2020, p. 161-172 : ils combinaient poésie, musique et danse et faisaient partie intégrante de fêtes religieuses grecques, notamment en l'honneur d'Apollon, d'Artémis et de Dionysos.

l'homme peut avoir accès. Et comme la musique, au même titre que les autres arts, est pour Platon imitation (*mimèsis*[26]), le philosophe s'efforce de préciser le type de musique qui paraît le plus adapté à présenter certains sujets : tout comme certains textes semblent mieux convenir aux hommes qu'aux femmes[27], certaines mélodies semblent mieux s'adapter à certains sujets. Ainsi, si le sujet est noble, il faudra que la mélodie le soit aussi.

On le voit, la préférence pour une musique qui parvient à réunir correctement parole (*logos*), harmonie (*harmonia*) et rythme (*rhuthmos*) est clairement exprimée[28]. Platon rejette en revanche deux situations opposées : les poètes qui mêlent sans distinction « des voix de bêtes, d'hommes et d'instruments de musique, et toutes sortes de bruits[29] », et ceux qui tombent dans le défaut contraire, qui consiste à tout séparer, tantôt présentant des mesures, des figures et des vers sans mélodie, et tantôt sans paroles des rythmes et des mélodies qu'ils exécutent sur la cithare ou l'*aulos*, de sorte qu'« il est fort difficile de discerner ce qu'expriment un rythme et une harmonie qui ne répondent à aucun texte et quel modèle ils imitent parmi les modèles dignes de ce nom[30] ».

Le discours est sans ambiguïtés : une musique purement instrumentale ne nous permet pas de saisir ce qu'elle signifie et se révèle donc inapte à réaliser une bonne imitation. Comme Aristophane avant lui[31], c'est

---

26 *Cf. Leg.* 668a-c ; voir aussi 669b, où la musique apparaît comme l'imitation la plus célébrée de toutes. *Cf.* également *Rsp.* 3, 398c-400e, où Platon explique que la musique doit imiter l'*èthos*, en particulier celui du guerrier et du gardien de la cité.

27 *Cf. Leg.* 669c.

28 *Cf. Rsp.* 3, 398d.

29 *Leg.* 669c-d : θηρίων φωνὰς καὶ ἀνθρώπων καὶ ὀργάνων καὶ πάντας ψόφους ; éd. des Places et notre trad. Voir aussi *Rsp.* 3, 397a-b : σαλπίγγων καὶ αὐλῶν καὶ συρίγγων καὶ πάντων ὀργάνων φωνάς, καὶ ἔτι κυνῶν καὶ προβάτων καὶ ὀρνέων φθόγγους ; « [le bruit] des trompettes, des *auloi*, des flûtes de Pan et le son de tous les instruments, et en outre la voix des chiens, des moutons, des oiseaux » ; éd. et trad. modifiée Chambry.

30 *Leg.* 669d-e : ἔτι διασπῶσιν οἱ ποιηταὶ ῥυθμὸν μὲν καὶ σχήματα μέλους χωρίς, λόγους ψιλοὺς εἰς μέτρα τιθέντες, μέλος δ' αὖ καὶ ῥυθμὸν ἄνευ ῥημάτων, ψιλῇ κιθαρίσει τε καὶ αὐλήσει προσχρώμενοι, ἐν οἷς δὴ παγχάλεπον ἄνευ λόγου γιγνόμενον ῥυθμόν τε καὶ ἁρμονίαν γιγνώσκειν ὅτι τε βούλεται καὶ ὅτῳ ἔοικε τῶν ἀξιολόγων μιμημάτων ; « [les poètes] séparent de la mélodie le rythme et les figures de danse, en mettant en vers des paroles sans accompagnement ; ils produisent des mélodies rythmées sans paroles, pour le seul jeu de la cithare et de l'*aulos* ; et en tout cela il est fort difficile de discerner ce qu'expriment un rythme et une harmonie qui ne répondent à aucun texte et quel modèle ils imitent parmi les modèles dignes de ce nom » ; éd. et trad. modifiée des Places.

31 Voir *supra*, p. 53-57.

certainement à la Nouvelle Musique que pensait ici Platon, manifestement peu convaincu par les prouesses instrumentales et vocales des musiciens contemporains[32]. Les arguments qu'il avance étaient destinés à une grande postérité : ses thèses, souvent reprises dans l'Antiquité, referont surface à plusieurs reprises à l'époque moderne, de l'humanisme jusqu'au siècle des Lumières[33].

À partir de ce présupposé, il semble à présent aisé de trouver une solution au problème qui nous intéresse : les animaux n'ayant pas le *logos*, ils sont fondamentalement incapables de produire une musique digne de ce nom, c'est-à-dire représentative d'un objet et pourvue d'une signification. Il est cependant intéressant d'observer, en renversant les termes de la question, que l'habileté de certains musiciens à « jouer de la cithare ou de l'*aulos* autrement que pour accompagner la danse et le chant », alors qu'elle témoigne d'« une absence totale de goût » et d'une grande « rusticité », se rapproche de manière significative de ce que l'on observe dans le monde animal : de tels musiciens ont en effet tendance à « accumuler des sons semblables à des cris d'animaux, avec une extrême rapidité et sans s'arrêter[34] ».

Comme dans les mythes racontés dans ses dialogues, Platon reconnaît indirectement à certains animaux (sans préciser lesquels, même si l'allusion à une extrême vélocité nous oriente plutôt vers les émissions sonores des oiseaux) des capacités qui pourraient bien s'avérer, de notre point de vue moderne, des prouesses musicales – semblables à celles réalisées par les musiciens sur leurs instruments. Si cet « emploi des instruments sans voix humaine » lui paraît « barbarie et charlatanisme », il révèle néanmoins un trait que la musique des hommes a en commun avec les productions sonores des animaux, et que certains compositeurs

32 Sur ce point, lire par exemple West, *Ancient Greek Music*, p. 369-372.

33 Les arguments développés par Charles Batteux dans son célèbre traité *Les Beaux-Arts réduits au même principe*, Paris, Durand, 1746 p. 267, sont particulièrement révélateurs : vu que « Toute Musique et toute Danse doit avoir une signification, un sens », la symphonie, c'est-à-dire la musique instrumentale « *n'a qu'une demi-vie, une moitié de son être* ».

34 *Leg.* 669e-670a : ὑπολαβεῖν ἀναγκαῖον ὅτι τὸ τοιοῦτόν γε πολλῆς ἀγροικίας μεστὸν πᾶν, ὁπόσον τάχους τε καὶ ἀπταισίας καὶ φωνῆς θηριώδους σφόδρα φίλον ὥστ' αὐλήσει γε χρῆσθαι καὶ κιθαρίσει πλὴν ὅσον ὑπὸ ὄρχησίν τε καὶ ᾠδήν, ψιλῷ δ' ἑκατέρῳ πᾶσά τις ἀμουσία καὶ θαυματουργία γίγνοιτ' ἂν τῆς χρήσεως ; « il faut convenir que ce genre d'art est plein de rusticité, lui qui est épris de la vitesse, de la virtuosité et de la voix bestiale au point de recourir à *l'aulos* et à la cithare en dehors des cas où ils accompagnent la danse et le chant, alors que l'emploi de chacun de ces deux instruments entraîne toute sorte de barbarie et de charlatanisme » ; éd. et trad. modifiée des Places.

contemporains avaient tendance à faire ressortir (que l'on songe seulement à la Rossignole-joueuse d'*aulos* d'Aristophane[35]). Mais on notera surtout la manière dont Platon cherche ici à préciser sa pensée : bien maîtriser son art, dans le cas de la musique, ne signifie pas apprendre à faire certaines choses « par routine et sans principes », mais être capable de juger du rythme et de l'harmonie[36]. Bref, être un *mousikos anèr*, possédant parfaitement l'art des Muses. Certains hommes, au même titre que quelques espèces animales, ont sans doute des aptitudes musicales, don des dieux ou de la nature et particulièrement plaisantes à l'oreille ; mais seul l'homme cultivé est musicien[37]. Ainsi se trouvent ici exprimées les prémices d'une idée qui trouvera un large écho dans les débats futurs de l'Antiquité gréco-romaine.

UNE SORTE DE *DIALEKTOS*

Chez Aristote, la comparaison homme/animal émerge, comme déjà chez Platon, dans les écrits politiques. Le discours développé dans ce contexte est caractérisé par une nette dichotomie : doué de langage et de raison, l'homme s'avère être le seul animal capable de vivre dans une communauté politique[38] ; en revanche les animaux, qui ne possèdent pas ces facultés, ne peuvent en former une, ni, comme le souligne aussi l'*Éthique à Nicomaque*, être moralement vertueux.

Pendant très longtemps, *via* la tradition thomiste, on a considéré le philosophe avant tout à la lumière de cette vision nettement dichotomique et anthropocentrée, propre à légitimer la domination des humains sur le monde animal. Une telle appréhension de la pensée d'Aristote ne

35 Voir *supra*, p. 54-58.

36 *Leg.* 670c.

37 Notons qu'une opposition entre les facultés naturelles (*dunameis*) des animaux dépourvus du *logos* (*ta aloga*) et la connaissance des arts (*entechnos sophia*) des hommes est clairement énoncée chez Platon, *Prot.* 320d-321e.

38 C'est en effet dans le premier livre de la *Politique* qu'Aristote introduit la célèbre définition de l'homme comme *zòon lògon èchon*, « animal doué de *logos* » ; sur ce point, consulter Geoffrey Lloyd, "Aristotle on the Natural Sociability, Skills and Intelligence of Animals", *in* Verity Harte et Melissa Lane (éd.), Politeia *in Greek and Roman Philosophy*, Cambridge-New York, Cambridge University Press, 2013, p. 277-293.

rend cependant pas justice à la manière bien plus complexe dont sont entrelacées dans ses différents écrits les lignes de frontière entre mondes humain et animal. Car les facultés et les œuvres des animaux sont traitées en de multiples endroits du corpus aristotélicien : dans les écrits psychologiques, poétiques et, surtout, dans l'*Histoire des animaux*[39], qui est non seulement l'ouvrage le plus long du philosophe, mais, *de facto*, le premier ouvrage dans l'histoire de la pensée occidentale entièrement consacré à l'étude des êtres vivants[40], aussi bien du point de vue anatomique que physiologique et comportemental[41].

Dans son ensemble, le vaste inventaire aristotélicien du monde vivant repose sur l'idée d'une échelle graduée de tous les êtres, passant insensiblement des êtres inanimés aux végétaux et des végétaux aux animaux[42], dont certains sont clairement dotés de sensibilité (*aisthèsis*) tandis que d'autres ne semblent pas en avoir ou n'en avoir que peu[43]. Si l'homme

39 Pour un aperçu des quatre disciplines principales de la biologie aristotélicienne (anatomie comparée, physiologie, génétique et recherche comportementale) voir Martin F. Meyer, « Aristotelische Biologie : eine Synopsis », *Peitho : Examina Antiqua*, 11, 2020, p. 83-119. Sur les écrits biologiques d'Aristote, lire entre autres Simon Byl, *Recherches sur les grands traités biologiques d'Aristote*, Bruxelles, Palais des Académies, 1980 ; Pierre Pellegrin, *La classification des animaux chez Aristote. Statut de la biologie et unité de l'aristotélisme*, Paris, Les Belles Lettres, 1982. Sur Théophraste, consulter par exemple William W. Fortenbaugh *et al.* (éd.), *Theophrastus of Eresus. Sources for his Life, Writings, Thought and Influence*, II, Leyde, Brill, 1992, p. 134-187.

40 *L'Histoire des animaux* figure dans toutes les listes anciennes des ouvrages du philosophe, ce qui témoigne de l'intérêt suscité pour l'ouvrage ; *cf.* Pierre Louis, « Introduction », *in* Aristote, *Histoire des animaux, Tome I, Livres I-VI*, Paris, Les Belles Lettres, 1964, p. VIII.

41 Rappelons que la zoopsychologie à proprement parler commence avec Aristote et son élève Théophraste, qui semble avoir été particulièrement intéressé par l'étude du comportement des animaux. On a même voulu attribuer à ce dernier la paternité de certaines parties de l'*Histoire des animaux* consacrées au comportement et à l'intelligence des animaux (*cf.* entre autres Dierauer, « Raison ou instinct ? », p. 11, représentatif de la tendance, amorcée dès le XIXe siècle, à faire des livres 8-10 des textes apocryphes). Aujourd'hui, plus personne ne met cependant en doute l'authenticité des livres 8 et 9 qui vont nous intéresser dans les pages suivantes : pour une synthèse de l'histoire de la réception des écrits zoopsychologiques d'Aristote, voir Pietro Li Causi « Introduzione. L'ottavo e il nono libro della *Historia animalium* », *in* Li Causi et Pomelli (éd.), *L'anima degli animali. Aristotele, frammenti stoici, Plutarco, Porfirio*, p. 6-8.

42 Sur les raisons de la séparation de l'étude des plantes de celle des animaux dans le vaste programme scientifique aristotélicien, voir Andrea Falcon, "Aristotle's Study of Animals in Context : the Peripatetic Study of Life Reconsidered", *in* Peter König et Jan-Ivar Lindén (éd.), *Aristoteles : antike Kontexte, gegenwärtige Perspektiven : Akten der Tagung « Die aristotelische Philosophie im antiken Kontext » in Heidelberg, 7.-9. Januar 2016*, Heidelberg, Winter (Heidelberger Forschungen, 45), 2020, p. 183-200.

43 *Cf.* notamment *H. A.* 588b et, dans le même passage : προσούσης δ' αἰσθήσεως ἤδη, περί τε τὴν ὀχείαν διὰ τὴν ἡδονὴν διαφέρουσιν αὐτῶν οἱ βίοι ; « dès que s'ajoute de la sensibilité, les modes

occupe le haut de l'échelle des animaux sensibles, c'est parce qu'il est le seul à posséder la « fonction délibérante » (*to bouleutikon*[44]) et la capacité à rappeler à volonté un souvenir à son esprit (*anamimnèskesthai*[45]). En revanche, il partage nombre d'« actions de la vie » (*ai tou biou praxeis*[46]) et de « manières d'être de l'âme » (*oi peri tèn psuchèn tropoi*[47]) avec les autres animaux sensibles, qui sont eux aussi pourvus dans une mesure plus ou moins grande de compréhension (*sunesis*[48]) et de mémoire (*mnèmè*[49]), dont découle une véritable capacité de représentation, c'est-à-dire de réactualisation d'une image perçue dans le passé[50]. Comme le soulignera à l'époque moderne celui qui a donné son nom à l'esthétique en tant que discipline philosophique, Alexander Gottlieb Baumgarten, c'est au beau milieu de cette échelle qui va de la sensation à la raison qu'il convient de situer une telle faculté de représentation ou d'imagination (la *phantasia*, c'est-à-dire la faculté de reproduire des images en l'absence de la sensation[51]) – une faculté impliquant la mémoire[52] et fonctionnant comme un *analogon rationis*[53]. La mise en œuvre d'une telle faculté transparaît dans le comportement de plusieurs espèces animales, objet d'une analyse approfondie aux livres 8 et 9 de l'*Histoire des animaux*. C'est dans ce contexte que nous rencontrons d'intéressantes observations sur la sensibilité à la musique de certaines espèces et sur les capacités vocales et les compétences de chanteurs de quelques oiseaux.

---

de vies des animaux diffèrent pour l'accouplement, à cause du plaisir » ; éd. et trad. Louis.

44 *H. A.* 489a. Aristote parle aussi de *logos* (*Pol.* 8, 1332b 33).

45 *H. A.* 489a.

46 *H. A.* 588b.

47 *H. A.* 588b.

48 *H. A.* 588b ; 589b, etc. Aristote (*Metaph.* 1, 1, 980b) emploie aussi le mot *phronis*.

49 *Cf. H. A.* 489a ; 488b. Voir aussi *Metaph.* 1, 1, 980a-980b 21 : φύσει μὲν οὖν αἴσθησιν ἔχοντα γίγνεται τὰ ζῷα, ἐκ δὲ ταύτης τοῖς μὲν αὐτῶν οὐκ ἐγγίγνεται μνήμη, τοῖς δ' ἐγγίγνεται. Καὶ διὰ τοῦτο ταῦτα φρονιμώτερα καὶ μαθητικώτερα τῶν μὴ δυναμένων μνημονεύειν ἐστί ; « Par nature, les animaux sont doués de sensation, mais, chez les uns, la sensation n'engendre pas la mémoire, tandis qu'elle l'engendre chez les autres. Et c'est pourquoi ces derniers sont à la fois plus intelligents et plus aptes à apprendre que ceux qui sont incapables de se souvenir » ; éd. Christ et trad. Tricot.

50 *An.* 1, 3, 414b 1-6.

51 Sur les manières dont cette faculté a été conçue et thématisée par la pensée antique et moderne, voir Maurizio Ferraris, *L'immaginazione*, Bologne, Il Mulino, 1996.

52 Alexander Gottlieb Baumgarten, *Aesthetica*, Francfort sur l'Oder, 1750 ; réimpr. Hildesheim, Georg Olms, 1961, p. 12-14.

53 Sur la signification et le rôle de cette notion dans l'histoire de l'esthétique, *cf.* Maurizio Ferraris et Pietro Kobau, *Analogon rationis*, Milan, Pratica filosofica, 1994.

Commençons par la fascination des animaux pour la musique des hommes, que le philosophe avait déjà relevée dans le *Politique*, tout en observant que le plaisir que les bêtes éprouvent à l'écouter reste grossier[54]. Ce constat revient à plusieurs reprises dans l'*Histoire des Animaux* : on y lit, entre autres, que la biche se laisse facilement attraper par les chasseurs si l'un d'entre eux chante ou joue de la flûte[55]. Aristote ne se contente néanmoins pas de souligner la sensibilité musicale de certaines espèces ; il s'intéresse aussi au « chant » que font entendre de nombreux animaux, et ses remarques sur ce point s'inscrivent à l'intérieur d'une réflexion plus large sur les sons émis par les êtres vivants[56].

Arrêtons-nous un instant sur ce point, car le texte aristotélicien introduit une série de distinctions terminologiques et conceptuelles importantes pour notre thématique. Après avoir réparti les animaux entre espèces muettes et sonores[57], il distingue entre le son inarticulé, le bruit (*psophos*), la voix (*phônè*), c'est-à-dire le son émis par un être animé, et la *dialektos*, c'est-à-dire le son articulé, ou langage[58]. De ces trois phénomènes, son, voix et langage[59], le son embrasse donc le champ le plus vaste, tandis que la voix est strictement liée aux êtres vivants[60]. La capacité d'émettre une voix constitue en effet un important critère de différenciation dans le monde animal. Le phénomène est étudié dans plusieurs directions : sous l'angle des activités de l'âme impliquées dans la phonation, mais aussi sous celui des parties du corps qui contrôlent l'émission de la voix et l'articulation. Du point de vue anatomique, la voix dépend de l'appareil respiratoire et ne peut être émise que par le larynx. Ainsi, les animaux qui n'inspirent pas l'air[61] ou qui n'ont pas de poumons[62] n'ont pas de voix à proprement parler, même s'ils émettent

54 *Pol.* 8, 1341a 15.

55 *H. A.* 611b.

56 *H. A.* 535a-b.

57 *Cf. H. A.* 488b : καὶ τὰ μὲν ψοφητικά, τὰ δ' ἄφωνα.

58 *H. A.* 535a : φωνὴ καὶ ψόφος ἕτερόν ἐστι, καὶ τρίτον διάλεκτος ; « La voix et le son sont deux choses distinctes, et le langage en est une troisième » ; éd. et trad. Louis ; voir aussi *H. A.* 488b. Il ne faut pas oublier qu'Aristote parle ici d'un langage sans noms, c'est-à-dire sans symboles ; *cf. Interpr.* 16a.

59 *H. A.* 488a et surtout 535a-536b : nous aurons l'occasion de revenir dans les lignes qui suivent sur la *dialektos*.

60 C'est donc seulement par analogie que l'on peut dire que l'*aulos* et la lyre ont une voix ; *cf. An.* 420b 5.

61 *An.* 420b 18.

62 *H. A.* 535a.

des sons. Plus précisément, le déplacement d'air ne suffit pas, il faut que le *pneuma* soit interne[63]. Il n'est donc pas possible d'attribuer la voix aux insectes (qui ne respirent pas[64]) – bien que l'on dise que la cigale « chante[65] » – ou aux poissons (même si certaines espèces marines sont capables d'émettre des sons[66]). La principale caractéristique de la voix est d'être grave ou aiguë[67], selon le degré de tension des tissus[68], ou encore l'âge, le sexe[69], le lieu[70] ou même le climat[71].

Au-delà du niveau anatomique, Aristote prête attention à l'intentionnalité de l'acte phonatoire. Le fait que la toux ne peut pas être considérée comme une voix s'explique ainsi pour deux raisons : l'être qui émet le son, précise Aristote, « doit être animé et mettre en

63 *H. A.* 535a-b.

64 *H. A.* 535b.

65 *H. A.* 535b : τὰ δ'ᾄδειν λέγεται, οἷον οἱ τέττιγες ; « des autres [insectes], on dit qu'ils chantent, par exemple les cigales » ; éd. et trad. Louis. Une application rigoureuse des catégories aristotéliciennes devrait nous inciter à considérer ce chant comme une simple expression métaphorique. Mais Aristote, se souvenant peut-être du récit platonicien (Plat., *Phaed.* 258-259e), déclare à plusieurs reprises que la cigale « chante » (*H. A.* 535b ; 601a ; *Parv. Nat.* 475a). Sur les cigales et leur « chant », voir encore *H. A.* 556b : un tel chant est lié à la séparation du corselet et aux dimensions de la cigale ; selon Aristote, seules les grandes chantent. Ajoutons que, pour les bioacousticiens, la cigale est exemplaire d'un groupe d'insectes qui possède « un système de déformation d'une partie de cuticule pour produire des sons » ; *cf.* Fanny Rybak, « À l'écoute des insectes. Comment et pourquoi les insectes communiquent-ils par des signaux sonores », *in* Lassauzet et Montandon (éd.), *Les insectes et la musique*, p. 20.

66 *H. A.* 535b-536a. Il convient de distinguer le cas du dauphin, qui, doté de poumons et d'une trachée, possède une voix sans avoir le langage, parce que sa langue n'est pas assez déliée pour articuler : Ἀφίησι δὲ καὶ ὁ δελφὶς τριγμὸν καὶ μύζει, ὅταν ἐξέλθῃ, ἐν τῷ ἀέρι, οὐχ ὁμοίως δὲ τοῖς εἰρημένοις · ἔστι γὰρ τούτῳ φωνή · ἔχει γὰρ καὶ πλεύμονα καὶ ἀρτηρίαν, ἀλλὰ τὴν γλῶτταν οὐκ ἀπολελυμένην οὐδὲ χείλη ὥστε ἄρθρον τι τῆς φωνῆς ποιεῖν ; « le dauphin fait entendre lui aussi un petit cri, un murmure, quand il est hors de l'eau, à l'air libre, mais ce n'est pas la même chose que ce que nous venons de dire : en effet, dans le cas du dauphin il s'agit d'une voix. Car il possède un poumon et une trachée-artère ; seulement comme sa langue n'est pas déliée et qu'il n'a pas de lèvres, il ne peut pas émettre de sons articulés » ; éd. et trad. Louis.

67 *H. A.* 536b : Ἡ μὲν οὖν φωνὴ ὀξύτητι καὶ βαρύτητι μάλιστα ἐπίδηλος ; « la voix pour sa part se caractérise surtout par l'aigu ou le grave » ; éd. et trad. Louis.

68 Selon une hypothèse qui contredit les principes de vibration d'une corde : plus le muscle est détendu, plus la voix est aiguë (*G. A.* 787b-788a).

69 *H. A.* 538b ; 544b ; 545a ; 581b ; *G. A.* 786b. La voix grave est considérée comme la plus noble car « le meilleur réside dans la supériorité et le grave est une supériorité » : *cf. G. A.* 787a.

70 *H. A.* 536b.

71 *Cf. G. A.* 788a : un vent chaud produirait ainsi, à cause de son épaisseur, une voix grave, et un vent froid, plus subtil, une voix aiguë.

œuvre quelque représentation[72] », c'est-à-dire que le son doit signifier quelque chose[73]. Même si l'homme est seul apte à formuler des noms, c'est-à-dire des paroles possédant une signification conventionnelle[74], on ne peut exclure l'existence d'une forme de communication orale chez les animaux. En effet, le passage de la voix au langage est dû à l'articulation, qui dépend elle aussi des caractéristiques de l'appareil phonateur, en particulier de la langue. Si seuls les animaux pourvus de poumons et d'un pharynx ont une *phônè*[75], ceux qui possèdent une voix n'ont pas tous un langage[76] car peuvent émettre des sons articulés uniquement ceux qui sont dotés d'une langue déliée[77] : la *dialektos* est en effet « l'articulation de la voix par la langue[78] ».

Le genre des oiseaux possède donc une voix, mais seuls ceux qui ont une langue large ou qui n'est pas en pointe sont susceptibles de produire, comme l'homme, une *dialektos*[79]. Le perroquet[80], à la langue large, est par exemple capable d'émettre des sons articulés semblables à ceux de l'homme[81]. Certains oiseaux particulièrement jaseurs possèdent

72 Sur ce point, lire en particulier Jean-Louis Labarrière, « Imagination humaine et imagination animale chez Aristote », *Phronesis*, 29, 1984, p. 17-49 et Marcello Zanatta, "Voice as Difference in Aristotelian Zoology", *Journal of Ancient Philosophy*, vol. 7, n. 1. 2013, p. 1-18.

73 *An.* 420b 29-30 : δεῖ ἔμψυχόν τε εἶναι τὸ τύπτον καὶ μετὰ φαντασίας τινός ; éd. Jannone et trad. Barbotin.

74 *Interpr.* 16a 19.

75 *H. A.* 535a.

76 *H. A.* 536b.

77 *H. A.* 535b.

78 *H. A.* 535a : διάλεκτος δ' ἡ τῆς φωνῆς ἐστι τῇ γλώττῃ διάρθρωσις ; éd. et trad. Louis. Voir également *P. A.* 660a. Sur ces distinctions, lire Labarrière, « Imagination humaine et imagination animale chez Aristote », p. 17-49 ; Jean-Louis Labarrière, « Le caractère musical de la voix chez Aristote : *apotasis, melos, dialektos* », *Philosophie Antique. Problèmes, Renaissances, Usages*, 2, 2002, p. 89-108.

79 *H. A.* 536a ; éd. et trad. légèrement modifiée Louis. Voir également *H. A.* 504a-b : καὶ γλῶτταν ἅπαντες, ταύτην δ' ἀνομοίαν · οἱ μὲν γὰρ μακρὰν οἱ δὲ βραχεῖαν ; « tous les oiseaux ont une langue, mais elle n'est pas toujours la même : elle est tantôt longue tantôt courte » ; éd. et trad. Louis. *Cf.* également *P. A.* 660a.

80 *H. A.* 597b : καὶ γὰρ τὸ Ἰνδικὸν ὄρνεον ἡ ψιττάκη, τὸ λεγόμενον ἀνθρωπόγλωττον, τοιοῦτόν ἐστι · καὶ ἀκολαστότερον δὲ γίνεται, ὅταν πίῃ οἶνον ; « L'oiseau de l'Inde, en effet, le perroquet, qu'on appelle l'oiseau à voix humaine, est dans ce cas. Il devient même plus insolent quand il a bu du vin » ; éd. et trad. Louis.

81 *H. A.* 504b : Μάλιστα δὲ τῶν ζῴων μετὰ τὸν ἄνθρωπον γράμματα φθέγγεται ἔνια τῶν ὀρνίθων γένη · τοιαῦτα δ'ἐστὶ τὰ πλατύγλωττα αὐτῶν μάλιστα ; « Plus que tous les autres êtres vivants après l'homme, certains genres d'oiseaux émettent des sons articulés : tels sont en particulier ceux dont la langue est large » éd. et trad. modifiée Louis. La pie ou le perroquet appartiennent évidemment à cette catégorie.

eux aussi une sorte de *dialektos*[82], rendue également possible par des particularités anatomiques. Aristote souligne ainsi que la mésange et le rossignol n'ont par exemple pas la langue en pointe[83] ; il note encore que les oiseaux de petite taille ont « des voix plus variées et sont plus gazouilleurs que les grands[84] ».

Ajoutons que le philosophe, non content de définir les sons émis par chaque espèce, s'emploie également à les décrire avec précision, et souvent à l'aide d'un verbe mimétique : les coqs « font kok kok » (*kokkuzousi*[85]) ; les perdrix – comme nous avons déjà eu l'occasion de le rappeler[86] –, selon les lieux, cacabent (*kakkabizousi*) ou font tri-tri (*trizousin*[87]), les grues sifflent (*episurittousi*[88]). Ou bien il les caractérise par leur degré de hauteur – la grive litorne fait entendre un son aigu (*oxu phthengetai*[89]), ou leur intensité : les grues donnent l'alerte en criant (*boôn*[90]), le « gypaète » crie et murmure (*boa kai minurizei*[91]). Il signale encore la variété de la voix : la pie en changerait presque chaque jour[92], tandis que celle émise par le « léopard » (sans doute l'étourneau sansonnet) est multiple (*polla*) et non grave (*ou bareia*)[93]. L'analyse s'arrête même fréquemment sur les connotations vocales : le cri du gypaète est plaintif[94].

Dans ce cadre, Aristote, qui répartit dès le début de l'*Histoire des animaux* les bêtes entre celles qui chantent et celles qui ne chantent

82 *H. A.* 536b : ἡ δ᾽ ἐν τοῖς ἄρθροις, ἣν ἄν τις ὥσπερ διάλεκτον εἴπειεν ; « dans les sons articulés, que l'on pourrait appeler une espèce de langage… » ; éd. et trad. Louis. La *dialektos* est pourtant en principe le propre de l'homme, ainsi que l'affirme Aristote dans *H. A.* 536b. L'influence de cette interprétation de la voix comme « son animé » dans l'œuvre de Mersenne et de Kircher a été discutée par Peter Szendy, « Phtongonomies animales (Chez Aristote, Mersenne, Kircher) », *in* Marta Grabocz (éd.), *Méthodes nouvelles / musiques nouvelles. Musicologie en création*, Strasbourg, Presses Universitaires de Strasbourg, 1999, p. 11-29.

83 *H. A.* 616b.

84 *H. A.* 536a : Πολύφωνα δ᾽ ἐστὶ καὶ λαλίστερα τὰ ἐλάττω τῶν μεγάλων ; éd. et trad. modifiée Louis. Voir encore *P. A.* 660a.

85 *H. A.* 631b (à propos des poules qui imitent le cri du coq quand elles ont vaincu les mâles).

86 Voir *supra*, p. 48-49.

87 *H. A.* 536b.

88 *H. A.* 614b.

89 *H. A.* 617a.

90 *H. A.* 614b.

91 *H. A.* 618b. L'aigle noir est, quant à lui, de bon augure car il ne murmure pas d'une voix plaintive et n'a pas non plus un cri aigu ; *cf. H. A.* 618b.

92 *H. A.* 615b.

93 *H. A.* 617b.

94 *H. A.* 618b. C'est également le cas du chant du cygne : *cf. H. A.* 615b.

pas[95], a soin dans l'œuvre de mettre en valeur la musicalité des émissions sonores de certaines espèces. Le « chant » est d'abord toujours nettement distingué des autres sons : la perdrix chante (*adei*), mais lance aussi un petit cri aigu (tri-tri) (*trigmon*) et d'autres « voix » (*allas phônas*)[96]. Certains oiseaux sont expressément répertoriés comme chanteurs, tels le rossignol[97], la perdrix[98], le brinthe (*ôdikos*)[99], le merle (*adei*)[100] ou le cygne à l'approche de la mort (*ôdikoi/adousi*)[101]. D'autres se voient plus simplement attribuer une voix harmonieuse : le grimpereau l'a limpide (*phônèn echei lampran*[102]), l'éléa (un oiseau des marais) et le jaseur l'ont agréable (*agathèn*[103]), le chardonneret mélodieuse (*liguran*[104]).

Aristote remarque encore que certaines espèces peuvent avoir le plumage qui change et passer, selon les saisons, du chant au bruit. Si la première observation est douteuse, la deuxième est exacte[105] : le merle chante en été (*adei*), mais en hiver fait entendre un claquement sec (*patagei*) et discordant (*phthengetai thorubôdes*[106]).

Mais s'il y a des oiseaux chanteurs et d'autres qui ne le sont pas (ou pas toujours), où réside la différence pour Aristote ? Autrement dit, en quoi leur chant consiste-t-il ? En quoi se distingue-t-il de la voix articulée,

95 *H. A.* 488a : τὰ δ'ᾠδικὰ τὰ δ'ἄνῳδα.

96 *H. A.* 614a : Οὐ μόνον δ' ᾄδει ὁ πέρδιξ, ἀλλὰ καὶ τριγμὸν ἀφίησι καὶ ἄλλας φωνάς ; « non seulement la perdrix chante, mais aussi elle émet aussi un tri-tri ainsi que d'autres sons » ; notre traduction.

97 *H. A.* 632b.

98 *H. A.* 614a.

99 *H. A.* 615a : βρίνθος (…) ᾠδικός. Transcrit *brenthos* par Pline, il est défini par Jacques André (*Les noms d'oiseaux en latin*, Paris, Klincksieck, 1967, p. 45) comme un « oiseau marin indéterminé ».

100 *H. A.* 632b.

101 *H. A.* 615a : Ὠιδικοὶ δέ, καὶ περὶ τὰς τελευτὰς μάλιστα ᾄδουσιν· ἀναπέτονται γὰρ καὶ εἰς τὸ πέλαγος, καί τινες ἤδη πλέοντες παρὰ τὴν Λιβύην περιέτυχον ἐν τῇ θαλάττῃ πολλοῖς ᾄδουσι φωνῇ γοώδει, καὶ τούτων ἑώρων ἀποθνήσκοντας ἐνίους ; « Ce sont des oiseaux chanteurs, mais c'est surtout à l'approche de la mort qu'ils chantent. Car ils s'envolent jusque vers le large, et des marins naviguant le long de la Libye en ont déjà rencontré qui chantaient d'une voix plaintive, et ils en ont vu quelques-uns mourir » ; éd. et trad. Louis. Aristote reprend ici la légende du chant du cygne immortalisée par Platon : *Cf. supra*, p. 61-63 et *infra*, p. 116, note 10.

102 *H. A.* 616b.

103 *H. A.* 616b.

104 *H. A.* 616b.

105 *Cf.* William Geoffrey Arnott, "Ornithological Notes on the Aristotelian *History of Animals*", *in* Antje Kolde, Alessandra Lukinovich et André-Louis Rey (éd.), ***Κορυφαίῳ ἀνδρί*** *Mélanges offerts à André Hurst*, Genève, Droz, 2005, p. 568.

106 *H. A.* 632b.

la *dialektos* ? L'*Histoire des animaux* ne nous offre pas de renseignements précis à ce sujet : le « chant » de certains oiseaux est simplement présenté comme un fait admis. Un passage du traité *De l'âme* nous offre néanmoins peut-être quelques pistes à ce sujet[107] :

> Ἡ δὲ φωνὴ ψόφος τίς ἐστιν ἐμψύχου · τῶν γὰρ ἀψύχων οὐθὲν φωνεῖ, ἀλλὰ καθ' 'ὁμοιότητα λέγεται φωνεῖν, οἷον αὐλὸς καὶ λύρα καὶ ὅσα ἄλλα τῶν ἀψύχων ἀπότασιν ἔχει καὶ μέλος καὶ διάλεκτον. Ἔοικε γάρ, ὅτι καὶ ἡ φωνὴ ταῦτ' ἔχει (*An.* 420b).
>
> « La voix (*phoné*) est un certain son (ψόφος τίς : un son d'une certaine sorte / une certaine sorte de son) d'un être animé (ἐμψύχου) ; aucun des objets inanimés (τῶν γὰρ ἀψύχων οὐθὲν), en effet, ne possède la voix (φωνεῖ : "ne vocalise"), mais c'est par ressemblance (ἀλλὰ καθ' 'ὁμοιότητα) qu'on dit qu'ils possèdent une voix (λέγεται φωνεῖν : mot-à-mot, "ils sont dits vocaliser") : comme l'*aulos*, la lyre et tous les objets inanimés qui comportent *apotasis, melos et dialektos* (ἀπότασιν ἔχει καὶ μέλος καὶ διάλεκτον). Il y a, en effet, ressemblance (ἔοικε γάρ) parce que la voix possède ces caractéristiques » (trad. Labarrière[108]).

Aristote tente d'expliquer pourquoi, si la voix ne peut être attribuée qu'aux êtres vivants, on parle quelquefois de la « voix » de certains instruments, comme l'*aulos*. Cette manière de s'exprimer ne peut qu'être métaphorique, car un instrument de musique est dépourvu d'âme[109]. Mais il est selon nous intéressant que la comparaison ne soit pas faite avec n'importe quel objet inanimé, mais avec ces artefacts que sont les instruments de musique. Même si l'on n'attribue à ces derniers une « voix » que de manière analogique, il s'agit quand même bel et bien d'une voix musicale ! Voilà qui nous amène indirectement à comprendre que, pour Aristote, une voix est musicale lorsqu'elle possède ces trois caractéristiques : *apotasis*, *mélos*, *dialektos*. Ces trois termes ont été souvent traduits par « registre », « mélodie » et « langage ». Cependant, ainsi que l'a fait remarquer Jean-Louis Labarrière[110], leur signification est loin d'être univoque : *apotasis* pourrait en effet désigner un son prolongé (il suffit de penser à la différence entre un mot qui est simplement dit et un mot qui est chanté pour avoir une idée de ce dont nous

107 Sur ce point, lire les développements de Jean-Louis Labarrière, « Le caractère musical de la voix chez Aristote : *apotasis, mélos, dialektos* », *Philosophie Antique. Problèmes, Renaissances, Usages*, 2, 2002, p. 89-108 [en ligne : https://doi.org/10.4000/philosant.6726].

108 Labarrière, « Le caractère musical de la voix chez Aristote », p. 91.

109 *Cf.* Zanatta, "Voice as Difference in Aristotelian Zoology", p. 6.

110 Labarrière, « Le caractère musical de la voix chez Aristote », p. 96-102.

parlons ici) ; *mélos* se réfère pour sa part peut-être au ton, ou bien au fait que le son rentre dans une grille harmonique ; quant à la *dialektos*, nous l'avons vu, ce mot tourne autour de l'idée d'articulation par la langue. L'objectif de ce passage est certes avant tout de définir la voix comme « un certain son d'un être animé » ; cependant, le parallèle établi avec les émissions sonores des instruments de musique nous permet peut-être d'identifier dans les trois caractéristiques que nous venons de mentionner les connotations propres à la voix musicale – une voix qui se limite à parler ou proférer des mots, tout articulée qu'elle soit, est en effet moins soutenue ou prolongée et n'a pas forcément besoin d'être définie en terme de *mélos*. Pour Aristote, le chant ne serait donc pas une « simple » voix, ni une voix uniquement articulée (comme lorsque nous parlons), mais une voix musicale, dotée de propriétés spécifiques en ce qui concerne le positionnement des sons à l'intérieur d'une grille et le mouvement réglé d'un *melos*. Nous ne serions alors guère éloignés de la définition qui sera plus tard énoncée avec beaucoup de clarté par le plus important théoricien péripatéticien de la musique, Aristoxène de Tarente. Dans les *Éléments d'harmonique*, la distinction entre ces deux types de voix est expliquée à partir de la qualité de leur mouvement, ou plus précisément de la manière dont elles « bougent » entre le grave et l'aigu, dans un « espace sonore » qu'il ne faut pas confondre avec l'espace physique[111] :

> Τὴν μὲν οὖν συνεχῆ λογικὴν εἶναί φαμεν, διαλεγομένων γὰρ ἡμῶν οὕτως ἡ φωνὴ κινεῖται κατὰ τόπον ὥστε μηδαμοῦ δοκεῖν ἵστασθαι. Κατὰ δὲ τὴν ἑτέραν [ἣν ὀνομάζομεν διαστηματικὴν] ἐναντίως πέφυκε γίγνεσθαι · ἀλλὰ γὰρ ἵστασθαί τε δοκεῖ καὶ πάντες τὸν τοῦτο φαινόμενον ποιεῖν οὐκέτι λέγειν φασὶν ἀλλ' ᾄδειν (*Harm.* 1, 9).
>
> « Nous qualifions de continu le mouvement de la voix parlée, car, quand nous parlons, la voix bouge dans l'espace en paraissant ne s'arrêter sur aucun point. Dans l'autre mouvement, [que nous appelons discontinu], il advient naturellement le contraire ; il semble que la voix s'arrête et tout le monde dit que celui qui apparaît faire ainsi ne parle plus du tout, mais chante » (notre traduction).

111 *Cf.* Annie Bélis, *Aristoxène de Tarente et Aristote : Le Traité d'harmonique*, Paris, Klincksiek, 1986, p. 134. Sur l'espace sonore et la bi-dimensionnalité métaphorique qui lui est propre, voir Roger Scruton, *The Aesthetics of Music*, Oxford, Clarendon Press, 1997, p. 13-22.

UNE LEÇON DE CHANT

Étudions à présent le cas particulier du chant du rossignol dans l'*Histoire des animaux* d'Aristote. Le philosophe observe d'abord que, si cet oiseau est toujours chanteur, sa voix devient moins belle au fil des saisons : il chante au printemps de façon continue (*adei sunechôs*) pendant quinze jours et quinze nuits ; puis il continue à chanter, mais plus sans interruption ; et, au cours de l'été, il émet une autre voix, qui n'est plus susceptible d'autant de modulations (*ouketi pantodapèn*), qui n'a plus la même vivacité (*oude tacheian*) ni la même souplesse (*oude epistrephè*) mais est uniforme (*aplèn*[112]). On note ici qu'Aristote s'attache à décrire le chant en mettant en valeur des différences qui ne sont pas seulement quantitatives (hauteur et intensité), puisqu'il s'intéresse au timbre et à la texture de l'émission sonore.

Ces variations qualitatives sont liées à des situations et à des moments bien précis : c'est à la saison des amours que les oiseaux ont plus de voix et chantent davantage[113] ; les femelles s'arrêtent d'ailleurs fréquemment de chanter quand elles ont des petits et, de manière générale, les mâles chantent plus que les femelles, même si, chez les rossignols, aussi bien la femelle que le mâle chantent[114]. Les oiseaux chantent également quand ils luttent avec leurs congénères[115] : certains le font en se battant, comme la caille, d'autres avant le combat, par exemple la perdrix, ou encore après la victoire, comme les coqs[116]. Le philosophe parle même, à propos d'une technique de chasse consistant à utiliser une perdrix comme appeau, de « chant de guerre » poussé par le chef des perdrix sauvages qui se précipite sur l'oiseau qui lui est présenté[117].

112 Voir *H. A.* 632b.

113 *H. A.* 633a. Voir encore 536a : καὶ μάλιστα περὶ τὴν ὀχείαν ἕκαστον γίνεται τῶν ὀρνέων τοιοῦτον; « c'est surtout au temps des amours que chaque espèce se met à chanter » ; éd. et trad. Louis ; *cf.* encore 488a-489a. Cela explique d'ailleurs pourquoi le chant varie en fonction des saisons : *cf.* encore 632b.

114 *H. A.* 536a.

115 Les situations sont souvent liées car c'est souvent pour les femelles que les mâles se battent : voir par exemple *H. A.* 614a, où sont évoqués les combats des perdrix.

116 *H. A.* 536a; éd. et trad. Louis. Le soin de leurs petits leur fait néanmoins quelquefois perdre l'envie de chanter : *cf. H. A.* 631b.

117 *H. A.* 614a ; trad. Louis.

Ici, il n'est plus question, comme chez Platon, d'animaux chantant pour le simple plaisir ou parce que leur nature est de chanter. Plus précisément, le chant des oiseaux peut certes s'accompagner d'une forme de plaisir, mais il s'y cache une nécessité biologique. On voit se profiler ici une théorie qui sera plus tard développée par Charles Darwin[118] : si les rossignols (mâles) chantent et vocifèrent à l'époque des amours, c'est parce que leur chant n'est pas seulement un appel mais un moyen de séduction et de compétition susceptible d'activer, comme le souligneront les évolutionnistes, « un mécanisme sélectif favorable aux individus les plus habiles en ce domaine[119] ».

La description proposée par Aristote du chant du rossignol reconnaît à cet oiseau une habileté indéniable. Certes, de manière générale, le philosophe ne se préoccupe guère de la *valeur* du chant des animaux ou de ses correspondances avec la musique humaine : jamais il ne qualifie le chant animal de *technè*. Une telle démarche est d'ailleurs *a priori* rendue impossible par la distinction qu'il établit dans plusieurs de ses écrits entre les œuvres des animaux et celles des hommes. Les premières ne sont semblables aux secondes que sous le rapport de l'analogie : en effet, déclare-t-il, « à ce qui chez l'homme est art (*technè*) et science (*sophia*) (…) correspond chez certains animaux quelque autre faculté naturelle du même genre (*tis hetera toiautè phusikè dunamis*[120]) ». En effet, « les animaux autres que l'homme (…) n'agissent ni par art, ni par recherche, ni par délibération[121] ». Or « l'art naît lorsque, d'une multitude de données expérimentales, se dégage un seul jugement universel, applicable à tous les cas semblables[122] ». Et la meilleure preuve de la connaissance d'un art est la capacité à l'enseigner, ce que ne peut faire la simple expérience[123].

118 Darwin, *The Descent of Man*, p. 599 et 940. Il corrigeait une thèse déjà émise par Herbert Spencer, « The Origin and Function of Music », *Fraser's Magazine*, 1858. Sur la théorie de Darwin concernant l'origine du sens esthétique voir Lorenzo Bartalesi, *Estetica evoluzionistica. Darwin e l'origine del senso estetico*, Rome, Carocci, 2012.

119 Antonio Serravezza, *Musica e scienza nell'età del positivismo*, Bologne, il Mulino, 1996, p. 241.

120 *H. A.* 588b : ὡς γὰρ ἐν ἀνθρώπῳ τέχνη καὶ σοφία (…), οὕτως ἐνίοις τῶν ζῴων ἐστί τις ἑτέρα τοιαύτη φυσικὴ δύναμις ; éd. et trad. légèrement modifiée Louis.

121 *Phys.* 2, 8, 199a 21 : μάλιστα δὲ φανερὸν ἐπὶ τῶν ζῴων τῶν ἄλλων, ἃ οὔτε τέχνῃ οὔτε ζητήσαντα οὔτε βουλευσάμενα ποιεῖ ; « mais c'est surtout visible pour les animaux autres que l'homme, qui n'agissent ni par art, ni par recherche, ni par délibération », éd. et trad. Carteron.

122 *Metaph.* 1, 1, 981a 5 : γίγνεται δὲ τέχνη ὅταν ἐκ πολλῶν τῆς ἐμπειρίας ἐννοημάτων μία καθόλου γένηται περὶ τῶν ὁμοίων ὑπόληψις ; éd. Christ et trad. Tricot.

123 *H. A.* 981b.

La cause est donc entendue : l'art, au même titre que la rationalité, est le privilège de l'homme[124]. Et pourtant, certaines autres observations ne sont pas sans comporter quelques ambiguïtés qui, on le verra, alimenteront le débat philosophique ultérieur. Dans la *Poétique*, Aristote définit également l'art en général comme imitation et la musique en particulier comme imitation de l'harmonie et du rythme[125]. Or il lie les performances plus ou moins grandes de certaines espèces dans ce domaine à leurs capacités mimétiques. Il déclare en effet que si, de tous les êtres vivants, l'homme est le plus enclin à l'imitation[126], certains oiseaux font preuve de talents remarquables : le moyen duc, d'un naturel farceur, imite la danse d'autres oiseaux, tandis que d'autres sont capables d'imiter les sons de la voix[127].

Mieux encore, il détermine l'existence d'une certaine catégorie d'animaux capables aussi bien d'apprendre que d'enseigner[128] : ce sont ceux qui possèdent l'ouïe, c'est-à-dire qui perçoivent non seulement les différences entre les sons, mais aussi les divers sens des signes[129]. L'exemple du rossignol est, de ce point de vue, particulièrement intéressant : rappelons que le chant de cet oiseau est, pour Aristote, « une sorte de *dialektos*[130] », d'abord parce que sa voix est articulée, mais aussi parce que ce langage est susceptible de varier à l'intérieur d'une même espèce[131]. Et voici ce qu'il déclare à propos des petits oiseaux – les plus chanteurs selon lui[132] :

> Καὶ τῶν μικρῶν ὀρνιθίων ἔνια οὐ τὴν αὐτὴν φωνὴν ἀφίησι ἐν τῷ ᾄδειν τοῖς γεννήσασιν, ἂν ἀπότροφα γένωνται καὶ ἄλλων ἀκούσωσιν ὀρνίθων ᾀδόντων. Ἤδη δ' ὦπται καὶ ἀηδὼν νεοττὸν προδιδάσκουσα, ὡς οὐχ ὁμοίας φύσει τῆς διαλέκτου οὔσης καὶ τῆς φωνῆς, ἀλλ' ἐνδεχόμενον πλάττεσθαι (*H. A.* 536b).
>
> « Et, parmi les oiseaux de petite taille, les oisillons dans certains cas n'ont pas le même ramage que leurs parents, s'ils n'ont pas été élevés avec eux, et s'ils ont entendu le chant d'autres oiseaux. On a même déjà vu un rossignol

124 *H. A.* 980b.
125 *Cf.* en particulier *Poet.* 1448b.
126 *Poet.* 1448b 5-10.
127 *H. A.* 597b.
128 *Cf. H. A.* 536b ; 488b.
129 *H. A.* 608a. Sur l'importance de l'ouïe dans l'apprentissage, voir encore *Sens.* 1, 437a 11-15 ; *H. A.* 489a ; *Metaph.* 1, 980a, etc.
130 Voir *supra*, p. 73-75.
131 *HA*, 536b.
132 *Cf. H. A.* 536a.

> apprendre à chanter à son petit, ce qui suppose que le langage et la voix ne sont pas de même nature, et que le premier peut être façonné par l'éducation[133] » (éd. et trad. modifiée Louis).

Le chant est ici clairement mis sur le même plan que la *dialektos* : il est acquis par imitation, et peut différer d'un individu à l'autre à l'intérieur d'une même espèce. En d'autres termes, il peut ne pas être inné, mais conditionné par l'enseignement et l'exercice et marqué par ce que l'on peut définir comme des formes d'ontogénèse, avec l'émission de variations transmises de génération en génération. La possession de la *dialektos* offre à l'animal la possibilité d'une sorte de « tradition vocale », c'est-à-dire d'une « circulation sociale et culturelle d'émissions vocales variées, reconnaissables et reproductibles[134] ».

Il peut certes sembler arbitraire de tirer de telles conclusions à partir d'une observation empirique dont on ignore tout (combien de rossignols ont pu alors être observés et par qui ? Et dans quelles circonstances exactement ? Longuement, en captivité ?). Cependant, la recherche scientifique actuelle a dans une large mesure confirmé les dires d'Aristote. En témoignent notamment les études sur les capacités d'imitation vocale[135], ainsi que sur les dialectes locaux identifiables dans le chant de plusieurs oiseaux[136] et d'autres animaux – on pense par exemple à celles consacrées aux dauphins et aux baleines à bosse[137]. C'est un fait avéré que de nombreuses espèces d'oiseaux, lorsque l'instinct de domination ou l'appétit sexuel les poussent

---

133 *Cf.* encore *P. A.* 660b.

134 Fadda, « Alcmane e la pernice. Note su vocalità e iconismo », p. 5.

135 L'imitation vocale chez les oiseaux chanteurs a fait l'objet de nombreuses études dans les domaines de l'éthologie, de la biosémiotique et des neurosciences. Ces dernières se sont concentrées en particulier sur l'analyse des circuits neuronaux sous-jacents à l'activité de l'apprentissage par imitation ; voir, entre autres, Masashi Tanaka, "Vocal Imitation, A Specialized Brain Function That Facilitates Cultural Transmission in Songbirds" *in* Yoshimasa Seki (éd.), *Acoustic Communication in Animals From Insect Wingbeats to Human Music*, Singapore, Springer, 2023, p. 81-94.

136 Voir par exemple Uta Seibt, Wolfgang Wickler, Hans-Ulrich Kleindienst et Edith Sonnenschein, "Structure, Geography and Origin of Dialects in the Traditive Song of the Forest Weaver *Ploceus bicolor sclateri* in Natal, S. Africa", *Behaviour*, 139, 9, 2002, p. 1237-1265.

137 Sur la variation constante et continue du chant des baleines à bosse, découverte et présentée dans la revue *Science* au début des année 70 par Roger Payne et Scott MacVay, voir Dario Martinelli, *How Musical is a Whale ? Towards a Theory of Zoomusicology* (Acta Semiotica Fennica XIII), Imatra, International Semiotics Institute, 2002 et Katherine Payne, "The progressively Changing Songs of Humpback Whales : A Window on the

à chanter pour communiquer avec leurs congénères, sont capables d'émettre un ramage extrêmement élaboré et, surtout, varié[138] : les mélodies qu'elles produisent comportent des variations d'intervalle, de durée, de timbre, voire, dans certains cas, ce que l'on pourrait appeler un vrai style individuel[139].

Les capacités d'apprentissage des rossignols ont notamment fait l'objet de nombreuses études éthologiques, qui ont non seulement mis en lumière la grande richesse de chants dont cet oiseau est capable (plusieurs centaines d'airs[140]), mais aussi la façon dont son répertoire croît considérablement à mesure qu'il avance en âge (il paraît que, chez les mâles plus âgés, il est plus riche d'au moins 50 % par rapport à celui des oiseaux qui n'en sont qu'à leur première saison de reproduction[141]). Par ailleurs, les études sur la *luscinia megarhynchos* ont montré comment cet oiseau est capable d'« ajuster » son chant en fonction des motifs les plus populaires ou les plus fréquemment chantés dans leurs zones de reproduction[142]. En d'autres mots, si l'un de ces oiseaux veut augmenter ses chances de succès, il est préférable pour lui d'imiter un « tube » qui a déjà fait ses preuves plutôt que de s'aventurer dans des variations à l'efficacité beaucoup plus incertaine ! Tout comme le rossignol, le roitelet mâle témoigne ainsi d'une aptitude remarquable à varier et à renouveler d'une manière originale des thèmes appris[143]. Mentionnons

Creative Process in a Wild Animal", *in* Nils L. Wallin, Björn Merker et Steven Brown (éd.), *The Origins of Music*, Cambridge, MIT Press, 2001, p. 135-150.

138 Voir le cas des duels territoriaux ou de séduction décrits par Martinelli, *Quando la musica è bestiale davvero*, p. 224-228.

139 *Cf.* Wickler, *Dialekte im Tierreich*, *passim*.

140 Voir Dietmar Todt et Henrike Hultsch, "Acquisition and Performance of Song Repertoire : Ways of Coping with diversity and versatility", *in* Donald E. Kroodsma et Edward H. Miller (éd.), *Ecology and Evolution of Acoustic Communication in Birds*, Ithaca, Comstock, 1996, p. 79-96 ; Peter J. B. Slater, "Birdsong Repertoires : Their Origin and Use", *in* Nils L. Wallin, Björn Merker et Steven Brown (éd.), *The Origins of Music*, Cambridge, MIT Press, 2001, p. 54-55. Voir aussi, plus récemment, les expériences de Tina Roeske relatées par Rothenberg, *Un rossignol dans la ville*, p. 84.

141 *Cf.* Sara Kiefer, Anne Spiess, Silke Kipper, Roger Mundry, Christina Sommer, Henrike Hultsch, Dietmar Todt, "First-Year Common Nightingales (*Luscinia megarhynchos*) Have Smaller Song-Type Repertoire Sizes Than Older Males", *Ethology*, 112, 2006, p. 1217-1224.

142 Sarah Kiefer, Christina Sommer, Constance Scharff et Silke Kipper, "Singing the Popular Songs ? Nightingales Share More Song Types with Their Breeding Population in Their Second Season than in Their First", *Ethology*, 116, 2010, p. 619-626.

143 Lire notamment la synthèse de Peter Marler, « Les origines animales de la musique », *in* Jean-Jacques Nattiez *et al.* (éd.), *Musiques. Une encyclopédie pour le XXIe siècle*, II, *Les savoirs musicaux*, Paris, 2004, p. 495-505.

encore une étude publiée il y a quelques années dans la revue *Current Biology*[144] et qui a pour sujet le chant du bruant à gorge blanche, une espèce de passereau qui ressemble au moineau. À la fin du siècle dernier, des biologistes ont remarqué une modification du chant de cet oiseau dans certaines régions du Canada : celle-ci est devenue en très peu de temps virale[145].

Quand on est confronté à de tels phénomènes de variation individuelle de comportement transmis à des individus de la même génération et aux générations suivantes, comme c'est le cas pour plusieurs espèces d'oiseaux et de mammifères, et même d'insectes et de poissons, on est fortement tenté de parler d'une forme de « culture » – ou plutôt d'un ensemble de « comportements culturels » émergeant progressivement dans l'histoire du vivant[146]. Aristote n'est bien sûr jamais allé aussi loin ; mais on peut au moins affirmer que les observations qu'il a formulées et les conclusions auxquelles il est parvenu dans les derniers livres de son *Histoire des animaux* ont ouvert la voie à une enquête qui continue de passionner les scientifiques. Dans sa perspective, les capacités de variation, d'imitation et de transmission dont font preuve les rossignols montrent jusqu'à quel point ces oiseaux sont capables de se servir de la mémoire : une faculté que l'homme possède certes au plus haut degré, mais dont bénéficie déjà dans une proportion remarquable le monde animal. Cet usage de la mémoire témoigne de la présence d'une forme d'intelligence, qu'il convient certes de distinguer de celle des hommes, mais dont la présence ne fait aucun doute : non pas un *logos* mais une *phronèsis*, une intelligence pratique, qui permet à certaines espèces de développer leurs compétences et de mieux s'adapter à l'environnement[147]. Le chant articulé, varié et transmis d'un rossignol, tout comme la toile d'une araignée, doit être compté parmi les « œuvres » procédant

144 David M. Logue, Jean-Baptiste Leca, "Animal Culture : How a New Birdsong Went Viral", *Current Biology*, 30, August 17, 2020 [en ligne : DOI : 10.1016/j.cub.2020.06.055]

145 Pour d'autres phénomènes intéressants de variations dans la syntaxe du chant des bruants des marais (*Melospiza georgiana*) voir Stephen Nowicki, William A. Searcy, Melissa Hughes et Jeffrey Podos, "The Evolution of Bird Song : Male and Female Response to Song Innovation in Swamp Sparrows", *Animal Behaviour*, 62, 2001, p. 1189-1195.

146 *Cf.* John Tylor Bonner, *The Evolution of Culture in Animals*, Princeton, Princeton University Press, 1980 ; Dominique Lestel, *Les origines animales de la culture*, Paris, Flammarion, 2001.

147 *Cf.* Pietro Li Causi, « Introduzione. L'ottavo e il nono libro della *Historia animalium* », *in* Li Causi et Pomelli (éd.), *L'anima degli animali*, p. 8-11.

de cette forme d'intelligence. Si l'on voulait pousser jusqu'au bout ce raisonnement, on pourrait même dire qu'un tel chant constitue un cas limite de la réflexion aristotélicienne à propos des capacités animales : pour quelle raison cette expression articulée, fruit d'un enseignement transmis, ne représenterait-elle pas les prémices d'une sorte de *technè* ?

NATURE OU RAISON ?

Développements du débat à l'époque romaine

Les vues proposées par Platon et Aristote à propos de la musique et des animaux ont constitué le socle du débat philosophique qui se développa aux siècles suivants. Or, on l'a vu au chapitre précédent, elles n'avaient rien de monolithique : Platon fait certes de la musique, conçue comme l'union de l'harmonie, du rythme et du *logos*, l'apanage de l'homme ; mais, en même temps, il ne dénie pas à certains animaux une forme de musicalité, pratiquée pour le seul plaisir du chant. De même, Aristote instaure explicitement une distance entre l'animal et l'humain qui serait seul à posséder la faculté rationnelle ; mais, s'il est vrai qu'il assigne une finalité biologique aux prouesses vocales de certains oiseaux, celles-ci témoignent aussi à ses yeux d'une indiscutable proximité entre l'homme et la bête, du fait que certaines espèces paraissent clairement douées de mémoire et de représentation, et, à ce titre, particulièrement enclines à l'imitation et à l'apprentissage.

L'ensemble de ces réflexions ont eu un impact décisif sur les philosophes postérieurs, qu'ils reprennent ou réfutent de tels discours. Le débat se focalisa tout particulièrement sur la *technè* et, plus largement, la part de raison (*logos/ratio*) que les facultés musicales étaient susceptibles d'impliquer chez les animaux non humains. En effet, si Platon et Aristote n'avaient évidemment jamais songé à expliquer les œuvres des bêtes par la possession d'une forme de savoir ou de savoir-faire indissociable de la possession de la raison, leurs remarques ouvraient suffisamment de pistes pour permettre aux écoles philosophiques qui se constituèrent à l'époque hellénistique, stoïciens, épicuriens ou héritiers du platonisme, de soutenir des vues antagonistes à ce sujet, ainsi que nous allons à présent le montrer.

NATURA MAGISTRA ET MUSIQUE SANS ART

Commençons par les épicuriens. Même s'il s'en défendait, on sait que le fondateur de cette école doit beaucoup en premier lieu à Démocrite[1]. Or celui-ci affirmait que les hommes avaient inventé l'art de la musique en écoutant le chant des oiseaux[2]. Bien qu'aucun écrit d'Épicure parvenu jusqu'à nous ne le suggère, il n'est donc pas impossible qu'il ait pu reprendre à son compte les vues du philosophe matérialiste à propos des origines animales de la musique. En tout cas, un de ses lointains disciples et plus fervents admirateurs, le Romain Lucrèce (vers 98-55 av. J.-C.) s'est, quant à lui, clairement inscrit sur ce point dans la continuité de Démocrite. En effet, au livre V de son grand poème didactique *De Rerum Natura*, après avoir décrit sous un jour favorable la vie que les premiers hommes menèrent dans la nature au milieu des autres animaux, il retrace les progrès de la civilisation, et notamment les inventions des différentes *artes*, tissage[3], agriculture[4], et surtout musique, de la manière suivante :

> *At liquidas auium uoces imitarier ore*
> *ante fuit multo quam leuia carmina cantu*
> *concelebrare homines possent aurisque iuuare.*
> *Et zephyri, caua per calamorum, sibila primum*
> *agrestis docuere cauas inflare cicutas* (Lucr. 5, 1379-1383).

> « On imita avec la bouche le ramage limpide des oiseaux bien avant de savoir pratiquer l'art des chants harmonieux et charmer les oreilles de leur mélodie. Et les sifflements du zéphyr à travers les tiges des roseaux enseignèrent aux hommes des champs à souffler dans le creux des pipeaux » (éd. et trad. Ernout).

Ici, au-delà des animaux, c'est plus largement une *natura magistra* qui aurait enseigné aux premiers hommes la musique : en effet, Lucrèce

1 Épicure se défendait cependant d'un tel héritage, en mettant en avant l'originalité de sa pensée ; *cf.* Sabine Luciani, « Démocrite, Épicure, Lucrèce. L'originalité épicurienne en question », *Vita Latina*, 176, 2007, p. 93-106.

2 Voir *supra*, p. 59.

3 Lucr. 5, 1350-1360.

4 Lucr. 5, 1361-1378.

distingue entre la musique vocale, que ceux-ci auraient apprise des oiseaux, de la musique instrumentale, plus précisément celle des flûtes pastorales, dont l'invention aurait été inspirée à l'homme par le vent soufflant dans les roseaux[5].

Il se lance ensuite dans une description idéalisée des pratiques musicales de ceux qu'il appelle les « fils de la terre ». Ces derniers, après avoir découvert la flûte, commencèrent à en jouer dans les lieux les plus secrets de la nature, un peu à la manière des oiseaux dans l'imaginaire antique[6]. L'instrument fit ensuite partie intégrante des distractions simples affectionnées par la collectivité une fois sa faim satisfaite. Lucrèce trace alors le tableau d'une plaisante fête champêtre située dans un *locus amoenus* où les premiers hommes, une fois leurs besoins essentiels satisfaits, se délassaient en chantant et dansant accompagnés de la flûte[7] :

> *Tum caput atque umeros plexis redimire coronis*
> *floribus et foliis lasciuia laeta mouebat,*
> *atque extra numerum procedere membra mouentes*
> *duriter et duro terram pede pellere matrem ;*
> *unde oriebantur risus dulcesque cachinni,*
> *omnia quod noua tum magis haec et mira uigebant.*
> *Et uigilantibus hinc aderant solacia somno*
> *ducere multimodis uoces et flectere cantus*
> *et supera calamos unco percurrere labro ;*
> *unde etiam uigiles nunc haec accepta tuentur.*
> *Et numerum seruare genus didicere, neque hilo*
> *maiore interea capiunt dulcedine fructum*
> *quam siluestre genus capiebat terrigenarum* (Lucr. 5, 1400-1411).

> « Alors la tête et les épaules couronnées de guirlandes de fleurs et de feuilles entrelacées, suivant les impulsions de leur gaieté riante, ils s'avançaient sans grâce ni mesure, remuant lourdement leurs membres, et d'un pied lourd

5 C'est certainement à ce passage de Lucrèce que pensait Athanasius Kircher quand, dans son imposant traité *Musurgia universalis sive ars magna consoni et dissoni in X libros digesta*, Rome, Corbelletti, 1650, II, 1, il affirmait que la musique avait été inventée en premier lieu par les Hébreux puis – l'écrivain était féru d'égyptologie – par les Égyptiens en écoutant les sifflements des oiseaux dans la nature et le vent soufflant dans les roseaux du Nil.

6 Luc. 5, 1384-1387. La topique de l'oiseau chantant pour lui-même dans les lieux écartés est récurrente dans la littérature antique, comme nous aurons plusieurs fois l'occasion de le constater au cours de cette étude.

7 Au siècle des Lumières, le tableau ne laissa pas insensible Jean-Jacques Rousseau ; *cf. Essai sur l'origine des langues, où il est parlé de la mélodie et de l'imitation musicale*, éd. Catherine Kintzler, Paris, Flammarion, 1993, p. 95 (chap. IX).

frappaient la terre maternelle. De là naissaient les rires, les doux éclats de voix, car tout était nouveau pour eux et tout était merveille. C'est ainsi que dans les veilles mêmes on se consolait de l'insomnie en pliant sa voix aux mille modulations du chant, ou en parcourant de la lèvre recourbée les roseaux de la flûte : vieilles traditions que de nos jours les veilleurs conservent encore, mais ils ont appris à observer la différence des rythmes ; toutefois avec plus de ressources ils ne goûtent point de plus grand plaisir que n'en goûtait dans les forêts la race des fils de la terre » (éd. et trad. Ernout).

De telles pratiques musicales, contrairement au tissage et à l'agriculture, ne faisaient certes pas partie des besoins nécessaires qui sont en principe les seuls que les épicuriens s'attachent à satisfaire ; elles restent néanmoins éminemment valorisées par Lucrèce pour le plaisir qu'elles procurent.

Car, pour le philosophe romain, c'est bien le plaisir qui s'avère en définitive la seule raison d'être de la musique, dans une vision qui rejoint celle qui fut formulée à peu près à la même époque par Philodème de Gadara (vers 110-40 av. J.-C[8].). Pour les épicuriens, la musique satisfait un désir certes non nécessaire, mais naturel, puisque le plaisir que le chant et la danse suscitent découle directement de la sensation[9]. Et, tout comme dans la perspective de Philodème, il s'agit d'une sensation qui n'a rien de « savant », et qui, en tant que telle, peut être éprouvée aussi bien par les hommes que les animaux. Ce dernier point est important : Lucrèce insiste sur le fait que la musique des premiers hommes étaient plaisantes tout en étant *sans art*. À contre-courant d'un Platon qui, refusant de juger de la valeur d'un air à l'aune du seul plaisir, ne jurait que par une musique fondée sur une parfaite maîtrise des lois de l'harmonie et du rythme[10], Lucrèce ne place pas en-dessous d'une telle pratique « savante » la musique et la danse grossières qu'il prête à ses « fils de la terre », parce que, selon lui, celles-ci leur conféraient un plaisir au moins aussi grand.

On sait le philosophe très critique des « progrès » de la civilisation qui, loin de représenter dans la plupart de ses aspects une réelle amélioration

8 *Cf.* Phld., *Mus.* 4, col. 115, l. 26-35 Delattre (II, p. 209-210). Il faut souligner qu'une telle vision s'est construite en nette opposition à la vision moraliste non seulement des platoniciens, mais aussi, comme on le verra dans la suite de ce chapitre, des stoïciens.

9 Sur ce point, lire Krystyna Bartol, "Measure of Pleasure : Conception of Artistic Delight in Philodemus' and Pseudo-Plutarch's Treatises *On music*", *in* Jerzy Styka (éd.), *Studies in Ancient Literary Theory and Criticism*, Cracovie, Księgarnia Akademicka, 2000, p. 161-167 et Francesco Verde, « Il piacere della musica nell'Epicureismo », *La Cultura*, 1, 2021, p. 45-71.

10 Voir *supra*, p. 65-69.

par rapport à l'état de nature, fait souvent vivre à l'homme, par les désirs non naturels et non nécessaires qu'elle suscite en lui, des tourments plus grands que les dangers qu'il devait affronter au milieu des autres animaux à l'aube de son existence. On comprend donc pourquoi une musique devenue art, c'est-à-dire fondée sur les lois de l'harmonie et du rythme, ne représente pas pour lui un véritable progrès par rapport aux chants et aux airs qui, dans ses rêveries poétiques, auraient résonné dans les forêts pendant l'âge d'or de l'humanité : une musique « naturelle », restée proche du modèle animal qui l'avait inspirée et suscitant un plaisir semblable (qui sait ?) à celui éprouvé par les oiseaux chantant dans les bocages.

ANIMAL FABER

L'idée que la musicalité de certains animaux trouve son origine dans la nature même est également présente chez des auteurs ayant adhéré à la principale doctrine matérialiste rivale, à Rome, de la philosophie du Jardin : le stoïcisme. Rappelons cependant d'emblée que les deux écoles ont développé une conception diamétralement opposée de la nature : d'un côté (pour les épicuriens), un espace vide où une déviation aléatoire (le *clinamen* de Lucrèce) est censée permettre aux atomes de se rencontrer et de s'agréger, formant ainsi des « choses » (*res*) ; de l'autre (pour les stoïciens), un cosmos dominé par un ordre immuable, rationnel et nécessaire. La vision du monde des philosophes du Portique[11] était à la fois panthéiste et anthropocentrique : en s'appuyant sur la doctrine de l'*oikeiosis* (littéralement, de l'« appropriation », que l'on peut *grosso modo* définir comme la tendance à s'approprier son être et à se conserver[12]), ils affirmaient que, si, pour l'homme, vivre selon la

11 Parmi les stoïciens qui ont se sont employés à distinguer l'homme de l'animal par la raison, il faut d'abord citer Chrysippe et Posidonios de Rhodes, dont l'œuvre ne nous est malheureusement parvenue que sous forme de fragments.

12 Sur cette notion fondamentale du stoïcisme, voir par exemple (parmi d'innombrables titres) Alejandro G. Vigo (éd.), Oikeiosis *and the Natural Basis of Morality : from Classical Stoicism to Modern Philosophy*, Hildesheim-Zurich, Olms, 2012 ; Charlotte Murgier, « La part du propre (*oikeion*) dans la constitution du concept stoïcien d'appropriation (*oikeiosis*) »,

nature, c'était vivre selon la raison, les animaux étaient voués à suivre leurs impulsions naturelles, sans aucun libre arbitre.

Une telle doctrine ne les empêchait toutefois pas de reconnaître que certaines capacités étaient partagées par l'ensemble des *zôa*. En effet, l'âme des êtres animés était, pour eux, constituée de huit parties, dont sept étaient communes à l'homme et aux bêtes[13] : les cinq sens, la faculté de reproduction, la faculté vocale. La seule qui était différente était celle qu'ils appelaient la partie directrice (*to hègémonikon*) : pour l'homme, c'était la raison[14], tandis que, pour les animaux, c'était, selon les termes de Chrysippe (vers 280-206 av. J.-C.), « leur vie, sensation et impulsion[15] ». Et, comme les bêtes ne peuvent pas raisonner, elles ne peuvent pas non plus réfréner leurs instincts et ne doivent donc pas être considérées comme moralement responsables de leurs actions.

Comment la musique s'inscrivait-elle dans une telle vision ? On sait que les stoïciens la jugeaient capable d'émouvoir l'âme et de l'inciter à l'action : une aptitude qui était considérée par Diogène de Babylone (vers 240-150 av. J.-C[16].) non seulement comme un « bien commun » à tous les humains[17], mais comme « appropriée à tous les êtres » – hommes et animaux[18]. Le point de vue de ce philosophe paraît ici, à certains égards, conforter et développer la perspective moraliste et pédagogique développée à Athènes dès le Ve siècle av. J.-C. : la musique n'est pas seulement susceptible de mettre les hommes en condition de pratiquer certaines vertus, comme l'avaient souligné Damon et Platon[19] ; elle prépare à *toutes*

Methodos. Savoirs et Textes, 13, 2013 [en ligne : https://doi.org/10.4000/methodos.3030] ; et, plus récemment, à propos de Sénèque dont nous allons parler dans les prochaines pages, Jean-Christophe Courtil, « Amare o disprezzare il proprio corpo : riflessioni sul *sui amor* nella lettera 82 a Lucilio », *Lucius Annaeus Seneca. Rivista Internazionale di Studi Senecani*, 2, 2022, p. 159-176.

13 Lire entre autres l'efficace synthèse de Curzio M. Chiesa, « Le problème du langage intérieur chez les Stoïciens », *Revue internationale de philosophie*, 45, 1991, p. 317.

14 Se reporter à la comparaison filée avec les huit bras du poulpe dans *SVF* 1, 150 et 2, 836.

15 *SVF* 2, 821.

16 Originaire de Séleucie du Tigre, en Mésopotamie, Diogène de Babylone (vers 240-150 av. J.-C.) est connu, entre autres, pour avoir ouvert une école qui a permis de vulgariser la pensée stoïcienne à Rome.

17 C'est ce que l'on peut déduire de la lecture de l'ouvrage sur la musique de Diogène de Babylone faite un siècle plus tard par l'épicurien Philodème : *cf. Mus.* 4, col. 25, l. 7-11 Delattre (vol. I, p. 38 ; voir également p. 11, analyse de col. 25).

18 *Cf.* Phld., *Mus.* 4, col. 18, l. 5-6 Delattre (I, p. 32 ; voir également p. 11, analyse de col. 18).

19 Voir *supra*, p. 65-67.

les vertus. Mais surtout, plus généralement, en tant que bien commun à tous les êtres, elle est susceptible d'« apaiser les troubles chez les hommes et les animaux » comme semblent le prouver aux yeux de Diogène l'exemple d'Orphée, mais aussi « Archiloque et un rituel carien[20] ».

Il convient pourtant de considérer ces deux actions de la musique – celle exercée sur les hommes et celle exercée à la fois sur les hommes et les animaux – comme bien distinctes dans le cadre théorique des stoïciens. D'un côté Diogène est en effet disposé à admettre que c'est dans la sensation même (et non dans le *logos*) que réside la capacité à saisir les qualités éthiques des mélodies ; mais encore faut-il bien s'entendre sur la sensation qui est ici en jeu. En effet, cette vision adopte la conception, vraisemblablement empruntée à Speusippe (vers 393-339 av. J.-C.)[21], d'une « sensation savante », distincte de la simple sensation dont disposent à un niveau plus élémentaire aussi bien les hommes que les bêtes. Cette sensation savante serait le propre des hommes bien entraînés – c'est-à-dire, dans le cas qui nous intéresse, d'un musicien ou d'un mélomane averti. Le discours se focalise donc sur ce qu'on pourrait appeler, dans le langage de la psychologie contemporaine, une perception cognitivement informée, que l'homme peut obtenir seulement grâce à l'habitude et à la pratique de l'art.

Parallèlement, les stoïciens opéraient une distinction – valable aussi bien au niveau de la perception que de la pratique – entre ce que l'on doit à l'art et ce que l'on doit à la nature. Pour eux, les animaux, en tant qu'êtres irrationnels, ne pouvaient évidemment pas posséder un art (*technè*) dont la maîtrise supposait une science (*épistèmè*) indissociable du *logos*. C'est pourquoi, selon les philosophes du Portique, même si certaines réalisations animales apparaissent quelquefois semblables voire supérieures à celles des hommes, elles ne sont en fait que le résultat d'une impulsion naturelle (*hormè*)[22]. C'est grâce à une telle impulsion que les animaux sont capables de réaliser spontanément, sans y penser, certaines tâches en vue de leur bien-être et de leur conservation.

---

20 *Mus.* 4, col. 49, l. 27-46 Delattre (I, p. 80-81 ; voir également p. 9, analyse de col. 49).

21 Selon Sextus Empiricus, *M.* 7, 145-146, cité par Delattre 2007, II, p. 210, note 1 de son édition de Philodème de Gadara.

22 Chrysippe parle d'« impulsion primaire » (*prôtè hormè*) : *Cf.* D. L. 7, 85 (éd. Marcovich, p. 494) = *SVF* 3, 178). Rappelons qu'Aristote avait déjà distingué entre les hommes, qui agissaient par art, recherche et délibération, et les animaux, qui agissaient « par nature » (*phusei*) : *cf. Phys.* 2, 8, 199a 21 et *supra*, p. 80.

Le philosophe stoïcien romain Sénèque (4 av. J.-C.-65 ap. J.-C.), déclare ainsi dans les *Lettres à Lucilius* que « ce que l'homme doit à l'art (*ars*), l'animal le tient de la nature (*natura*) (…). [Les animaux] le font aussitôt nés : un savoir-faire qu'ils apportent avec la vie : ils naissent tout dressés[23] ». Il produit ensuite l'exemple de la ruche et de la toile d'araignée[24], pour observer que l'*ars* avec laquelle l'araignée tisse sa toile ou l'abeille construit ses rayons est innée et ne s'apprend pas. L'immédiateté du comportement des animaux et l'absence de variété dans leurs productions (les toiles d'araignées ou encore les rayons de miel sont tous identiques) montrent que celles-ci ne sont pas le fruit d'un apprentissage mais de l'instinct dont la nature les a pourvus, en leur donnant en même temps les moyens de se défendre et de rechercher ce qui leur est avantageux. À l'inverse, l'*ars* humaine est le fruit d'un savoir appris (*scientia*), ses productions sont inégales et sa finalité ne vise pas forcément à la seule conservation de l'artisan.

Araignées ou abeilles : Sénèque ne prend ici en compte que des réalisations concrètes d'animaux artisans (*fabri*), et non des productions immatérielles comme les prouesses musicales. Il lui arrive néanmoins d'évoquer dans sa production poétique la musicalité exceptionnelle du chant de certains oiseaux, notamment du « triste » rossignol :

> *Non quae uerno mobile carmen*
> *ramo cantat tristis aedon*
> *Ityn in uarios modulata sonos,*
> *non quae tectis Bistonis ales*
> *residens summis impia diri*
> *furta mariti garrula narrat,*
> *lugere tuam poterit digne*
> *conquesta domum* (*Ag.* 670-677 : c'est le chœur qui chante).

> « Même au printemps le triste rossignol chantant Itys, modulant sur sa branche mille sanglots mélodieux et souples, même l'oiseau de Bistonie, perché en haut d'un toit, pleurant à grand babil les vols impies de son époux barbare, ne peut pleurer dignement les malheurs de ta maison » (éd. Chaumartin et trad. Sers).

Dans les *Lettres à Lucilius*, il évoque la voix particulièrement « suave et variée » de cet oiseau, mais en fait simplement une caractéristique

23 *Epist.* 121, 5-6 ; éd. Préchac et trad. Noblot.
24 Sen., *Epist.* 121, 22-23. L'abeille et l'araignée constituent des lieux communs du débat antique à propos de la raison : par exemple, pour une description plus réussie encore de la toile d'araignée, *cf.* Phil., *Alex.* § 17-18.

propre à cette espèce, au même titre que la voix très claire du chien, celle, aiguë, de l'aigle, ou encore celle, exceptionnellement grave, du taureau : la faculté vocale est en effet commune aux hommes et aux animaux, mais aucun de ceux-ci n'a pour autant la raison, qui demeure l'apanage de l'homme[25].

DES SONS SANS RAISON

Sénèque s'en tient là. Un contemporain, le Juif hellénisé Philon d'Alexandrie (vers 30 av. J.-C. – 45 ap. J.-C.), dont la réflexion a été fortement inspirée par le stoïcisme comme par le platonisme[26], mais aussi par d'autres écoles, y compris l'épicurisme et le scepticisme[27], va plus loin. Le texte le plus important pour notre problématique est un dialogue intitulé *Alexandre* qui ne nous est parvenu qu'à travers une version arménienne[28]. Il présente l'avantage d'exposer tour à tour les

25 *Cf. Epist.* 76, 9-10 : *In homine optimum quid est ? Ratio : hac antecedit animalia, deos sequitur. Ratio ergo perfecta proprium bonum est, cetera illi cum animalibus satisque communia sunt. Valet : et leones. Formosus est : et pauones. Velox est : et equi. Non dico, in his omnibus uincitur : non quaero, quid in se maximum habeat, sed quid suum. Corpus habet : et arbores. Habet impetum ac motum uoluntarium : et bestiae et uermes. Habet uocem : sed quanto clariorem canes, acutiorem aquilae, grauiorem tauri, dulciorem mobilioremque luscinii ? Quid est in homine proprium ? Ratio* ; « S'il s'agit de l'homme, qu'est-ce qu'il y a de meilleur en lui ? La raison. Par elle, il surpasse les animaux, il vient après les dieux. La raison épurée est donc le bien propre de l'homme. Tout le reste lui est commun avec les êtres vivants. Il est fort : le lion l'est aussi ; il est beau : le paon aussi ; prompt à la course : et le cheval ? Je n'ajoute pas qu'à tous ces égards il leur est inférieur ; je cherche ce qu'il possède non pas au plus haut degré, mais en propre. Il a un corps : les arbres aussi. Il possède un instinct, des mouvements spontanés : les bêtes aussi et les vermisseaux. Il a une voix : combien le chien l'a plus sonore, l'aigle plus perçante, le taureau plus grave, le rossignol plus douce et plus flexible ! Quelle faculté l'homme possède-t-il en propre ? La raison » ; éd. Préchac et trad. Noblot.

26 Voir Roberto Radice, « A proposito del rapporto fra Filone e gli stoici », *Fortunatae*, 17, 2006, p. 127-149.

27 *Cf.* Claude Mondésert, "Philo of Alexandria", *in* John Sturdy, W. D. Davies et William Horbury (éd.), *The Cambridge History of Judaism III (The Early Roman Period)*, Cambridge, Cambridge University Press, 1999, p. 893 ; Mireille Hadas-Lebel, *Philon d'Alexandrie. Un penseur en diaspora*, Paris, Fayard, 2003, p. 258-274.

28 Nous utilisons la traduction qu'en a proposée Abraham Terian (Philon d'Alexandrie, *Alexander uel De ratione quam habere etiam bruta animalia e uersione armeniaca*, Paris,

arguments des médio-platoniciens et/ou des néo-académiciens – qui étaient pour la plupart de fervents partisans de la raison animale[29] – et ceux d'une vision plus proche, à certains égards, de la pensée des stoïciens[30].

Le premier à s'exprimer dans le dialogue est le neveu de Philon, Tiberius Julius Alexander (Alexandre), bien connu par ailleurs[31], et sans doute acquis aux idées de l'aristotélisme et de la Nouvelle Académie[32]. Or, dès le début de son discours, après avoir déclaré que les animaux possèdent le *logos prophorikos* (langage proféré) et le *logos endiathétos* (langage intérieur, pensée[33]), il souligne, à la suite d'Aristote, que certains oiseaux

Cerf, 1988) ; sur la datation de l'ouvrage, dont l'authenticité n'est plus remise en doute (*cf.* Mondésert, "Philo of Alexandria", p. 889), voir encore Abraham Terian, « Introduction », *in* Philon *Alexander*, p. 45-50.

29 Depuis au moins Carnéade. Si les frontières entre médio-platonisme et Nouvelle Académie sont souvent difficiles à distinguer, les néo-académiciens se distinguaient néanmoins souvent par des positions plus proches de celles des sceptiques. Selon certains chercheurs, il existait de toute façon différents courants chez les médio-platoniciens, un « orthodoxe » – Plutarque, qui va nous occuper dans quelques pages, en faisait partie – et un autre, plus syncrétique et empruntant volontiers quelques éléments à d'autres écoles philosophiques : nous renvoyons ici à Giovanni Reale, *Storia della filosofia greca e romana VII. Rinascita del platonismo et del pitagorismo,* Corpus Hermeticum *e oracoli caldaici*, Milan, Bompiani, 2004, p. 113.

30 Sur les fondements bibliques et philosophiques du traité, *cf.* Terian, « Introduction », *in Philon. Alexander*, p. 50-72 ; Ingvild Saelid Gilhus, *Animals, Gods and Humans. Changing Attitudes to Animals, in Greek, Roman and Early Christian Ideas*, Berkeley-Londres-New York, University of California press, 2006, p. 42-44 ; Francesca Simeoni, « *Alexander vel De animalibus* : Philon d'Alexandrie et le débat antique sur le statut des animaux », *Revue des Sciences Philosophiques et Théologiques*, 107, 1, 2023, p. 3-34.

31 Ce Juif hellénisé, neveu de Philon, fit une prestigieuse carrière équestre : procurateur de Judée sous Claude, puis préfet d'Égypte sous Néron, tôt rallié à Vespasien, il fit partie de l'état-major des Flaviens lors de la grande révolte juive qui aboutit à la prise de Jérusalem en 70 ; sur le personnage, sa carrière et son rôle dans le massacre des Juifs, *cf.* la monographie un peu ancienne mais toujours utile de Viktor Burr, *Tiberius Julius Alexander*, Bonn, Rudolf Habelt, 1955 et Mireille Hadas-Lebel, *Rome, la Judée et les Juifs*, Paris, Picard (Antiquité/Synthèses 12), 2009, p. 94-95 et 161.

32 *Cf.* Mireille Hadas-Lebel, *Philon d'Alexandrie. Un penseur en diaspora*, Paris, Fayard, 2003, p. 54-55.

33 *Alex.* § 12 : « Il existe (…) deux sortes de raison : l'une réside dans l'intelligence et ressemble à une source naissant dans la partie souveraine de l'âme, tandis que la raison proférée ressemble à un ruisseau qui suivant l'ordre de la nature, descend sur les lèvres et la langue et, de là, atteint le sens de l'ouïe. Mais, bien que les deux sortes de raison apparaissent imparfaites chez les animaux, elles n'en sont pas moins fondamentales » ; trad. Terian. Sur la distinction, primordiale dans le débat entre stoïciens et médio-platoniciens/néo-académiciens, entre deux formes de *logos*, lire entre autres Chiesa, « Le problème du langage intérieur chez les Stoïciens », p. 301-321 ; Jean-Louis Labarrière,

« sont capables de faire fonctionner leur langue distinctement[34] ». Il rappelle ensuite que la voix, indice de « puissances cachées[35] », a deux usages, « l'un pour parler, l'autre pour chanter[36] ». Il en profite alors pour mettre en scène de véritables concerts où des oiseaux musiciens, dotés, semble-t-il, des deux types de *logos*, non seulement chantent, mais aussi, à bien les écouter, « chantent ensemble avec harmonie » :

> « Corbeaux, tourterelles et hirondelles (...) chantent des mélodies rythmiques, qu'il est possible de reproduire et pour lesquelles on peut écrire des paroles. Celui qui, pour les étudier, voudrait mettre tout son soin à les écouter ne devrait pas hésiter à passer quelque temps dans les parcs du voisinage, où l'on rencontre toutes sortes d'oiseaux doués de talents musicaux qui, en dépit d'une apparente confusion, chantent ensemble avec harmonie » (*Alex.* § 15 ; trad. Terian[37]).

Alexandre adhère manifestement ici à l'idée – attribuée, nous l'avons vu, d'abord à Alcman puis présente chez Démocrite et Lucrèce – selon laquelle l'homme aurait appris la musique en imitant le ramage des oiseaux. Le chant de ces hôtes ailés des jardins d'Alexandrie, qu'il soit individuel ou collectif, ne constitue en outre pas pour lui des sons sans raison. En effet, même si la première impression est celle d'un résultat confus, on y décèle, à l'en croire, réflexion et organisation.

« *Logos endiathetos* et *logos prophorikos* dans la polémique entre le Portique et la Nouvelle-Académie », *in* Cassin, Labarrière et Romeyer Dherbey (éd.), *L'animal dans l'Antiquité*, p. 259-279 ; Jean Baptiste Gourinat, « Le discours intérieur de l'âme dans la philosophie stoïcienne », *Chora*, 11, 2013, p 11-22.

34 *Alex.* § 14, trad. Terian.

35 *Alex.* § 14, trad. Terian. La première traduction qu'Aucher proposa en latin au XIXe siècle de la version arménienne, citée par Terian en regard de la traduction française, donne *ineuidentia*. Alexandre pense bien sûr ici en premier lieu à la raison. En fait, certains stoïciens admettaient que quelques animaux pussent être doués du *logos prophorikos*, mais estimaient que cela ne signifiait pas pour autant qu'ils eussent le *logos endiathetos* ; les médio-platoniciens/néo-académiciens étaient en revanche convaincus du contraire : la distinction entre les deux *logoi* est ainsi qualifiée d'« argument chaussette » par Labarrière, « *Logos endiathetos* et *logos prophorikos* dans la polémique entre le Portique et la Nouvelle-Académie », p. 278.

36 *Alex.* § 14, trad. Terian.

37 L'ancienne tradition latine d'Aucher parle même de « véritable musique produite par des oiseaux de toute espèce chantant ensemble » : *uera musica (...) auium omnis generis concinentium*. L'« apparente confusion du chant des oiseaux » peut être ici rapprochée d'une expression de Sénèque (*Marc.* 18, 4) évoquant le *auium concentus dissonus* (« le concert dissonant des oiseaux »).

Que pensait Philon de telles assertions ? Il n'était évidemment pas convaincu, en dépit de tout le talent sophistique, capable de « détourner de leur sens les preuves les plus évidentes[38] » et de « fasciner l'homme superficiel[39] », qu'il reconnaît à ce dernier[40]. Il affirme pour sa part que, « bien que certains des actes [des animaux] ressemblent à ceux de l'homme, ils les accomplissent sans penser[41] ». Il file ensuite une intéressante comparaison entre la voix des oiseaux et les instruments de musique :

> « Bien que merles, corbeaux, perroquets et autres produisent différentes sortes de sons, ils sont absolument incapables de produire une voix articulée. De plus, je pense que les trous des instruments à vent offrent un parallèle remarquable, car il est certain que les sons puissants qu'ils laissent échapper sont inintelligibles, grossiers et sont difficiles à expliquer clairement. Il en va de même pour les sons dépourvus de sens ou de signification que produisent les animaux cités plus haut. Il s'agit moins de l'expression véritable de termes conceptuels que de gazouillis.
>
> Prends la trompette, la lyre et les autres sortes d'instruments musicaux comme exemples. Lorsque l'air s'échappe de leur ouverture, ils émettent des sons puissants qui ressemblent à la voix humaine, mais ces sons manquent de clarté et ne comportent pas de signification distincte » (*Alex.* § 98-99 ; trad. Terian).

Pour Philon, les émissions sonores des oiseaux, « imparfaites » comme les sons d'un instrument de musique[42], ne sont pas l'énonciation d'une raison pensante, mais simplement l'émanation d'un appareil phonateur. Leur ramage, tout harmonieux et puissant qu'il soit, reste inintelligible. L'auteur semble appliquer ici au chant des oiseaux la distinction stoïcienne entre la voix des animaux qui, selon Diogène de Babylone, serait simplement « de l'air frappé par une impulsion[43] », et celle des hommes, la seule qui soit « articulée » (*enarthros*), et « émise par la pensée » (*apo dianoias ekpempomenè*[44]).

38 *Alex.* § 2 ; trad. Terian.

39 *Alex.* § 75.

40 *Cf. Alex.* § 75 ; voir également § 3.

41 *Alex.* § 97 ; trad. Terian.

42 *Ibid.*, § 99 ; trad. A. Terian, p. 199.

43 *Cf.* D. L. 7, 55-56 : ζῴου (…) ἐστι φωνὴ ἀὴρ ὑπὸ ὁρμῆς πεπληγμένος ; « la voix de l'animal est de l'air frappé par une impulsion » (notre traduction).

44 D. L. 7, 55-56. Sur l'idée, très surprenante, exprimée par ce passage et qui voudrait qu'aucun animal n'ait de voix articulée, nous renvoyons aux réflexions de Chiesa, « Le problème du langage intérieur chez les Stoïciens », p. 306-308.

Surtout, la matrice de son argumentation est clairement platonicienne : rappelons que, dans *Les Lois*[45], Platon rejetait les prouesses d'un art qui consistait à produire des mélodies sans paroles, incapables de transmettre clairement un sens. Pour Philon comme pour Platon et, après lui, Diogène de Babylone, il n'y a de voix articulée que s'il y a signification : le chant des oiseaux ne serait donc, pour le penseur juif, « même pas à comparer avec [les émissions sonores] des bègues[46] ». Les propos d'Alexandre qui, selon Philon, affirmait que certains oiseaux « chantent des mélodies rythmiques, qu'il est possible de reproduire et pour lesquelles on peut écrire des paroles[47] », avait déjà implicitement révélé ce qui rendait le chant des oiseaux inférieur à celui de l'homme : le sens, que le ramage des oiseaux ne peut posséder qu'après une intervention humaine. Une telle absence de signification empêche la musique animale d'être rapprochée de la musique des hommes autrement que par analogie. Soulignons qu'il s'agit bien ici de la « musique » comme union de l'*harmonia*, du *rhythmos* et du *logos*. Dans une autre perspective, nous n'hésiterions pas à considérer que ce discours peut légitimer un rapprochement entre les émissions sonores des oiseaux et la musique produite par les instruments.

Philon lui-même a d'ailleurs conscience du fait que les productions sonores des oiseaux, même si elles ne disent rien, non seulement sont similaires à celles des instruments, mais peuvent même leur être supérieures, « de la même manière qu'un modèle laisse loin derrière lui une réplique ». En effet, dans un autre traité, *Sur la postérité de Caïn*[48], il place sans réticence le chant du rossignol ou du cygne au-dessus des mélodies sorties d'un instrument :

> ὅσα γοῦν αὐλοὶ καὶ λύραι καὶ τὰ παραπλήσια μελῳδοῦσι, τῆς ἀηδόνων ἢ κύκνων μουσικῆς τοσοῦτον ἀπολείπεται, ὅσον ἀπεικόνισμα καὶ μίμημα ἀρχετύπου παραδείγματος, φθαρτὸν εἶδος ἀφθάρτου γένους (*Post.* 105).
>
> « Du moins est-il vrai que les mélodies que jouent les *auloi*, les lyres et les instruments de même nature, restent loin derrière la musique des rossignols ou des cygnes, autant qu'une réplique et une imitation par rapport à un modèle

45 669d-e.

46 *Alex.* § 99 ; trad. Terian.

47 *Alex.* § 15. Notons au passage que c'était à peu près ce que le poète Alcman prétendait avoir fait : voir *supra*, p. 44-52.

48 *Post.* 105-106 ; *cf.* Terian, *Philon. Alexander*, p. 199, note 4.

original, ou une espèce corruptible par rapport à un genre incorruptible » (éd. Cohn-Wendland et trad. légèrement modifiée Arnaldez, p. 106)[49].

Mais, dans ce passage encore, la musique produite par la voix des oiseaux est incapable de rivaliser avec celle des hommes :

> Τὴν μὲν γὰρ ἀνθρώπων μουσικὴν οὐδενὶ τῶν ἄλλων συγκρίνειν ἄξιον ἔχουσαν γέρας ἐξαίρετον, ᾧ τετίμηται, τὴν ἔναρθρον σαφήνειαν. Τὰ μὲν γὰρ ἄλλα τῇ περὶ τὴν φωνὴν κλάσει χρώμενα καὶ ταῖς ἐπαλλήλοις τῶν τόνων μεταβολαῖς ἀκοὰς αὐτὸ μόνον ἡδύνει, ὁ δ' ἄνθρωπος, ὥσπερ πρὸς τὸ λέγειν, οὕτως καὶ πρὸς τὸ ᾄδειν ἀρθρωθεὶς ὑπὸ φύσεως ἑκάτερον, ἀκοήν τε καὶ νοῦν, ἐπάγεται, τὴν μὲν τῷ μέλει κηλῶν, τὸν δὲ τοῖς νοήμασιν ἐπιστρέφων (*Post.* 105-106).
>
> « La musique de la voix humaine, quant à elle, ne peut être comparée justement avec aucune autre : elle a le privilège extraordinaire qui la fait estimer : la clarté due à l'articulation distincte. Les autres espèces usant des inflexions que la voix peut recevoir et des variations successives des sons, font plaisir seulement aux oreilles ; mais l'homme a reçu de la nature une organisation qui lui permet autant de parler que de chanter ; aussi peut-il ravir les oreilles et l'esprit ; les oreilles en les charmant par la mélodie, et l'esprit en attirant son attention sur le contenu de la pensée » (éd. Cohn-Wendland et trad. Arnaldez).

Dans un autre passage de son corpus, Philon évoque encore le plaisir que procurent à l'ouïe « les voix mélodieuses des bêtes sans raison (*aloga zôa*), des hirondelles, des rossignols, de tous les animaux que la nature a faits musiciens[50] ». Si ce dernier point avait déjà été souligné par Sénèque, Philon, quant à lui, suggère que le chant des oiseaux, parce qu'il ne dit rien, se situe dans une sorte d'entre-deux musical, à mi-chemin entre sa pâle copie, la musique instrumentale, et le chant humain, mélodie signifiante, qui plaît aux oreilles et parle en même temps à l'esprit.

---

49 Phil., *Fug.* 22.

50 *Leg.* 2, 75 : τὴν ἀκοὴν αὐλὸς ἡδύνει, κιθάρα, πᾶσα ὀργάνων ἰδέα, ζῴων ἀλόγων ἐμμελεῖς φωναί, χελιδόνων, ἀηδόνων, τῶν ἄλλων ὅσα φύσις μεμούσωκε, λογικῶν εὐφωνία ; « L'ouïe est flattée par l'*aulos*, la cithare, et toutes les espèces d'instruments, par les voix mélodieuses des bêtes sans raison, des hirondelles, des rossignols, de tous les animaux que la nature a faits musiciens, par le chant des êtres raisonnables » ; éd. et trad. modifiée Mondésert. De manière significative, on retrouve ici la gradation instaurée entre les instruments de musique, les animaux musiciens et le chant des hommes.

UN ART INNÉ (ET PAS SEULEMENT…)

Au tournant des Ier et IIe siècles de notre ère, les réflexions de Plutarque nous offrent un excellent aperçu de la manière dont les médio-platoniciens tiraient parti des aptitudes musicales des animaux pour concéder à ceux-ci une forme d'intelligence – contre les thèses des stoïciens, mais aussi en s'éloignant de leur principale source d'inspiration, la pensée de Platon. Prenons les dialogues *De l'intelligence comparée des animaux terrestres et aquatiques*[51] et *Gryllos*[52], où l'auteur s'oppose résolument aux stoïciens[53] à propos de la part d'intelligence[54] et de raison[55] qu'il convient d'accorder aux animaux[56]. Il pose en principe dans ces deux essais que « tous les

51 *De sollertia animalium* (*Moralia*, 959a-985c).

52 Appelé aussi *Bruta animalia ratione uti* (*Moralia*, 985d-992e) ; à ces deux dialogues s'ajoutent les réflexions à propos de l'intelligence des animaux faites dans le *De esu carnium* I et II (*Moralia* 993a-999b). Sur les dialogues de Plutarque en faveur des animaux, *cf.* Giuseppina Santese, « Animali e razionalità in Plutarco », *in* Castignone et Lanata (éd.), *Filosofi e animali nel mondo antico*, p. 141-170 ; Élisabeth de Fontenay, « La raison du plus fort », introduction à Plutarque, *Trois traités pour les animaux* (trad. Amyot), Paris, P.O.L., 1992 ; Élisabeth de Fontenay, « La *Philantrôpia* à l'épreuve des bêtes », *in* Cassin, Labarrière et Romeyer Dherbey (éd.), *L'animal dans l'Antiquité*, p. 281-298 ; Gilhus, *Animals, Gods and Humans*, p. 44-52 ; Josep Antoni Clua Serena, "Plutarch on Animals' '*aretê*' and '*lógos*' : from Autobulus to Soclarus (*De soll. an.* 961 F)", *in* Juan Antonio López Férez, Antonio López Fonseca et Marcos Martínez Hernández (éd.), *Πολυπραγμοσύνη : homenaje al profesor Alfonso Martínez Díez*, Madrid, Ed. Clásicas, 2016, p. 141-150. Paolo Becchi, "The Virtues and the Intelligence of Animals in Plutarch", *in* Delfim Ferreira Leão et Lautaro Roig Lanzillotta (éd.), *A Man of Many Interests. Plutarch on Religion, Myth, and Magic : Essays in honor of Aurelio Pérez Jiménez*, Leyde-Boston (Mass.), Brill, 2019, p. 138-171. Angela Pabst, « Wenn die Tiere reden könnten : vom Logos-Gebrauch der Wesen ohne Logos bei Plutarch », *in* Hedwig Schmalzgruber (éd.), *Speaking Animals in Ancient Literature*, Heidelberg, Winter, 2020, p. 333-357.

53 Dans les *Paradoxes des Stoïciens*, *Les Stoïciens disent plus d'absurdités que les poètes* et *Les notions communes contre les Stoïciens*. Sur la polémique qui opposa le Portique au platonisme moyen ainsi qu'à la Nouvelle Académie à propos des animaux, lire Labarrière, « *Logos endiathetos* et *logos prophorikos* dans la polémique entre le Portique et la Nouvelle-Académie », p. 259-279 ; et, plus généralement, Stephen Newmyer, *Animals, Rights and Reason in Plutarch and Modern Ethics*, Londres-New York, Routledge, 2006 ; Stephen T. Newmyer, "Animals in Plutarch", *in* Mark Beck (éd.), *A Companion to Plutarch*, Chichester, Wiley Blackwell, 2014, p. 223-234.

54 Plutarque emploie alternativement les termes de *phronèsis*, *sunésis* ou *dianoia*, que nous traduisons généralement (sans doute un peu schématiquement) par « intelligence ».

55 Plutarque recourt à *logos* ou *logismos* pour désigner la raison ou le raisonnement.

56 Dans les deux dialogues qui nous intéressent, l'écrivain mentionne explicitement les stoïciens Antipater (*Soll. an.* 962e) ou Cléanthe (*Soll. an.* 967e) et, plus généralement, désigne les

animaux [ont] plus ou moins part » à ces deux biens[57]. En effet, comme, de l'aveu même des stoïciens, les êtres animés sont doués de sensibilité[58], une telle réceptivité aux impressions extérieures implique forcément « quelque aptitude au raisonnement, au jugement, à la mémoire et à l'attention[59] ». On ne comprend en effet pas à quoi servirait à l'animal d'avoir la sensation si celle-ci n'était pas accompagnée de quelque faculté lui permettant de la décrypter[60]. C'est pourquoi, même si les animaux ont une intelligence et une raison plus bornées que celles des hommes – Plutarque les compare à une vue « basse et brouillée[61] » – loin d'en être privés, ils les possèdent dans une proportion plus ou moins grande selon les espèces et les individus[62].

C'est justement pour le démontrer que Plutarque invoque volontiers les aptitudes musicales des animaux. Comme, selon lui, l'intelligence de l'animal – ou, plus exactement, l'intelligence pratique (*phronèsis*) qu'Aristote leur avait déjà reconnue – est rendue d'abord visible par ses émotions (*pathè*) et ses affects (*kinèmata*) spontanés (*adidakta*)[63], il

stoïciens et les péripatéticiens comme ses adversaires : voir encore *Soll. an.* 960b-e et surtout 963d. Plutarque a peut-être employé dans sa polémique contre les stoïciens des arguments inspirés de Carnéade : *cf.* Daniel Babut, *Plutarque et le stoïcisme*, Paris, PUF, 1969, p. 61-66.

57 *Cf.* notamment *Soll. an.* 960a : μετέχειν ἁμωσγέπως πάντα τὰ ζῷα διανοίας καὶ λογισμοῦ ; éd. et trad. Bouffartigue ; *Cf.* encore 960c ; 960f, 961b-d ; 963e, 975e, etc. ; *Brut. an. uti* 991f-992e ; *Es. carn.* 994e.

58 *Cf. Soll. an.* 960d-e.

59 *Cf. Soll. an.* 960e : λογίζεσθαί τι καὶ κρίνειν καὶ μνημονεύειν καὶ προσέχειν ; éd. et trad. Bouffartigue.

60 *Soll. an.* 961a.

61 *Soll. an.* 963b : ὥσπερ ὀφθαλμὸν ἀμβλυώττοντα καὶ τεταραγμένον ; éd. et trad. Bouffartigue. Voir aussi 963e-f.

62 Voir encore *Brut. an. uti* 992c-d : Αὐτοῖς μὲν οὖν τούτοις (…) μάλιστα δεῖ τεκμαίρεσθαι τὴν τῶν θηρίων φύσιν, ὡς λόγου καὶ συνέσεως οὐκ ἔστιν ἄμοιρος (…). Οὐκ ἂν ἐδόκει ζῷον ἕτερον ἑτέρου τῷ φρονεῖν ἀργότερον εἶναι καὶ δυσμαθέστερον, εἰ μὴ πάντα λόγου καὶ συνέσεως, ἄλλα δὲ μᾶλλον καὶ ἧττον ἄλλων πως μετεῖχεν. ἐννόησον δ' ὅτι τὰς ἐνίων ἀβελτερίας καὶ βλακείας ἐλέγχουσιν ἑτέρων πανουργίαι καὶ δριμύτητες (…). Οὐ γὰρ οἶμαι θηρίου πρὸς θηρίον ἀπόστασιν εἶναι τοσαύτην, ὅσον ἄνθρωπος ἀνθρώπου τῷ φρονεῖν καὶ λογίζεσθαι καὶ μνημονεύειν ἀφέστηκεν ; « Ces animaux [les moutons et les ânes] eux-mêmes témoignent que la nature des bêtes n'est jamais complètement dénuée de raison ou d'intelligence (…) ; nous ne trouverions pas tel animal plus lent d'esprit ou moins vif pour apprendre si tous les animaux n'étaient doués de raison et d'intelligence à des degrés divers. Je te ferai remarquer que la sottise et l'imbécillité des uns ne fait que souligner l'agilité mentale et l'intelligence des autres (…). Car je ne pense pas qu'entre un animal et un autre il y ait autant d'écart qu'on peut en voir entre un homme et un autre pour ce qui est de la pensée, du raisonnement ou de la mémoire » ; éd. Helmbold et trad. Gondicas modifiée.

63 *Soll. an.* 968c.

insiste dans un premier temps sur la sensibilité de certains animaux à la musique et au rythme et le plaisir indéniable que ceux-ci leur procurent. Il énumère ainsi, parmi les animaux terrestres, le cerf ou le cheval, qui se laissent hypnotiser par la syrinx ou les *auloi*, et, dans les mers, le crabe, que le son du fifre fait irrésistiblement sortir de son trou, l'alose qui remonte à la surface et s'approche quand elle entend chanter et taper dans les mains, le moyen duc qui aime la cadence des danses humaines et les imite volontiers[64], et surtout le dauphin, chéri d'Apollon pour son amour de la musique[65].

Il considère en outre pour sa part les performances musicales comme un savoir-faire, un art (*technè*) inné, naturel, produit de manière immédiate par l'intelligence, elle-même qualifiée, comme la raison, de don de la nature[66]. Laissons ici la parole à Gryllos, l'homme transformé en porc par Circé qui se refuse à redevenir homme :

> ἀλλ' ἡ τῶν θηρίων φρόνησις τῶν μὲν ἀχρήστων καὶ ματαίων τεχνῶν οὐδεμιᾷ χώραν δίδωσι, τὰς δ' ἀναγκαίας οὐκ ἐπεισάκτους παρ' ἑτέρων οὐδὲ μισθοῦ διδακτὰς οὐδὲ κολλῶσα μελέτῃ καὶ συμπηγνύουσα γλίσχρως τῶν θεωρημάτων ἕκαστον πρὸς ἕκαστον ἀλλ' αὐτόθεν ἐξ αὑτῆς οἷον ἰθαγενεῖς καὶ συμφύτους ἀναδίδωσι. Τοὺς μὲν γὰρ Αἰγυπτίους πάντας ἰατροὺς ἀκούομεν εἶναι, τῶν δὲ ζῴων ἕκαστον οὐ μόνον πρὸς ἴασιν αὐτότεχνόν ἐστιν ἀλλὰ καὶ πρὸς διατροφὴν καὶ πρὸς ἀλκὴν θήραν τε καὶ φυλακὴν καὶ μουσικῆς ὅσον ἑκάστῳ προσήκει κατὰ φύσιν (*Brut. an. uti* 991d-e).
>
> « L'intelligence (*phronèsis*) des animaux, elle, ne laisse aucune place à des savoirs (*technai*) inutiles ou superflus : quant à ceux qui sont nécessaires, nous ne les tenons pas d'autrui, on ne nous les apprend pas moyennant salaire ; d'ailleurs, on ne nous voit pas obstinés à étudier, chacun dans son coin, le même petit bout de science ; notre intelligence (*phronèsis*) produit d'elle-même, et de façon

64 *Cf.* *Soll. an.* 961d-e : κηλοῦνται μὲν ἔλαφοι καὶ ἵπποι σύριγξι καὶ αὐλοῖς, καὶ τοὺς παγούρους ἐκ τῶν χηραμῶν ἀνακαλοῦνται βιαζόμενοι ταῖς φώτιγξι, καὶ τὴν θρίσσαν ᾀδόντων καὶ κροτούντων ἀναδύεσθαι καὶ προϊέναι λέγουσιν. Ὁ δ' ὦτος αὖ πάλιν ἁλίσκεται γοητευόμενος, ὀρχουμένων ἐν ὄψει μεθ' ἡδονῆς ἅμα ῥυθμῷ γλιχόμενος τοὺς ὤμους εὖ συνδιαφέρειν ; « par exemple, les cerfs et les chevaux se laissent charmer par la syrinx et les *auloi* ; on attire les crabes hors de leurs trous par la contrainte qu'exerce sur eux le son du fifre ; et l'on dit que l'alose, au bruit du chant et des coups frappés en cadence, remonte du fond de l'eau et s'approche. Le moyen duc, lui, se laisse prendre par fascination : s'il voit danser devant lui, il est pris de plaisir et ne pense plus qu'à bien balancer en rythme ses épaules » ; éd. et trad. modifiée Bouffartigue.

65 *Soll. an.* 984b-c.

66 *Cf.* par exemple *Soll. an.* 962c. Plutarque (*Soll. an.* 962c-d) distingue encore cette raison de la raison parfaite, qui est le résultat de l'étude et de l'instruction, et que peu d'hommes possèdent.

immédiate, différents arts innés, formés naturellement. On dit qu'en Égypte tout le monde est médecin : chez les animaux, chacun sait ce qu'il faut savoir non seulement pour se soigner, mais encore pour se nourrir, se battre contre ses ennemis, chasser, se défendre et faire de la musique, dans la mesure des capacités propres à chaque espèce » (éd. Helmbold et trad. Gondicas).

Plutarque a soin de distinguer une telle *technè* innée de celle, fruit de l'instinct, que les stoïciens attribuaient eux-mêmes aux animaux[67], en soulignant qu'elle procède d'une forme d'intelligence et de raisonnement qui, même si elle ne passe pas par le discours, apparaît nettement dans les intentions (*protheseis*) et les préparatifs (*paraskeuai*) qui précèdent les actes des bêtes[68]. C'est ainsi que, pour Plutarque, même si les œuvres animales (toile d'araignée, nid de l'hirondelle ou performances musicales) ne sont pas le fruit d'un apprentissage, elles n'en sont pas moins toutes uniques, car leur auteur les adapte toujours aux circonstances, aux temps et aux lieux[69]. Cette observation est explicitement dirigée contre les stoïciens (et notamment Sénèque) qui, on se souvient, soulignaient la parfaite uniformité et l'absence de variété dans les productions animales pour démontrer que celles-ci étaient le pur produit d'une impulsion naturelle, sans qu'il soit là question d'une forme quelconque de réflexion et d'organisation[70].

Mais Plutarque va plus loin encore dans sa réfutation des stoïciens grâce à l'exemple du chant des oiseaux. Il établit en effet une intéressante distinction entre deux catégories d'oiseaux chanteurs, ceux dont l'extraordinaire musicalité est innée et ne doit rien à un quelconque apprentissage[71] et ceux qui disposent d'une *technè* acquise en écoutant autrui[72]. Ces derniers non seulement apprennent leur art par imitation,

67 *Brut. an. uti* 991f.

68 *Cf. Soll. an.* 966b : Καθόλου δὲ (…) δι' ὧν οἱ φιλόσοφοι δεικνύουσι τὸ [τε] μετέχειν λόγου τὰ ζῷα προθέσεις εἰσὶ καὶ παρασκευαὶ καὶ μνῆμαι καὶ πάθη ; « mais considérons la question dans son ensemble (…). Il existe des critères qui permettent aux philosophes de montrer que les animaux ont part à la raison, à savoir les projets, les préparatifs, les souvenirs, les passions » ; éd. et trad. Bouffartigue ; voir aussi *Soll. an.* 961e.

69 Nous renvoyons ici entre autres au beau développement consacré aux formes d'intelligence et de raison qui sous-tendent les actes et les œuvres des animaux dans *Soll. an.* 966b-970b.

70 Voir *supra*, p. 93-95.

71 *Cf. Soll. an.* 973a : Τούτων δὲ καὶ τοῖς αὐτοφυέσι καὶ τοῖς ἀδιδάκτοις γηρύμασιν ὅση μοῦσα καὶ χάρις ἔπεστιν ; « même dans leurs émissions sonores naturelles et non apprises, [les oiseaux] possèdent des trésors de musicalité et de grâce » ; éd. et trad. modifiée Bouffartigue.

72 L'Alexandre de Philon mentionne aussi les animaux qui apprennent en écoutant : *cf.* Phil., *Alex.* § 13-14 ; § 23.

mais sont capables de l'enseigner à leur tour[73] – ce qui impliquerait un degré plus élevé encore de raison. Pour le montrer, Plutarque met en avant une remarque décisive d'Aristote que nous avons mentionnée[74], mais qu'aucun des auteurs jusqu'à présent étudiés dans ce chapitre n'avait reprise[75]. Comme le rappelle Plutarque, le Stagirite affirmait que le petit du rossignol apprenait le chant de ses parents et vocalisait différemment s'il était séparé d'eux :

> Ἐπεὶ δὲ τοῦ μαθεῖν τὸ διδάξαι λογικώτερον, ἤδη πειστέον Ἀριστοτέλει λέγοντι καὶ τοῦτο τὰ ζῷα ποιεῖν· ὀφθῆναι γὰρ ἀηδόνα νεοσσὸν ᾄδειν προδιδάσκουσαν. Μαρτυρεῖ δὲ αὐτῷ τὸ φαυλότερον ᾄδειν ὅσαις συμβέβηκε μικραῖς ἁλούσαις ἀποτρόφοις τῶν μητέρων γενέσθαι (*Soll. an.* 973a-b).
>
> « On sait que l'acte d'enseigner requiert plus de raison que l'acte d'apprendre ; or il y a lieu de croire Aristote lorsqu'il affirme que les animaux enseignent. Car on a vu, dit-il, le rossignol enseigner à son petit les rudiments du chant. Et la preuve, c'est qu'on observe un chant plus médiocre chez ces oiseaux lorsqu'ils ont été capturés et séparés de leur mère » (éd. et trad. légèrement modifiée Bouffartigue)[76].

Voilà qui mettait sérieusement à mal un argument fort des stoïciens, pour qui les productions de l'activité animale n'impliquaient pas la maîtrise d'une *technè*/*ars*, puisqu'elles n'avaient donné lieu à aucune forme d'apprentissage préalable[77]. Un autre argument était celui de la finalité ; or, dans le même passage, Plutarque déclare :

---

73 *Cf. Soll. an.* 973a-b ; 973e.

74 Voir *supra*, p. 81-82.

75 L'Alexandre de Philon souligne lui aussi au début de sa tirade que « beaucoup d'oiseaux apprennent à articuler en écoutant » : *Cf.* Phil., *Alex.* § 13 ; trad. Terian.

76 Voir aussi *Brut. an. uti* 992c : αἱ δ' ἀηδόνες τοὺς νεοσσοὺς προδιδάσκουσιν ᾄδειν· οἱ δὲ ληφθέντες ἔτι νήπιοι καὶ τραφέντες ἐν χερσὶν ἀνθρώπων χεῖρον ᾄδουσιν, ὥσπερ πρὸ ὥρας ἀπὸ διδασκάλου γεγονότες [...]. Καταδὺς δ' εἰς τουτὶ τὸ σῶμα θαυμάζω τοὺς λόγους ἐκείνους οἷς ἀνεπειθόμην ὑπὸ τῶν σοφιστῶν ἄλογα καὶ ἀνόητα πάντα πλὴν ἀνθρώπου νομίζειν ; « les mères rossignols apprennent à chanter à leurs petits : ceux qui ont été capturés et élevés parmi les hommes ne chantent pas aussi bien, comme si on les avait séparés prématurément de leur professeur. [...] Et depuis que j'ai revêtu cette nouvelle peau, je ne cesse de m'étonner des raisonnements que tenaient les sophistes pour m'amener à croire qu'à l'exception de l'homme tous les êtres vivants sont privés de sens et de raison » ; éd. Helmbold et trad. Gondicas.

77 Voir *supra*, p. 94. Philon, dans sa réponse à Alexandre, aborde la question de la *technè* des animaux exactement comme le fait Sénèque, en produisant l'exemple de l'araignée et de l'abeille ; *cf. Alex.* § 77 : « Qu'en est-il des araignées qui sont considérées comme des tisserands, et des autres, les abeilles, qui confectionnent leurs rayons de miel ? Elles

Διδάσκονται (...) αἱ συντρεφόμεναι καὶ μανθάνουσιν οὐ διὰ μισθὸν οὐδὲ πρὸς δόξαν ἀλλὰ τῷ χαίρειν διαμελιζόμεναι καὶ τὸ καλὸν ἀγαπᾶν μᾶλλον ἢ τὸ χρειῶδες τῆς φωνῆς (*Soll. an.* 973b).

« Lorsque [les rossignols] sont élevés en famille, ils reçoivent un enseignement, et s'ils apprennent, ce n'est pas pour recevoir une récompense ni pour connaître un moment de gloire, mais simplement parce qu'ils se plaisent à faire assaut de vocalises, et parce qu'ils cultivent, dans leur voix, la beauté et non le profit » (éd. et trad. Bouffartigue)[78].

Une *technè* enseignée et apprise pour l'amour du beau plutôt que pour le profit[79] : l'allusion à la gloire et au profit laisse certes transparaître un anthropomorphisme sous-jacent ; le philosophe n'en refuse pas moins ici la finalité biologique qu'un Aristote avait assignée aux prouesses musicales du rossignol, pour revenir à un chant pratiqué par amour de la musique et le plaisir de chanter qui était le propre des animaux musiciens dans les mythes de Platon. Mais, ce faisant, contrairement à ce dernier qui déniait le *logos* aux animaux non humains, il fait du rossignol le détenteur d'une *technè* transmise par l'enseignement, et donc indissociable d'une forme d'intelligence et de raison.

Parmi les oiseaux musiciens, la palme de la raison revient néanmoins dans son œuvre, non au rossignol, mais à la pie. Celle-ci, comme les étourneaux, les corbeaux et les perroquets, était manifestement capable d'apprendre à parler et offrait « un souffle vocal (...) si malléable et si prompt à imiter, qu'[elle pouvait] articuler et rythmer[80] » ; elle montrait

---

ne le font ni par la pratique des arts ni par raison innée. Elles n'ont aucun talent particulier, à vrai dire, si ce n'est qu'elles travaillent avec diligence. Puisque l'art, en effet, est une capacité acquise, de quelles œuvres s'agit-il lorsqu'on n'a pas acquis auparavant la connaissance qui est à la base des arts ? » ; trad. Terian ; voir aussi *Alex.* § 92 : « ces œuvres ne sont pas accomplies par la prévoyance de ces animaux, mais il faut les attribuer à la nature qui dirige tout. Ils ne font rien par la pensée, mais leur travail consiste à s'attaquer à divers objets dans le monde créé et à s'en emparer n'importe où jusqu'à ce que leur propre ouvrage soit achevé » ; trad. Terian, p. 191-193.

78 L'alcyon, à en croire Plutarque, serait encore plus amoureux de la musique : *cf. Soll. an.* 982f.

79 Cette mise au point de Plutarque peut être utilement rapprochée d'une notice d'Élien, *N. A.* 5, 38, qui prétend avoir trouvé chez un certain Charmide de Marseille l'information que le rossignol est non seulement amoureux de la musique, mais aussi de la gloire. Voir *infra*, p. 140.

80 *Cf. Soll. an.* 972f-973a : τῆς φωνῆς πνεῦμα (...) εὔπλαστον οὕτως καὶ μιμηλὸν ἐξαρθροῦν καὶ ῥυθμίζειν... ; éd. et trad. modifiée Bouffartigue. Sur les deux *logoi*, nous renvoyons encore ici (entre autres) à Labarrière, « *Logos endiathetos* et *logos prophorikos* dans la polémique entre le Portique et la Nouvelle-Académie », p. 259-279.

par là qu'elle était dotée tout à la fois du *logos prophorikos*, c'est-à-dire d'une raison proférée et d'une voix articulée (*phônè enarthros*).

Plutarque rapporte alors l'histoire d'une pie prodigieuse, à qui la possession de ces deux biens permit d'apprendre la musique toute seule par mimétisme[81]. Propriété d'un barbier romain, elle était devenue la mascotte de tout le voisinage par son inépuisable capacité à imiter d'elle-même toutes les sonorités : « mots du langage humain, cris d'animaux, sons d'instruments de musique, elle reproduisait tout[82] ». Un jour arriva devant l'échoppe un riche cortège funèbre accompagné de joueurs de trompettes qui improvisèrent sur place un concert pour la plus grande joie des passants. De ce jour, la pie devint complètement muette : elle ne se faisait même plus entendre pour exprimer ses besoins les plus élémentaires. Tout le monde crut qu'elle avait été empoisonnée par quelque ennemi de son maître, ou bien rendue sourde par le fracas des trompettes. Laissons Plutarque nous donner le fin mot de l'histoire[83] :

> Ἦν δὲ οὐδέτερα τούτων, ἀλλ' ἄσκησις ὡς ἔοικε καὶ ἀναχώρησις εἰς ἑαυτὸ τοῦ μιμητικοῦ, καθάπερ ὄργανον ἐξαρτυομένου τὴν φωνὴν καὶ παρασκευάζοντος· ἄφνω γὰρ αὖθις ἧκε καὶ ἀνέλαμψεν οὐδὲν τῶν συνήθων καὶ παλαιῶν μιμημάτων ἐκείνων, ἀλλὰ τὰ μέλη τῶν σαλπίγγων αὐταῖς περιόδοις φθεγγομένη καὶ μεταβολὰς πάσας καὶ κρουμάτων διεξιοῦσα πάντας ῥυθμούς· ὥστε, ὅπερ ἔφην, τῆς εὐμαθείας λογικωτέραν εἶναι τὴν αὐτομάθειαν ἐν αὐτοῖς (*Soll. an.* 973d-e).
>
> « En fait ce n'était ni l'un ni l'autre, mais apparemment un temps d'exercice, de récollection du don d'imitation, qui était en train d'accorder la voix et de la mettre au point comme un instrument. Car soudain la voix fut de retour, de manière éclatante ; mais ce n'étaient plus les imitations habituelles de naguère qu'elle faisait entendre : c'étaient les accents des trompettes avec leurs différents mouvements ; toutes les lignes mélodiques, toutes les cadences des différents airs y passaient. Ce qui prouve que, comme je l'ai dit, au-delà de l'aptitude à apprendre on trouve une faculté qui requiert encore plus de raison, et qui est l'aptitude à apprendre tout seul » (éd. et trad. Bouffartigue).

Si Aristote, nous l'avons vu, avait signalé qu'une pie peut changer de voix tous les jours, Plutarque ramène clairement ce changement à ses

81 *Soll. an.* 973b-e.

82 *Soll. an.* 973c : ἀνθρώπου ῥήματα καὶ θηρίων φθόγγους καὶ ψόφους ὀργάνων ἀνταπεδίδου ; éd. et trad. Bouffartigue.

83 L'anecdote, qui prend place dans le dialogue immédiatement après l'affirmation que les rossignols chantent uniquement par amour du beau plutôt que de l'utile, n'est pas non plus sans rappeler de manière lointaine le corbeau prodigieux contemporain de Tibère évoqué par Pline l'Ancien dans son *Histoire Naturelle* (*Nat.* 10, 60, 121-123).

capacités d'imitation – capacités révélatrices d'une remarquable faculté d'apprentissage. Il est rejoint ici par les observations des éthologues, qui ont remarqué jusqu'à quel point cette espèce était capable de produire des variations en incorporant dans ses émissions sonores toutes sortes de sons tirés de son environnement[84]. Dans son interprétation de ce phénomène, Plutarque accorde sans hésitation à sa pie autodidacte non seulement les deux usages de la voix identifiés par l'Alexandre de Philon, la parole et le chant, mais aussi le *logos* (à la fois pensant et proféré) à un degré remarquable : elle a en effet acquis la parole et le chant, non par dressage, mais en s'instruisant toute seule par l'exemple, animée d'un grand esprit d'émulation, et en ce qui concerne la musique, par amour du beau. Elle semble en effet avoir éprouvé pour celle-ci un coup de foudre assez violent pour la laisser « sans voix » et même lui faire oublier le boire et le manger.

Apprentissage et pratique de la musique pour la musique : toutes les conditions sont réunies pour faire du chant de la pie plutarquienne un art, au plein sens du terme – et même, oserions-nous dire, au sens moderne du terme. Notons accessoirement que Plutarque, qui venait d'affirmer, en s'appuyant sur l'autorité de Démocrite, que les hommes avaient appris la musique du rossignol et du cygne par imitation[85], met ici en scène une extraordinaire circulation de la musique entre homme et animal : de la même manière que le premier s'était approprié la musique en s'efforçant d'imiter les oiseaux grâce à sa voix articulée et à l'invention des instruments, la pie reçoit à son tour la musique des hommes, qu'elle imite en ajustant sa propre voix et en l'exerçant comme un instrument. De l'animal à l'homme et de l'homme à animal : comment mieux montrer que la musique animale n'entretenait pas, aux yeux de certains anciens, de simples rapports de ressemblance avec la musique humaine, mais était pour ainsi dire la même *technè* ?

84 Voir les intéressantes remarques sur la pie australienne (ou pour être plus précis le cassican flûteur, un oiseau très similaire à la pie bavarde européenne) de Lesley J. Rogers et Gisela Kaplan, *Not Only Roars & Rituals : Communication in Animals*, Crows Nest, Allen & Unwin, 1998, p. 87.

85 *Soll. an.* 974a : voir le fragment de Démocrite cité *supra*, p. 59.

UN CHANT INIMITABLE

Ce n'est pas tout. Plutarque, dans *Manger de la chair*[86], un traité en faveur du végétarisme, déplore que l'on puisse faire des animaux sa nourriture sans avoir égard à leur intelligence ou à la voix mélodieuse qu'ils font souvent entendre. Et il semble aussi considérer que leurs émissions sonores articulées constituent, au-delà de leur musicalité, une forme de langage[87]. Un autre médio-platonicien du IIe siècle, Celse, dont les écrits ne nous sont connus que de manière indirecte, par la réfutation qu'en a proposée quelques décennies plus tard le chrétien Origène (vers 185-253 ap. J.-C.), était sans doute du même avis. Selon le témoignage de ce Père de l'Église, Celse, qui se refusait à admettre que les animaux non humains soient forcément « privés de raison » (*aloga*[88]), n'hésitait pas à attribuer à certains d'entre eux un véritable mode de communication (*homilia*), à l'instar des hommes[89]. Et il aurait

---

86 Selon le titre adopté par la traduction récente de Jean-François Pradeau, *Plutarque. Manger de la chair* (= *De esu carnium*), Paris, PUF, 2024.

87 *Cf. Es. carn.* 994e. Une telle possibilité n'était pas non plus écartée par les sceptiques contemporains. Sextus Empiricus (IIe-IIIe siècle) citait ainsi entre autres dans ses *Esquisses Pyrrhoniennes* (1, 14 [73-78]) l'exemple des oiseaux qui seraient dotés d'une remarquable vivacité d'intelligence (*anchinoia*) et du *logos prophorikos* (discours/raison proféré). Sur le problème du « langage » des animaux dans l'Antiquité, se reporter à Stefano Gensini et Maria Fusco, Animal loquens. *Linguaggio e conoscenza negli animali non umani da Aristotele a Chomsky*, Rome, Carocci, 2010 ; Frédérique Biville, « Le langage est-il le propre de l'homme ? Points de vue anciens et modernes », *Revue des Études Latines*, 94, 2016, p. 1-20 ; Schmalzgruber (éd.), *Speaking animals.*

88 Si tout au long de sa réfutation, Origène semble citer Celse en accolant au mot *zôa* l'épithète d'*aloga* (*cf. Cels.* 4, 58 ; 74 ; 75 ; 78 ; 79 ; 81 ; 83 ; 88), celui-ci avait sans doute néanmoins à propos des animaux des vues à peu près semblables à celles de Plutarque, comme en témoigne le passage suivant (*Cels.* 4, 84) : τί δὲ λέγω τῶν ἀλόγων, ἐπεὶ Κέλσῳ δοκεῖ μηδ' ἄλογα εἶναι τὰ κατὰ τὰς κοινὰς πάντων ἐννοίας ἄλογα καλούμενα ; « mais pourquoi dire : des êtres sans raison ? Celse ne considère pas comme sans raison les êtres que d'après les notions communes à tous on déclare sans raison » ; éd. et trad. Borret ; voir encore *Cels.* 4, 74, et le terme *anchinoia* (esprit vif, intelligence) qu'Origène utilise lui-même d'après Celse. Plus généralement, se reporter sur ce point à Giuliana Lanata, « Thèmes animaliers dans le platonisme moyen : le cas de Celse », *in* Cassin, Labarrière et Romeyer Dherbey (éd.), *L'animal dans l'Antiquité*, p. 299-324 ; Michel Fédou, « Quelle place de l'homme dans le monde ? La réponse d'Origène à Celse », *in* Guillaume Bady et Diane Cuny (éd.), *Les polémiques religieuses du Ier au IVe siècles de notre ère. Hommage à Bernard Pouderon*, Paris, Beauchesne, 2019, p. 245-257.

89 *Cf. Cels.* 4, 97 ; voir aussi 4, 84, à propos des fourmis.

alors cité en exemple les oiseaux, qui, aux dires d'hommes « intelligents » et capables de comprendre le sens de leurs émissions vocales, tenaient entre eux de véritables conversations[90].

Origène jure qu'aucun homme « intelligent » n'a jamais proféré une pareille énormité[91]. De tels propos auraient pourtant bel et bien été tenus par le néo-pythagoricien Apollonios de Tyane (vers 16-98 ap. J.-C.), du moins si l'on en croit son biographe plus tardif Philostrate (vers 170-250 ap. J.-C.)[92]. Dans la *Vie d'Apollonios de Tyane* rédigée par celui-ci, le sage qui, à l'exemple de Pythagore, se refuse opiniâtrement à sacrifier et à manger des êtres animés[93], est toujours entouré d'animaux – et ce, dès sa naissance à laquelle auraient assisté des cygnes[94]. Dans cet ouvrage, les « bêtes » sont en outre loin d'être dépourvues d'intelligence et de raison, tel l'éléphant, qui viendrait immédiatement après l'homme de ce point de vue[95]. Ceux qui ne sont pas muets, comme les oiseaux, auraient un langage, qu'Apollonios aurait appris chez les Arabes[96] –

90 *Cels.* 4, 97 : Λέγει τοίνυν τὸν τρόπον τοῦτον, ὅτι φασὶ δὲ τῶν ἀνθρώπων οἱ συνετοὶ καὶ ὁμιλίας ἐκείνοις εἶναι, δηλονότι τῶν ἡμετέρων ἱερωτέρας, καὶ αὐτοί που γνωρίζειν τὰ λεγόμενα καὶ ἔργῳ δεικνύειν ὅτι οὐκ ἀγνοοῦσιν, ὅταν προειπόντες ὅτι ἔφασαν οἱ ὄρνιθες ὡς ἀπίασί ποι καὶ ποιήσουσι τόδε ἢ τόδε δεικνύωσιν ἀπελθόντας ἐκεῖ καὶ ποιοῦντας ἃ ἤδη προεῖπον ; « Voici donc la manière dont il s'exprime : "Des hommes intelligents disent même qu'il y a entre les oiseaux des entretiens, évidemment plus sains que les nôtres ; eux-mêmes comprennent quelque peu ce qu'ils disent ; la preuve qu'ils donnent en pratique de cette compréhension est que, quand ils ont prévenu que les oiseaux leur ont annoncé qu'ils iraient à tel endroit pour y faire une chose ou l'autre, ils montrent qu'ils y vont bien et font ce qu'ils avaient prédit" » ; éd. et trad. légèrement modifiée Borret.

91 Voir *Cels.* 4, 97.

92 Il faut ici souligner qu'il est difficile de distinguer la réalité de la fiction dans une œuvre située à mi-chemin entre la biographie et le roman ; sur ce point, nous renvoyons entre autres à Alain Billault, *L'univers de Philostrate*, Bruxelles, Latomus (Coll. Latomus 252), 2000 ; Wannes Gyselinck et Kristoffel Demoen, "Author and Narrator : Fiction and Metafiction in Philostratus' *Vita Apollonii*", *in* Kristoffel Demoen et Danny Praet (éd.), Theios Sophistes. *Essays on Flavius Philostratus'* Vita Apollonii, Leyde, Brill, 2009, p. 95-127 ; Thomas Hägg, "The Sense of Travelling : Philostratus and the Novel", *in* Kathryn Chew, John. Robert Morgan et Stephen M. Trzaskoma (éd.), *Literary Currents and Romantic Forms : Essays in Memory of Bryan Reardon*, Groningue, Barkhuis & Groningen University Library, 2018, p. 213-236 ; Valentin Decloquement, « Introduction », in Philostrate, *Vie d'Apollonios de Tyane*, Paris, Les Belles Lettres, 2023, p. 1-19.

93 Philstr., *V. Ap.* 1, 8, 1 ; 1, 31, 2 ; 1, 38, 1 ; 4, 11, 1 ; 4, 11, 1 ; 8, 7, 30, etc.

94 Philstr., *V. Ap.* 1, 5.

95 Philstr., *V. Ap.* 2, 14, 3 ; 15, 1-2 ; voir encore, à propos d'un chien, 6, 31, 3. Le seul passage où des animaux sont explicitement qualifiés dans l'œuvre d'*aloga* se situe au sein d'une diatribe contre la religion des Égyptiens, accusés de faire d'animaux « sans raison ni renom » (*aloga kai adoxa*) des dieux : *cf.* Philstr., *V. Ap.* 6, 19, 1-4, et notamment 1.

96 Philstr., *V. Ap.* 1, 20, 3.

il fait d'ailleurs plus d'une fois dans sa biographie la preuve de cette compétence[97].

Un lien étroit entre musique et animaux non humains est en outre établi à plusieurs reprises par le texte. Philostrate raconte par exemple que ce fut au son des chants et des *auloi* qu'un lion très spécial se rendit en Égypte[98]. Les animaux sont d'ailleurs souvent dotés de sensibilité musicale dans la biographie : les biches sont ainsi menées par le pasteur au son de l'*aulos*[99]. L'éléphant des plaines serait quant à lui « féru de mimétisme » : il danserait et « dodeline[rait] de la tête » au son de l'*aulos*[100]. Les oiseaux ne sont pas oubliés et notamment ceux que les anciens considéraient comme chanteurs : l'écrivain rapporte entre autres à propos du cygne la fameuse légende platonicienne, qui, pour lui, concerne aussi le phénix[101]. On trouve également dans l'œuvre l'historiette suivante :

> μειράκιον (...) εἶχε, τοὺς (...) ὄρνις ἐπαίδευε καὶ ξυνοίκους (...) ἐποιεῖτο : ἐδίδασκε δὲ αὐτοὺς λαλεῖν τε ὅσα οἱ ἄνθρωποι καὶ τερετίζειν ὅσα αὐλοί. Τούτῳ περιτυχὼν “τί' ἔφη ‘ἐπιτηδεύεις ;” ἐπεὶ δὲ τάς τε ἀηδόνας αὐτῷ διῄει καὶ τοὺς κοψίχους καὶ ὁπόσα εὐγλωττίζοι τοὺς χαραδρίους (...), “δοκεῖς μοι' ἔφη διαφθείρειν τοὺς ὄρνις, πρῶτον μὲν τῷ μὴ ξυγχωρεῖν αὐτοῖς τὸ ἑαυτῶν φθέγμα οὕτως ἡδὺ ὄν, ὡς μηδ' ἂν τὰ μουσικὰ τῶν ὀργάνων ἐς μίμησιν αὐτοῦ καταστῆναι, εἶτα καὶ τῷ κάκιστα Ἑλλήνων αὐτὸς διαλεγόμενος μαθητὰς αὐτοὺς ποιεῖσθαι ἀφωνίας” (*V. Ap.* 6, 36, 1).

> « Il y avait un jeune garçon (...) qui éduquait ses oiseaux et les gardait auprès de lui dans sa maison (...); il leur enseignait à parler tout comme les êtres humains et à siffler tout comme les *auloi*. Un jour qu'[Apollonios] rencontra par hasard cet individu :
> “À quoi t'occupes-tu”, lui dit-il.
> Et l'autre se mit à lui parler en long et en large de ses rossignols, et de ses merles, et de tout ce dont il bonifiait la langue de ses pluviers (...) :
> “Tu me sembles, dit-il alors, corrompre ces oiseaux, d'abord du fait que tu ne leur laisses pas leur chant propre, qui est si doux que même les instruments les plus musicaux n'arrivent pas à l'imiter ; ensuite, du fait qu'en parlant

97 Voir par exemple Philstr., *V. Ap.* 4, 3, 1 ; 5, 42, 1-2.

98 *Cf.* Philstr., *V. Ap.* 5, 42, 1-2.

99 Philstr., *V. Ap.* 3, 9.

100 Philstr., *V. Ap.* 2, 13, 3 : οἱ πεδινοὶ δὲ χρηστοί τε εἶναι λέγονται καὶ εὐάγωγοι καὶ μιμήσεως ἐρασταί : γράφουσι γοῦν καὶ ὀρχοῦνται καὶ παρενσαλεύουσι πρὸς αὐλὸν (...) ἐκεῖνοι ; « [les éléphants] des plaines sont bons, raconte-t-on, dociles et férus de mimétisme : pour preuve, ils dessinent, ils dansent, ils dodelinent de la tête en rythme au son de l'*aulos* » ; éd. Boter et trad. modifiée Decloquement.

101 Philstr., *V. Ap.* 3, 49.

toi-même dans le pire grec qui soit, tu en fais des disciples du mutisme" » (éd. Boter et trad. légèrement modifiée Decloquement).

Apollonios a dans ce passage pour objectif premier de blâmer un jeune écervelé qui prétend éduquer alors qu'il est lui-même dépourvu d'éducation. On y trouve néanmoins quelques éléments intéressants pour notre propos. Le texte constitue d'abord un nouveau témoignage de l'engouement éprouvé par les élites de l'Empire pour l'élevage et le dressage des oiseaux chanteurs. La manière dont est envisagé le ramage du rossignol et du merle est également significative. L'écrivain distingue en effet nettement le chant du langage. Si Philostrate fait dire ailleurs à Apollonios que les émissions sonores des oiseaux constituent un idiome propre leur permettant de converser entre eux[102], cette dimension semble oubliée quand il envisage leur musicalité[103] : le chant du rossignol ou du merle est ainsi explicitement rapproché des sons émis par les instruments de musique humains. Les oiseaux apprennent certes aussi un langage mais indépendamment du chant : il n'est pas question de les faire chanter en grec.

Surtout, Apollonios-Philostrate reproche au jeune homme, qui prétend « bonifier la langue » de ses oiseaux – ici est employé l'hapax *euglôttizein* – de la « corrompre » au contraire et de la condamner au mutisme : d'abord en inculquant à ses volatiles domestiques un mauvais grec – sans doute en remplacement de leur langue native –, mais surtout en cherchant à leur faire émettre les sons propres aux instruments de musique humains à la place de leur chant, pourtant explicitement décrit comme plus beau. On retrouve ici jusqu'à un certain point une idée déjà développée par Philon d'Alexandrie, qui plaçait les émissions sonores des oiseaux au-dessus de leurs pâles copies, celles tirées des instruments de musique. Apollonios va plus loin en refusant de voir les pratiques vocales des oiseaux corrompues par la musique humaine : il paraît ainsi reconnaître aux oiseaux un chant spécifique, n'ayant nul besoin de l'intervention de l'homme pour être beau. Qui sait si l'on ne retrouve pas ici l'amorce d'un point de vue développé aujourd'hui par certains zoomusicologues, pour qui les productions sonores animales doivent être envisagées pour elles-mêmes et non (nécessairement) en relation avec celles des humains ?

---

102 Philstr., *V. Ap.* 4, 3, 1.

103 *Cf.* Philstr., *V. Ap.* 4, 3, 1, où la conversation entre oiseaux qu'Apollonios « traduit » a, de manière significative, pour protagonistes des moineaux (*strouthoi*), qui ne font en principe pas partie des oiseaux chanteurs.

ARS MIRABILIS

Pline l'Ancien et Élien

À l'époque romaine, on trouve d'intéressants développements sur la musicalité des animaux dans un type d'enquête dont Aristote avait montré qu'il faisait partie des centres d'intérêt de la philosophie, l'histoire naturelle. Si l'œuvre fondatrice de ce dernier marqua durablement ses successeurs qui y puisèrent une grande partie de leur savoir, la manière dont, pendant les périodes hellénistique et romaine, les zoologues appréhendèrent le vivant connut quelques évolutions notables : les érudits qui consacrèrent des écrits aux animaux s'écartèrent en effet du modèle taxinomique aristotélicien pour appréhender le vivant non plus comme un ensemble caractérisé par des invariants et des traits communs, mais en mettant l'accent sur son étonnante diversité. Ils privilégièrent ainsi une observation menée animal par animal, étudié dans sa singularité morphologique, éthologique ou psychologique[1].

Une telle démarche eut plusieurs conséquences : d'abord, la focalisation sur les traits propres à chaque vivant eut généralement pour corollaire l'admiration sans bornes éprouvée par les savants pour les merveilles (*paradoxa/mirabilia*) qu'ils étudiaient une à une. Il en découla un certain manque de ce que nous appelons aujourd'hui la rigueur scientifique et une tendance à accumuler les renseignements les plus fiables et les moins crédibles[2]. Mais on relève souvent aussi une volonté de décrire avec une

1 Sur ce point, voir Mario Vegetti, « La scienza ellenistica : problemi di epistemologia storica », *in* Gabriele Giannantoni et Mario Vegetti (éd.), *La scienza ellenistica*, Actes des journées d'études de Pavie (14-16 avril 1982), Naples, Bibliopolis, 1984, p. 458-459, qui déplore (sans doute avec excès) une forme de perte de rigueur scientifique chez ces naturalistes un peu trop friands de *mirabilia*.

2 Les écrits de Plutarque témoignaient déjà de cette tendance paradoxographique ; *cf.* Jean Bouffartigue, « Introduction », *in Plutarque. L'intelligence des animaux*, Paris, Les Belles Lettres, 2012, p. XIII ; plus généralement, sur la différence entre écrits scientifiques et paradoxographiques, lire Christian Jacob, « De l'art de compiler à la fabrique du merveilleux. Sur la paradoxographie grecque », *Lalies*, 2, 1983, p. 121-140 ; Klaus Geus,

grande précision les beautés découvertes dans la nature et, notamment, les voix des animaux. Ces merveilles sont en outre souvent envisagées dans un cadre philosophique d'inspiration stoïcienne et moraliste, tendant à démontrer à quel point les animaux privés de raison peuvent s'avérer supérieurs à l'homme. Mais, en même temps, leur admiration amène également souvent les zoologues antiques à ne pas refuser d'emblée à certaines « bêtes » une forme plus ou moins développée d'entendement ou de raison.

De ce savoir accumulé au cours des siècles, il ne nous reste malheureusement plus que deux témoins relativement tardifs : les livres VIII à XI de l'*Histoire naturelle* de Pline l'Ancien et la *Nature des Animaux* d'Élien, tous deux rédigés sous l'Empire romain. Ces auteurs ont inscrit leurs informations dans un cadre de pensée globalement stoïcien. Cependant, l'admiration qu'ils éprouvaient pour les œuvres les plus remarquables des animaux – dont leur chant, volontiers décrit par eux –, les fit quelquefois aller au-delà d'une vision excluant *a priori* toute manifestation rationnelle chez les animaux non humains.

DES ANIMAUX AMIS DE L'*ARS MUSICA*

Pline l'Ancien, auteur d'un ouvrage encyclopédique composé au Ier siècle de notre ère, nous a laissé la plus grande somme en langue latine sur l'animal[3]. Les livres VIII à XI de son *Histoire Naturelle* s'intéressent

"Paradoxography", *in* Paul T. Kayser avec John Scarborough (éd.), *The Oxford handbook of science and medicine in the classical world*, Oxford-New York, Oxford University Press, 2018, p. 431-444.

3 Sur les livres VIII-XI de l'*Histoire Naturelle* de Pline l'Ancien, consulter Filippo Capponi, *Ornithologia latina*, Gênes, Università di Genova / Istituto di filologia classica e medievale, 1979 ; Francesco Della Corte, « Tecnica espositiva e struttura della *Naturalis Historia* », *in Plinio il Vecchio sotto il profilo storico e letterario. Atti del convegno di Como 5-6-7 ottobre 1979. Atti della tavola rotonda nella ricorrenza centenaria della morte di Plinio il Vecchio, Bologna 16 dicembre 1979*, Côme, new Press, 1982, p. 19-39 ; Liliane Bodson, « Caractères et tendances de la zoologie latine », *Études de lettres*, 1986, p. 19-32 ; Albrecht Locher, "The structure of the *Natural History*", *in* Roger French, Frank Greenaway (éd.), *Pliny the Elder and His Influence*, Londres-Sydney, 1986, p. 20-29 ; Liliane Bodson, "Aspects of Pliny's Zoology", *in* Roger French et Frank Greenway (éd.), *Pliny the Elder and his Influence*, p. 98-110 ; Guy Serbat, « Pline l'Ancien. État présent des études sur sa vie, son œuvre et son influence », *ANRW*, II, 34, 4,

successivement aux animaux terrestres, aquatiques, puis aux oiseaux, aux insectes et s'achèvent sur un développement consacré aux parties du corps animal[4]. L'œuvre a longtemps été dédaignée par la recherche, qui lui reprochait le manque d'esprit critique ou scientifique qui semblait avoir présidé à son élaboration[5]. On considérait en effet qu'elle transmettait pêle-mêle, au sein d'une multitude de dossiers consacrés chacun à un animal particulier, des informations puisées à des ouvrages de bonne facture et les croyances populaires les plus absurdes, sans que l'auteur ait jugé bon d'aller vérifier ses informations sur le terrain, de réfléchir à un système cohérent de classification ou même de définir une terminologie apte à désigner avec précision ses objets d'étude. Le fil conducteur de l'ensemble paraît être en fait souvent la profonde admiration qu'inspirent à Pline les innombrables merveilles présentes dans la nature.

Cependant, depuis désormais plusieurs décennies, on est revenu sur ce jugement négatif pour démontrer que Pline s'est, plus souvent qu'on ne l'a prétendu, affranchi de ses sources pour livrer le fruit d'enquêtes ou d'observations personnelles[6]. L'intérêt qu'il porte aux aptitudes musicales des animaux en constitue un exemple. Il reprend certes globalement les informations trouvées chez ses devanciers, et notamment Aristote[7] – il

---

Berlin-New York, 1986, p. 2069-2200 ; Joyce Reynolds, "The Elder Pliny and his Times", *in* French et Greenaway (éd.), *Science in the Early Roman Empire. Pliny the Elder, his sources and his Influence*, p. 1-10 ; Liliane Bodson, « La zoologie romaine d'après l'*Histoire Naturelle* de Pline l'Ancien », *in* Jackie Pigeaud et José Oroz (éd.), *Pline l'Ancien témoin de son temps, Nantes, 23-26 oct. 1985*, Salamanque-Nantes, Universidad Pontificia de Salamanca, 1987, p. 107-166 ; Mary Beagon, *Roman Nature. The Thought of Pliny the Elder*, Oxford, Clarendon, 1992 ; Franz Römer, « Die plinianische "Anthropologie" und der Aufbau der *Naturalis Historia* », *Wiener Studien*, 17, 1992, p. 104-108 ; Liliane Bodson, « Le témoignage de Pline l'Ancien sur la conception romaine de l'animal », *in* Cassin, Labarrière et Romeyer Dherbey (éd.), *L'animal dans l'Antiquité*, p. 325-354 ; Klaus Sallmann, « La responsabilité de l'homme face à la nature », *in* Pigeaud et Oroz (éd.), *Pline l'Ancien témoin de son temps*, p. 251-266 ; Bardo Maria Gauly, « Plinius' Zoologie und die römische Naturgeschichte » *in* Gernot Michael Müller et Fosca Mariani-Zini (éd.), *Philosophie in Rom – römische Philosophie ? Kultur-, literatur- und philosophiegeschichtliche Perspektiven*, Berlin-Boston (Mass.), De Gruyter, 2018, p. 469-487.

4 Sur la structure des livres VIII à XI de l'*Histoire Naturelle*, *cf.* Thorsten Fögel, « Pliny the Elder's animals. Some remarks on the narrative structure of *Nat. hist.* 8-11 », *Hermes*, 135, 2, 2007, p. 184-198.

5 Pour une présentation de l'histoire de la réception de l'*Histoire Naturelle* de Pline l'Ancien, consulter Valérie Naas, *Le projet encyclopédique de Pline l'Ancien*, Collection de l'École française de Rome, 303, Rome, 2002, p. 3-7.

6 Lire par exemple Bodson, « La zoologie romaine d'après la *N. H.* de Pline », p. 109-116.

7 Sur ce point, lire entre autres August Steier, *Aristoteles und Plinius. Studien zur Geschichte der Zoologie*, Würzburg, Kabitzsch, 1913 ; Filippo Capponi, *Le Fonti del X libro della*

affirmait lui-même avoir complété l'œuvre du Stagirite[8]. Les ajouts saugrenus ne manquent pas non plus. On apprend par exemple avec délectation au livre IX de son *Histoire Naturelle* que le dauphin est non seulement un ami de l'homme mais aussi de l'*ars musica* : il est tout particulièrement charmé par le son de l'orgue hydraulique[9] – quoi d'étonnant pour un animal aquatique ? D'autres notices paraissent moins fantaisistes ; ainsi, à propos du chant du cygne, Pline n'hésite pas à invoquer son expérience personnelle pour affirmer, contre le témoignage d'illustres prédécesseurs, et notamment de Platon et d'Aristote, que cet animal ne fait pas entendre un chant au moment de mourir. Les cygnes qu'il a eu l'occasion d'écouter n'étaient donc manifestement pas la variété qualifiée de chanteuse par les ornithologues (*cygnus cygnus*[10]).

"Naturalis Historia" di Plinio, Gênes, Università di Genova / Istituto di filologia classica e medievale, 1985, p. 27-265 ; Alessandro Arbo et Agnès Molinier Arbo, « Aristote, Pline et le chant des oiseaux », *in* Yves Lehmann (éd.), *Aristoteles Romanus. La réception de la science aristotélicienne dans l'Empire gréco-romain*, Turnhout, Brepols, 2013, p. 121-128.

8 *Nat.* 8, 17, 44, ou encore *Praef.* 17.

9 *Cf. Nat.* 9, 8, 24 : *delphinus non homini tantum amicum animal, uerum et musicae arti, mulcetur symphoniae cantu, set praecipue hydrauli sono* ; « le dauphin n'est pas seulement ami de l'homme, mais aussi de l'art de la musique ; il est charmé par l'harmonie d'un orchestre, et surtout par le son de l'orgue hydraulique » ; notre traduction.

10 *Cf. Nat.* 10, 32, 63 : *olorum morte narratur flebilis cantus, falso, ut arbitror, aliquot experimentis* ; « on raconte que les cygnes, en mourant, font entendre un chant plaintif ; c'est, à mon avis, d'après quelques expériences, une erreur » ; éd. et trad. Saint Denis ; sur les notices consacrées par Platon et Aristote au chant du cygne, voir *supra*, p. 62-63 et 73. La légende du chant du cygne connut une grande fortune à l'époque romaine : *cf.* Verg. *Aen.* 11, 458 ; Ov., *Fast.* 2, 109-110 ; *Met.* 14, 429-430 ; *Trist.* 5, 1, 11-12 ; Sen., *Ag.* 671 ; *Phaedr.* 301-302 ; Sil. 11, 437-438 ; Mart. 5, 37, 1 ; 9, 42, 2 ; 13, 77 ; Serv. *Aen.* 7, 700, Ambr. *Ex.* 5, 22, 75, etc. ; pour une liste plus exhaustive, se reporter à André Sauvage, *Étude de thèmes animaliers dans la poésie latine. Le cheval. Les oiseaux*, Bruxelles, Coll. Latomus, 143, 1975, p. 236-242. Du côté des hellénophones, voir aussi Ael. *N. A.* 5, 34 ; 10, 36 ; Opp. *C.* 2, 547-548. Isidore de Séville, (*Orig.* 1, 7, 18-19) fait venir *cignus* de *canere* et explique, comme beaucoup d'autres, que les modulations variées de sa voix sont rendues possibles par la longueur et la courbure de son cou. Rappelons que les anciens croyaient que les cygnes, oiseaux sacrés d'Apollon, possédaient un pouvoir de divination et, à l'approche de la mort, faisaient entendre leur chant le plus long et le plus beau ; sur ce point, lire William Geoffrey Arnott, "Swan Songs", *Greece and Rome*, 24, 1977, p. 149-153 qui montre que l'histoire n'est peut-être pas aussi fantaisiste qu'elle semblerait si on l'applique à une espèce déterminée de cygnes ; voir aussi William Geoffrey Arnott, *Birds in the Ancient World from A to Z*, Londres-New York, Routledge, 2007 et, plus généralement, Luis Calero Rodrígez, "The κύκνειον ᾆσμα : an Approach to its Musical Contents", *Greek and Roman Musical Studies*, 5, 2, 2017, p. 203-218.

CHANT DES OISEAUX ET SAVOIR AUGURAL

Pline témoigne également d'un indéniable souci de classification, et, ce faisant, innove quelquefois par rapport à ses prédécesseurs : au livre X de l'*Histoire Naturelle*, après avoir commencé par classer les oiseaux en fonction de leurs pattes[11], il introduit une catégorie originale, entièrement dédiée à ce qu'il appelle le « genre » des oiseaux prophétiques, lui-même divisé en deux sous-genres, les oiseaux qui fournissent des présages par leur vol et ceux qui en donnent par leur chant[12].

L'ornithomancie[13], c'est-à-dire l'art de tirer des présages du vol et du cri des oiseaux, fut à l'honneur dans l'Antiquité. L'oiseau apparaissait en effet comme un messager privilégié des dieux, comme l'expliquait Plutarque :

> Οὐ (…) τι μικρὸν οὐδὲ ἄδοξον, ἀλλὰ πολὺ καὶ παμπάλαιον μαντικῆς μόριον οἰωνιστικὴ κέκληται· τὸ γὰρ ὀξὺ καὶ νοερὸν αὐτῶν καὶ δι' εὐστροφίαν ὑπήκοον ἁπάσης φαντασίας ὥσπερ ὀργάνῳ τῷ θεῷ παρέχει χρῆσθαι καὶ τρέπειν ἐπί τε κίνησιν ἐπί τε φωνὰς καὶ γηρύματα καὶ σχήματα νῦν μὲν ἐνστατικὰ, νῦν δὲ φορὰ καθάπερ πνεύματα ταῖς μὲν <…> ἐπικόπτοντα, ταῖς δὲ ἐπευθύνοντα πράξεις καὶ ὁρμὰς εἰς τὸ τέλος (*Soll. an.* 975a-b).
>
> « Il y a dans la mantique une part qui n'est ni mince ni obscure, mais est au contraire importante et très ancienne, et à laquelle on donne le nom d'art augural. En effet la vivacité des animaux, leur niveau d'intellection, la mobilité qui les fait répondre à la moindre suggestion permettent à la divinité de se servir d'eux comme on se sert d'un instrument, et de les manier pour les faire bouger, crier, chanter ou prendre des positions, toutes choses qui, comme les

---

11 Palmipèdes ou rapaces munis de serres : *cf. Nat.* 10, 13, 29.

12 *Cf. Nat.* 10, 22, 43 : *nunc de secundo genere dicamus, quod in duas diuiditur species, oscines et alites*; « Parlons maintenant du second genre qui se divise en deux groupes : les oiseaux qui fournissent des présages par leur chant, et ceux qui en fournissent par leur vol » ; éd. et trad. Saint Denis. Une telle catégorie n'a pas de correspondant chez Aristote : celui-ci signale bien çà et là que le chant de tel ou tel oiseau est de bon ou mauvais augure, mais n'en fait jamais un critère de classification. Sur les termes *alites* et *oscines*, *cf.* Filippo Capponi, « Per un lessico tecnico pliniano : (Plin. nat. 10) », *Invigilata Lucernis*, 13-14, 1991-1992, p. 76-77.

13 Sur l'ornithomancie, lire entre autres Raymond Bloch, *La divination. Essai sur l'avenir et son imaginaire*, Paris, Fayard, 1991, p. 70-71 ; Jean Prieur, *Les animaux sacrés dans l'Antiquité*, Rennes, Presses Universitaires de Rennes, 1988, p. 152-160 ; et, plus récemment, Jeremy Mynott, *Birds in the ancient world. Winged words*, Oxford-New York, Oxford University Press, 2018, p. 249-266.

vents, sont tantôt contraires tantôt favorables, puisque dans certains cas elles coupent court [...] et dans d'autres elles portent actions et intentions vers l'accomplissement » (éd. et trad. Bouffartigue).

À Rome, la divination par les oiseaux était même si importante qu'un collège de prêtres lui avait été dédié, les augures. Ceux-ci étaient dépositaires d'un « savoir » hérité des Étrusques que Pline décrit comme extrêmement complexe et même en partie perdu[14]. Ces paroles trouvent un écho chez Sénèque, qui déplorait déjà que l'on ne réussisse de son temps à interpréter que très peu de chants d'oiseaux alors même que tous étaient prophétiques[15].

Pline, qui mentionne dans son œuvre l'importance à Rome du collège des augures[16], connaît jusqu'à un certain point le savoir augural. Il avait en effet certainement compulsé lui-même les écrits de plusieurs spécialistes puisqu'on trouve dans la liste préliminaire des sources du livre X pas moins de cinq noms d'auteurs versés dans la divination par les oiseaux : Publius Nigidius Figulus, un encyclopédiste fin connaisseur de l'art augural[17], Umbricius Melior qui « écrivit sur le rituel étrusque[18] »,

14 *Cf. Nat.* 10, 70, 137 où Pline déclare que « la science augurale est d'une complication infinie » (*immensa uitae ambage circa auguria*; éd. et trad. Saint Denis). L'écrivain explique ailleurs (*Nat.* 10, 17, 37) que la *disciplina etrusca* décrivait de très nombreuses espèces d'oiseaux que l'on n'arrivait plus à repérer de son temps; sur ce point, voir Mynott, *Birds in the Ancient World*, p. 257. Voir aussi Josèphe-Henriette Abry, « Des oiseaux, des dieux et des hommes à Rome », *in* Lachet et Lavorel (éd.), *Les oiseaux. De la réalité à l'imaginaire*, p. 25-46.

15 Sénèque déclare par exemple dans les *Questions naturelles* (2, 32, 5) que si le chant de très peu d'oiseaux est interprété, c'est avant tout parce que *quaedam [auium auspicia] nondum in artem redacta sunt, quaedam uero ne redigi quidem possunt, ob nimium remotam conuersationem*; « c'est qu'on n'a pas encore fait rentrer ceux-ci dans la science augurale et que certains même ne sauraient y prendre place, parce que nous avons avec ces volatiles des relations par trop lointaines » ; éd. et trad. Oltramare.

16 *Nat.* 8, 42, 103; voir Mynott, *Birds in the Ancient World*, p. 260-266.

17 Publius Nigidius Figulus était, selon Aulu-Gelle (Gell. 19, 14, 1-3), le plus grand encyclopédiste romain avec Varron. Il était également versé dans la science augurale : toujours selon Aulu-Gelle (Gell. 6, 6, 10), il aurait notamment écrit un traité en plusieurs livres *Sur la Prédiction privée* (*de auguro priuato libri*). Voir Capponi, *Le Fonti del X libro della "Naturalis Historia" di Plinio*, p. 291-292; Nuccio D'Anna, *Publio Nigidio Figulo. Un pitagorico a Roma nel 1° secolo a. C*, Milan, Archè, 2008; Marc Mayer Olivé, « Publius Nigidius Figulus *pythagoricus et magus* », *in* Marina Piranomonte et Francisco Marco Simón (éd.), *Contesti magici / Contextos mágicos*, Rome, De Luca, 2012, p. 237-245 ; Katharina Volk, "Signs, Seers and Senators : Divinatory Expertise in Cicero and Nigidius Figulus", *in* Jason König et Greg Woolf (éd.), *Authority and expertise in ancient scientific culture*, Cambridge-New York, Cambridge University Press, 2017, p. 329-347.

18 Selon l'index du livre XI de l'*Histoire Naturelle*. C'était l'haruspice de Galba : sur ce personnage, *cf.* Capponi, *Le Fonti del X libro della "Naturalis Historia"*, p. 281-282.

Masurius Sabinus[19], Antistius Labeo[20] et Hylas, pas autrement connu mais que Pline décrit comme le plus compétent des étrangers ayant écrit sur la science augurale[21].

La familiarité de Pline avec les écrits de tous ces personnages transparaît d'abord dans le vocabulaire technique qu'il emploie : il désigne, comme Cicéron avant lui dans son dialogue sur la *Divination*[22], les oiseaux prophétiques par leur vol du terme d'*alites* (« ailés »), tandis que ceux qui le sont par leur chant sont qualifiés d'*oscines*, d'« oscènes[23] ». Il consacre aussi une attention particulière aux qualités divinatoires des oiseaux, telles celles des coqs, censés connaître les constellations, et dont le chant rythme la journée humaine[24]. On prenait les auspices surtout en les regardant picorer le grain[25]. Mais leur chant, lorsqu'il survenait à des heures inopinées, passait également pour annoncer des événements extraordinaires. Pline raconte ainsi que les coqs, en chantant pendant des nuits entières, auraient annoncé aux Béotiens leur fameuse victoire sur les Spartiates[26].

Surtout, de manière remarquable, Pline prend souvent la peine de décrire avec précision, par des mots choisis, les émissions sonores de certains oscènes. Il explique par exemple de façon imagée que les corbeaux « annoncent le pire, lorsqu'ils avalent leur voix comme s'ils étaient étranglés[27] » ; le grand-duc, monstre de la nuit particulièrement

---

19 Masurius Sabinus était un jurisconsulte contemporain de Tibère qui avait aussi discuté de science augurale : *cf.* Capponi, *Le Fonti del X libro della "Naturalis Historia"*, p. 282.

20 Sur ce personnage, *cf.* Capponi, *Le Fonti del X libro della "Naturalis Historia"*, p. 283-284.

21 *Nat.* 10, 18, 38 : *externorum de auguriis peritissime scripisse Hylas nomine putatur* ; « parmi les étrangers, celui qui passe pour avoir écrit sur les augures avec le plus de compétence se nomme Hylas » ; éd. et trad. Saint Denis. Le nom de ce personnage, inconnu par ailleurs, a peut-être été déformé au cours de la transmission du texte : *cf.* Saint Denis, *Pline l'Ancien. Histoire Naturelle* X, p. 118, § 38, note 1 ; Capponi *Le Fonti del X libro della "Naturalis Historia" di Plinio*, p. 16.

22 *Diu.* 1, 53, 120 ; *Fam.* 6, 6, 13. Voir également Varro, *Ling.* 6, 67, Fest. 197, 8 et Hor., *carm.* 3, 27, 11. Sur le *De Diuinatione* de Cicéron, consulter François Guillaumont, *Philosophe et Augure. Recherches sur la théorie cicéronienne de la divination*, Bruxelles, Latomus, 1984.

23 *Cf.* Plin., *Nat.* 10, 22, 43.

24 *Nat.* 10, 24, 46.

25 *Nat.* 10, 24, 49 ; voir aussi Cic., *Diu.* 2, 34, 72.

26 *Nat.* 10, 24, 49 ; sur cette légende, voir Cic., *Diu.* 1, 34, 74 ; 2, 36, 56-57, et notamment 57, qui cite Callisthène comme source de l'anecdote. Pline mentionne encore d'autres oiseaux mantiques : les cygnes, ou encore le grand-duc (*Nat.* 10, 16, 34).

27 *Nat.* 10, 15, 33 : *pessima eorum significatio, cum gluttiunt uocem uelut stangulati.* éd. et trad. fortement modifiée Saint Denis.

craint dans les auspices publics, n'émet aucune voix distincte mais un gémissement[28]. L'auteur s'applique même quelquefois à répertorier les différents sons constitutifs d'un chant : il affirme ainsi que les chouettes émettent neuf sons (*uoces*[29]). De telles observations, loin d'être fantaisistes, correspondent à ce que font entendre encore aujourd'hui ces oiseaux dans la nature. Voici la forme d'onde d'un chant de chouette[30] :

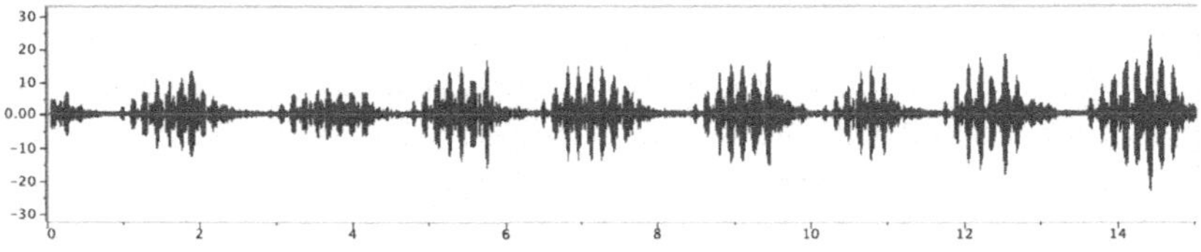

Fig. 8 – Forme d'onde d'un chant de chouette.

On remarquera que chaque séquence contient effectivement, en moyenne, 8-9 sons (de mêmes hauteur et sonorité, ainsi qu'on peut le constater si on produit un spectrogramme).

Pline décrit avec la même précision le roucoulement du pigeon ramier :

> *cantus omnibus similis atque idem trino conficitur uersu praeterque in clausula gemitu* (*Nat.* 10, 52, 106).
>
> « [les ramiers] ont tous le même chant, toujours composé de trois phrases et, en outre, terminé par un gémissement » (trad. modifiée Saint Denis).

Bien que le mot *uersus* ait été ici traduit par Eugène de Saint Denis par « note », il vaut mieux à notre avis lui donner le sens de « séquence sonore », « phrase[31] ». En effet, le roucoulement du pigeon, caractérisé par une syntaxe très régulière, est composé d'une séquence de trois unités suivies par un son plus bref et moins prononcé : trois « vers » (correspondant chacun aux cinq notes qui peuvent être rendues, rythmiquement, en prononçant les mots « Je-suis-un - pi-geon »), ponctués à la fin par

28 *Cf. Nat.* 10, 16, 34.

29 *Nat.* 10, 19, 39.

30 https://sonotheque.mnhn.fr/sounds/mnhn/so/2023-2416.

31 On pourrait même traduire le terme par « vers », comme le soutient Maurizio Bettini à propos du chant du rossignol chez Pline, sur lequel nous aurons l'occasion de revenir dans les pages suivantes : « Avec le terme *uersus*, on définit en somme la séquence rythmico-mélodique émise par l'oiseau chanteur qui, à la manière d'un poète, construit son *cantus*, en mettant en succession de vrais "vers" » ; Bettini, *Voci*, p. 42.

le *gemitus* conclusif dont parle Pline. On distingue nettement une telle structure dans la forme d'onde de cet oscillogramme d'un enregistrement du roucoulement d'un pigeon ramier (classifié par Linnaeus 1758 avec le nom de *Columba palumbus*[32]) :

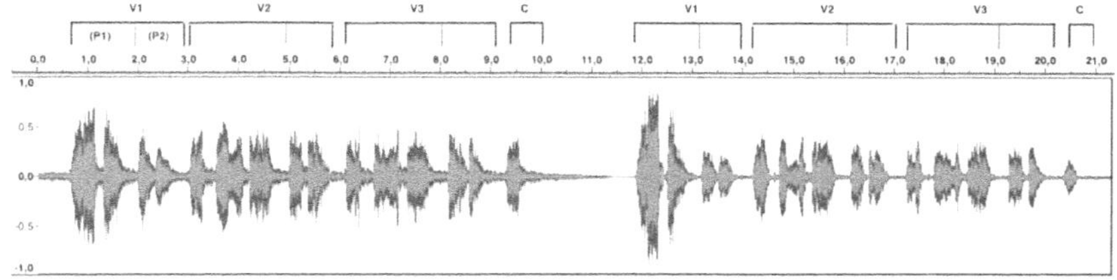

FIG. 9 – Forme d'onde et articulation du chant d'un pigeon ramier.

La régularité de la séquence est évidente et sa récurrence constante au sein de l'espèce correspond parfaitement à l'observation de Pline selon laquelle « les ramiers ont tous le même chant ». Si l'on voulait l'examiner plus finement encore, on pourrait relever une subtile divergence entre V1 et V2-V3 (qui sont en revanche identiques) : si le premier « vers » comporte deux pieds de la même longueur, les deux suivants se composent d'un pied plus long suivi d'un pied plus court. Pline ne le note pas, mais sa description de la macro-structure (V1-V2-V3-C) est juste. La structure répétitive est la marque vocale d'une espèce qui, comme le soulignent les éthologues modernes, ne semble pas connaître de variations de comportement ni de formes d'apprentissage[33].

Pline consacre donc aux chouettes et aux pigeons deux notices singulières, sans précédent chez les écrivains anciens[34]. Ses descriptions trouvent sans doute leur origine dans les écrits des spécialistes des augures : en effet, dans la phrase qui suit immédiatement la description du chant du pigeon ramier (*Nat.* 10, 52, 106) apparaît le nom d'une des sources

32 Enregistrement effectué le 1er août 1990 en Isère dans un milieu naturel et publié dans le catalogue des sons de la sonothèque du Muséum National d'Histoire naturelle (https://sonotheque.mnhn.fr/sounds/mnhn/so/2024-379). Pour souligner les discontinuités, nous avons amplifié le signal du fichier mp3 d'origine (PCM bits mono, 48000 Hz) de 2db.

33 Martinelli, *Quando la musica è bestiale davvero*, p. 235.

34 De telles notices peuvent aussi jusqu'à un certain point être rapprochées de l'attention témoignée par l'encyclopédiste romain Varron (*Men.* fr. 3) et surtout par Suétone (*liber de naturis rerum*) au lexique des *uoces* des animaux. *Cf.* Bettini, *Voci*, p. 10 et 265-267, appendices 1 et 2 où l'on peut lire ces textes.

augurales revendiquées par Pline dans le livre X, Publius Nigidius Figulus. On se demande dès lors si l'effort descriptif dont témoigne ici l'écrivain ne s'inscrirait pas d'abord dans une tradition toute romaine d'écoute et d'analyse des émissions sonores propres aux oscènes, qui trouverait son origine dans la science augurale. Pline serait donc l'héritier de l'attention que les ornithologues-augures romains prêtaient pour les besoins de leur art aux différentes séquences qui composaient le chant des oiseaux.

MODULATUS EDITUR SONUS

Ce n'est pas le seul point intéressant des descriptions de chants d'oiseaux présentes dans *l'Histoire Naturelle.* Pline peut également s'attacher à décrire minutieusement les composantes d'un chant pour en démontrer la musicalité[35]. Le cas le plus intéressant, à ce sujet, est une fois de plus celui de l'oiseau considéré par les anciens depuis Homère comme le plus chanteur, le rossignol :

> *modulatus editur sonus et nunc continuo spiritu trahitur in longum, nunc uariatur inflexo, nunc distinguitur conciso, copulatur intorto, promittitur reuocato, infuscatur ex inopinato, interdum et secum ipse murmurat, plenus, grauis, acutus, creber, extentus, ubi uisum est, uibrans, summus, medius, imus. Breuiterque omnia tam paruulis in faucibus, quae tot exquisitis tibiarum tormentis ars hominum excogitauit* (*Nat.* 10, 43, 81-82).
>
> « Le rossignol émet un son modulé, tantôt étiré en longueur par une émission de souffle continue, tantôt varié par une inflexion du souffle, tantôt coupé par un souffle saccadé, enchaîné en roulades, prolongé par une reprise, assourdi tout à coup ; parfois aussi, il gazouille pour lui-même ; la voix pleine, grave, aiguë, hachée, filée ; à son gré emplie de trémolos, très haute, moyenne, basse ; en un mot, il a dans un gosier si petit tout ce que l'art des hommes a su tirer des *tibiae*[36] au prix de tant de tortures sophistiquées » (éd. et trad. fortement modifiée Saint Denis).

Cette description est sans équivalent dans l'Antiquité, car l'écrivain y met en valeur des qualités du son que nous n'hésiterions pas aujourd'hui

35 Sur l'usage bien précis que fait Pline des termes *cantus* ou *garrulitas* et, plus généralement, sur le lexique extrêmement diversifié dont il use pour qualifier les émissions sonores des oiseaux, *cf.* Capponi, « Per un lessico tecnico pliniano : (Plin. *nat.* 10) », p. 86.

36 La *tibia* ou les *tibiae* sont l'équivalent latin de l'*aulos* ou des *auloi*, un instrument à vent muni d'une anche et pourvu d'un ou deux tuyaux.

à définir comme musicales : il s'attache en effet aux *modes d'exécution* du rossignol. Pline s'est certainement ici conformé aux usages de la rhétorique, qui décrivait et analysait la déclamation, et en particulier les caractéristiques et les modulations de la voix susceptibles de conférer du charme à l'*actio*[37]. Le rapprochement opéré dans ce passage entre le gosier de l'oiseau et les *tibiae* (une sorte d'*aulos* double[38]) a même incité le spécialiste de musiques antiques Andrew Barker à considérer le texte comme un témoignage unique sur les techniques de jeu de cet instrument[39]. Son interprétation contient ainsi de stimulantes remarques touchant aussi bien aux potentialités exécutives des *tibiae* qu'au lexique employé par Pline[40]. Il reste que le passage, caractérisé par un vocabulaire certes emprunté aux deux arts humains que sont la rhétorique et l'aulétique[41], mais aussi propre à l'écrivain, témoigne surtout d'une réelle écoute des « modulations » du rossignol.

Pour le démontrer, il nous a paru utile de rapprocher les expressions utilisées par Pline des descriptions et des transcriptions qu'Olivier Messiaen a composées à l'écoute de cet oiseau[42]. Nous avons aussi procédé à l'analyse de certaines séquences tirées d'une dizaine d'enregistrements de chants de rossignols. Confrontons à présent ces données au texte de Pline.

---

37 Nous renvoyons sur ce point au célèbre passage de Cic., *De orat.* 3, 61, 227, et peut-être surtout au développement de phénoménologie de la voix dans l'action oratoire (Cic. *De orat.* 3, 57, 215-217), où Cicéron décrit des particularités que nous retrouvons dans la description de Pline, et en particulier la possibilité de moduler du grave à l'aigu et d'assombrir la voix, même si les termes employés ne sont pas les mêmes que ceux du naturaliste.

38 Sur la pratique des *tibiae* voir Maria Paola Guidobaldi, *Musica e danza*, Rome, Edizioni Quasar (coll. « Vita e costumi di Romani antichi », 13), 1992, p. 41-46.

39 Andrew Barker, *Euterpe. Ricerche sulla musica greca e romana*, éd. Franca Perusino et Eleonora Rocconi, Pise, ETS, 2002, p. 83-104.

40 Selon Saint-Denis, *Pline l'Ancien. Histoire Naturelle. Livre X*, p. 128 (note 1 du § 82) l'expression employée par Pline n'implique pas forcément les seules *tibiae* mais tous les instruments à tubes ou cannes, y compris la syrinx. Cette interprétation nous paraît néanmoins discutable.

41 *Cf.* LeVen, *Music and Metamorphosis in Greco-Roman Thought*, p. 35.

42 Voir notamment cette description : « À vrai dire, le Rossignol est peut-être moins musicien que d'autres oiseaux chanteurs. Il n'a pas l'invention rythmique de la Grive musicienne, ce n'est pas un mélodiste-né comme la Fauvette des jardins ou la Fauvette à tête noire : il se contente de trois ou quatre formules stéréotypées, communes à ceux de son espèce. Mais il est supérieur à tous par la qualité et la puissance de sa voix, par la beauté de son timbre, par sa virtuosité, et surtout par l'art merveilleux avec lequel il passe d'un tempo à l'autre, d'une nuance à l'autre, d'une attaque à l'autre, opposant ou entremêlant avec une aisance souveraine : le lent au vif, le pianissimo au fortissimo, le staccato au legato » ; Olivier Messiaen, *Traité de rythme, de couleur et d'ornithologie*, tome V, partie I (« Chants d'oiseaux d'Europe »), Paris, Alphonse Leduc, 2018, p. 422-423.

Si l'on laisse de côté *modulatus*[43], on relève d'abord le groupe de mots *continuo spiritu trahitur in longum*, littéralement, « [le son] est étiré en longueur par une émission de souffle continue ». Andrew Barker compare ici le contrôle manifestement exercé par le rossignol sur son souffle à la façon dont les aulètes recouraient, selon une hypothèse souvent avancée, à la technique aujourd'hui connue sous le nom de « respiration circulaire[44] ». Comme l'écoute de cet oiseau révèle qu'il n'est pas capable de tenir une seule note longue, on pourrait en conclure, comme le savant britannique, que l'auteur avait plutôt en tête le jeu de ce musicien. Mais si l'on considère qu'*in longum* ne désigne pas tant un son tenu qu'une série de sons de même hauteur, émis sur un seul souffle avec une articulation toujours semblable et susceptible de créer l'illusion d'une note soutenue et portée plus loin, alors Pline a plutôt décrit avec une grande justesse une émission propre à cet oiseau. Il s'agit de la répétition lente d'une note d'une intonation assez définie et émise avec une articulation typique correspondant, comme l'a remarqué Messiaen, au jeu « louré[45] ». Ce mode d'attaque particulier nous donne effectivement l'impression d'écouter une seule note longue soutenue par un souffle renouvelé[46] :

Fig. 10 – Jeu « louré ».

On lit ensuite : *uariatur inflexo*[47], c'est-à-dire « varié par une inflexion » ou « par un infléchissement du souffle ». *Inflexus* a appartenu au vocabulaire

43 Ce terme est généralement employé pour qualifier le son ou la voix identifiable à l'intérieur des discontinuités intervallaires d'une gamme ; dans ses *Harmonica* (1, 8, Da Rios II, 17) Aristoxène de Tarente avait distingué le chant de la voix parlée en notant que le premier s'inscrit dans un mouvement discontinu et la deuxième dans un mouvement continu ; voir *supra*, p. 78.

44 Barker, *Euterpe*, p. 86-87.

45 Messiaen, *Traité de rythme, de couleur et d'ornithologie*, p. 423.

46 On peut le comparer au mode d'attaque de notes liées et appuyées, jouées au violon par un seul coup d'archet.

47 Barker, *Euterpe*, p. 87, pense qu'il s'agit ici d'une émission de souffle curviligne, semblable à l'accent circonflexe grec : la voix, qui part d'une certaine hauteur, monte plus haut encore puis retombe à son point de départ.

de la rhétorique avant d'être utilisé par la théorie musicale[48]. Cicéron évoque par exemple une *uox inflexa ad miserabilem sonum*, c'est-à-dire ayant « une voix infléchie pour obtenir une intonation plaintive » et remarque que l'orateur doit savoir infléchir la voix pour obtenir ce ton pathétique[49]. Cette partie de la phrase constitue d'ailleurs sans conteste une réminiscence de cet écrivain puisqu'on relève déjà dans le *De Oratore* la succession des verbes *uariare* et *distinguere*[50]. Pline a fait ici appel aux mots de Cicéron pour rendre aussi bien le caractère plaintif du chant du rossignol qu'une des intonations qui lui sont le plus propres : quand l'oiseau émet la même note répétée sur un seul souffle dont nous venons de parler, il lui arrive souvent de l'infléchir vers le bas, parfois avec un léger glissando. La modification est subtile : tantôt elle n'atteint pas une autre note, en faisant plutôt changer la couleur de la même, tantôt elle descend délicatement par demi-tons. La première partie (« lent ») de cette transcription de Messiaen correspond tout à fait à cela[51] :

FIG. 11 – Transcription d'un chant de rossignol d'Olivier Messiaen.

Mais voici le spectrogramme d'une séquence plus prolongée :

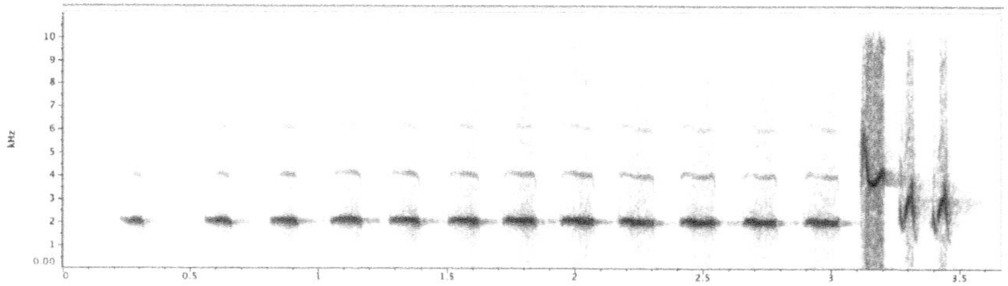

FIG. 12 – Spectrogramme d'une séquence initiale d'un chant de rossignol (notes répétées et soutenues).

48 Le terme est par exemple employé par Boeth., *Mus.* 1, 1, 25.
49 *De orat.* 2, 46, 193.
50 *De orat.* 2, 9, 36 ; *distinguere* a ici le sens de nuancer.
51 Messiaen, *Traité de rythme, de couleur et d'ornithologie*, p. 424.

Remarquons d'abord que chaque émission d'intensité plus forte (correspondant à la bande de fréquences fondamentale du son, autour de 2000 Hz) est étroitement imbriquée dans la précédente : on constate *de uisu* que le rossignol soutient ces émissions *d'un seul souffle*. Le son est caractérisé globalement non seulement par la fondamentale, mais aussi par la présence des deuxième et troisième harmoniques, situés autour de 4000 Hz et 6000 Hz : sa composition harmonique est très claire. Notons ensuite que chaque émission (tant dans la bande fondamentale que dans les harmoniques) est sensiblement recourbée et entraîne des modulations de fréquence perceptibles. Si nous agrandissons le détail et augmentons le contraste, nous obtenons le résultat suivant :

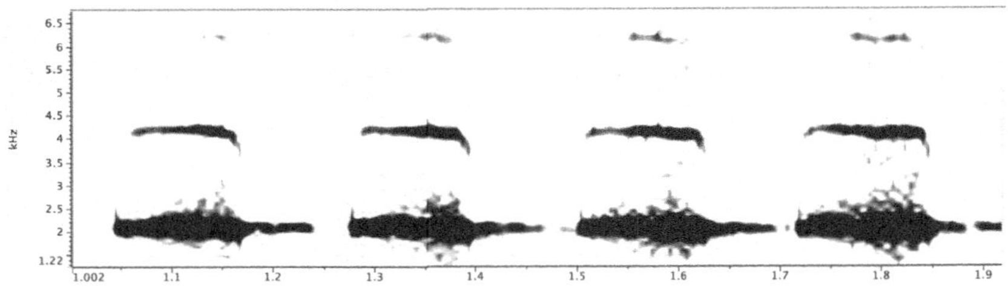

FIG. 13 – Détail du spectrogramme de la fig. 12.

L'ensemble de la courbe tracée par les points d'intensité plus forte de ces émissions est lui aussi infléchi : en particulier, le son monte légèrement pour ensuite descendre vers une fréquence correspondant à presque un demi-ton de différence[52].

La phase conclusive qui suit ce son « louré », comme on peut le constater dans l'exemple précédent, est formée d'un ensemble de sons bruiteux. Les trois dernières émissions sonores sont plus marquées et piquées, et se manifestent de façon périodique sur l'axe du temps (voir Fig. 12, entre 3, 2 et 3, 5 s.) : cela correspond assez bien à l'expression *distinguitur conciso*, « coupé par un souffle saccadé ». Les ornithologues décrivent cette séquence par l'onomatopée « tiou tiou tiou tiou tiou titiqui ! », ou par

52 Cela est moins visible sur le graphique, mais peut être mis en évidence par une comparaison des valeurs de fréquence relevées aux points de plus grande intensité de chaque émission (nous indiquons la fréquence en Hertz et, entre parenthèses, l'amplitude en dB) : 2025 (-23), 2038 (-19), 2038 (-23), 2085 (-13), 2065 (-13), 2058 (-19), 2051 (-12), 2038 (-10), 2025 (-11), 1982 (-11), 1985 (-11), 1998 (-11).

la variante « tio tio tio tio, tiotiolaborix ! », présente dans la deuxième partie de la transcription de Messiaen déjà mentionnée (fig. 11[53]).

On note ici avec surprise que, si elle paraît de prime abord constituée par la juxtaposition parataxique d'éléments épars, la phrase de Pline s'avère à l'examen correspondre à cette séquence précise d'articulations. Une note prolongée, infléchie puis coupée ou portée soudainement à des figurations brillantes est un motif distinctif du rossignol. C'est même, comme l'a écrit Messiaen, « son thème le plus célèbre, le plus aisément reconnaissable ». La description du musicien ressemble d'ailleurs par certains aspects au texte de Pline : « Cette note est lointaine, lunaire, flûte d'écho semblant venir d'ailleurs, d'une autre planète. Peu à peu le son s'enfle, le mouvement s'accélère très progressivement, et brusquement quelques notes rapides, brillantes, fougueuses, apportent une conclusion inattendue, aussi forte et décidée que le début était doux et hésitant[54] ».

Les expressions suivantes sont moins faciles à identifier car elles sont susceptibles d'être rapprochées de plusieurs séquences émises par l'oiseau. *Copulatur intorto* signifie sans doute : « [le son] est enchaîné en roulades[55] ». Si *copulare* veut dire en rhétorique « lier deux mots et les fondre en un seul dans la prononciation[56] », le verbe *intorqueo* et son participe *intortus*, pris, comme ici, au sens littéral[57], n'ont pas d'emplois connus dans ce domaine ni dans celui de la musique. Ils appartiennent avant tout au vocabulaire des sciences agricoles et naturelles : Pline surtout[58], mais aussi Varron[59] et Columelle[60] utilisent *intortus* à plusieurs reprises pour qualifier des animaux, des plantes, ou encore des corps célestes[61]. Quant à l'expression *promittitur reuo-*

53 Messiaen, *Traité de rythme, de couleur et d'ornithologie*, p. 424. Ces séquences rappellent d'ailleurs fortement celles mises dans le bec de la Rossignole d'Aristophane : *cf. supra*, p. 55-56. Voir aussi la transcription en phonèmes du chant du rossignol proposée par Johann Matthäus Bechstein dans son *Manuel de l'amateur des oiseaux en volière. Nouvelle édition (Ed. 1871)*, Paris, Hachette BNF, 2020 (repris par Rothenberg, *Un rossignol dans la ville*, p. 18).

54 Messiaen, *Traité de rythme, de couleur et d'ornithologie*, p. 424.

55 Comme le traduit Saint Denis, *Pline l'Ancien. Histoire Naturelle. Livre X*, p. 56.

56 *Cf. Orat.* 115 et 154.

57 Barker, *Euterpe*, p. 101, veut ici donner à ce terme un sens subtilement moral, à tort nous semble-t-il.

58 *Nat.* 2, 23, 91 ; 8, 77, 207 ; 9, 52, 102 ; 12, 34, 67 ; 21, 25, 49.

59 *Rust.* 1, 31, 4 ; 7, 3, 3.

60 Colum. 10, 380.

61 Pline est le premier à l'utiliser pour désigner un son ; après lui, Apulée (*Flor.* 13) l'emploiera pour décrire le chant de la chouette.

cato, elle correspond sans doute à « prolongé par une reprise[62] » : le souffle est « rappelé », après avoir mené à bien sa tâche dans le motif précédent. Celui-ci, à peine achevé, est ainsi immédiatement répété ou poursuivi par un autre.

Infuscatur ex inopinato correspond peut-être à une séquence plus précise. *Infuscare* signifie « ternir », « brunir », « assourdir », « se voiler ». Si Pline est presque le seul à l'utiliser à propos de la voix[63], l'adjectif *fuscus*, qui désigne une nuance précise de couleur, était en revanche couramment employé par la rhétorique pour dépeindre un son sourd, caverneux, creux[64]. Le naturaliste s'est-il inspiré ici, comme le soutient Andrew Barker[65], de la technique des *tibiae* ? Un tel obscurcissement, suivi de la caractéristique mentionnée ensuite (*secum ipse murmurat* « il murmure pour lui-même »), pourrait bien en fait coïncider avec un son que nous avons rencontré à l'écoute d'enregistrements du chant du rossignol. Voici un spectrogramme à notre avis révélateur de ce genre d'émission :

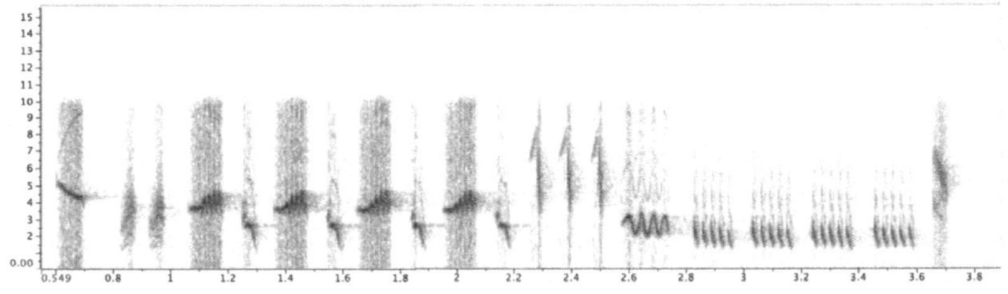

FIG. 14 – Spectrogramme d'une séquence de chant de rossignol (sons bruités).

La séquence qui nous intéresse est située entre 2, 8 et 3, 6 secondes. Il s'agit d'un son complexe, dont la bande fondamentale, comprise entre 1,4 et 3 kHz, est sensiblement plus basse et rend cet effet d'assombrissement (bien perceptible à l'oreille) ; elle s'accompagne d'une légère fluctuation

62 Barker, *Euterpe*, p. 90.

63 Seul Sénèque le Rhéteur l'emploie dans le même sens que lui ; *cf. Contr.* 1, *praef.* 16 : *uox… lucubrationibus et neglegentia, non natura infuscata* (« une voix…assourdie par les veilles et la négligence, non par la nature »); éd. Hakanson ; notre traduction.

64 Voir en particulier Cic., *Nat. deor.* 2, 58, 146 ; Quint., *Inst.* 11, 3, 15 et 171. *Cf.* encore Plin., *Nat.* 28, 16, 58 ; voir Barker, *Euterpe*, p. 90-91.

65 Barker, *Euterpe*, p. 91, qui souligne combien cet obscurcissement soudain et dramatique du son est un effet techniquement difficile à obtenir.

et d'une bande de partiels décidément large (entre 3 et 7 kHz), qui caractérisent l'aspect bruiteux à l'oreille de ce son[66].

Pline achève sa description sur les variations d'intensité et de registre dont est capable le rossignol : sa voix peut être pleine (*plenus*), grave (*grauis*), aiguë (*acutus*), plus haute (*summus*), moyenne (*medius*) ou basse (*imus*). *Creber*[67] implique une séquence de notes nombreuses et rapides[68], une sorte de roulement ou de staccato. Nous constatons d'ailleurs dans l'oscillogramme suivant à quel point la même note peut être émise de manière « serrée » :

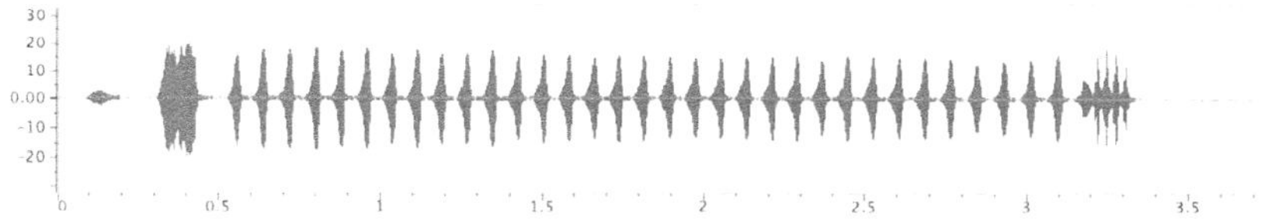

FIG. 15 – Forme d'onde d'une séquence de chant de rossignol (roulement).

En l'espace de 2, 6 secondes, un rossignol peut émettre pas moins de trente-trois notes dont la fondamentale correspond à peu près à un *do* 4.

Extentus[69], opposé à *creber*, revient sur le son prolongé évoqué au début du passage (*continuo spiritu trahitur in longum*), pour souligner l'aisance avec laquelle l'oiseau peut passer d'un son haché à un son continu. Enfin, avec *uibrans*, plutôt qu'à un vibrato – c'est-à-dire une fluctuation systématique de la hauteur et/ou de l'intensité sur un seul degré (une telle émission n'est en effet pas attestée dans le chant de cet oiseau) –, nous pourrions songer à un trémolo[70], c'est-à-dire à un trille ou trémulation entre deux degrés, correspondant aux onomatopées « tiko tiko tiko tiko » ou « couti couti couti couti couti », reproduites dans ces transcriptions de Messiaen[71] :

66 Ce son plus confus est décrit par David Rothenberg (qui a proposé de le baptiser « *boori* ») comme « un bourdonnement, un vrombissement, un grincement, une accroche ou une impro qui se détache des autres sons » ; Rothenberg, *Un rossignol dans la ville*, p. 78.

67 Utilisé par exemple par Quint., *Inst.* 11, 3, 55 pour qualifier une respiration précipitée, *creber anhelitus*.

68 *Cf.* Barker, *Euterpe*, p. 91.

69 *Extendo* et son participe *extentus* ont une signification bien attestée dans le domaine musical, et ont été employés d'abord pour qualifier les cordes d'un instrument, puis le son en général ; *Cf.* par ex. Varro, *Men.* 366 ou Mart. Cap. 9, 932.

70 Voir Barker, *Euterpe*, p. 91.

71 Messiaen, *Traité de rythme, de couleur et d'ornithologie*, p. 423.

FIG. 16 – Transcription en trémolo d'un chant de rossignol d'Olivier Messiaen.

Mais ce terme désigne peut-être aussi tout simplement une émission brillante, passionnée, rapide et pleine d'énergie[72]. En tout cas, on peut affirmer que Pline, grâce au vocabulaire des rhéteurs, propose globalement une description aussi réaliste et précise que possible des prouesses vocales du rossignol. Le naturaliste y fait preuve d'un sens aigu de l'observation qui sait mettre en relief l'un des aspects émergeants du chant de cet oiseau, loin des clichés des sources anciennes à propos de ses connotations « plaintives » : sa grande variété, bien connue de la recherche ornithologique et zoomusicologique contemporaine, qui souligne son aptitude à passer des sons purs à des sons bruiteux, son inventivité rythmique et les modulations de sa voix capable de glisser des timbres les plus métalliques aux plus doux[73].

UNE *PERFECTA MUSICA SCIENTIA*

Mais, au-delà d'un souci d'observation et de précision louable chez un naturaliste, pourquoi Pline manifeste-t-il une telle attention aux qualités musicales du chant du rossignol ? Pour le comprendre, il nous faut insérer la description que nous venons d'étudier dans le contexte de la notice consacrée à cet oiseau :

---

72 C'est l'un des aspects qui, selon Cicéron, caractérisent l'*oratio*, susceptible d'être *incitata et uibrans* et, en même temps, *accurata et polita*, pour pouvoir toucher un large public (*Brut.* 95, 326).

73 *Cf.* Olavi Sotavalta, "Analysis of the Song Patterns of two Sprosser Nightingales, Luscinia luscinia", *Annales Zoologici Societatis Zoologicae Botanicae Fennicae 'Vanamo'*, 17 (4), 1956, p. 5 ; David Rothenberg *et al.*, "Investigation of Musicality in Birdsong", *Hearing Research*, 2013, notamment les p. 4-8 : http://dx.doi.org/ 10.1016/j.heares.2013.08.016 (consulté le 23/10/24) ; Michael Weiss, Henrike Hultsch, Iris Adam, Constance Scharff et Silke Kipper, "The use of network analysis to study complex animal communication systems : a study on nightingale song", *Proceedings of the Royal Society of London B : Biological Sciences*, 281 (2014) : 0460.

non in nouissimis digna miratu aue. Primum tanta uox tam paruo in corpusculo, tam pertinax spiritus ; deinde in una perfecta musica scientia (...). Ac ne quis dubitet artis esse, plures singulis sunt cantus, nec idem omnibus, sed sui cuique. Certant inter se, palamque animosa contentio est. Victa morte finit saepe uitam spiritu prius deficiente quam cantu. Meditantur aliae iuueniores uersusque quos imitentur accipiunt ; audit discipula intentione magna et reddit, uicibusque reticent : intellegitur emendatae correptio et in docente quaedam reprehensio (*Nat.* 10, 43, 81-83).

« Cet oiseau n'est pas parmi les moins dignes d'admiration ; d'abord il a une voix si forte dans un si petit corps, un souffle si persévérant. Ensuite sa science musicale est consommée (*perfecta musica scientia*). (...). Et pour qu'on ne doute pas qu'il s'agisse là d'un art (*ars*), j'ajoute que chaque rossignol chante plusieurs airs, qui ne sont pas les mêmes pour tous mais que chacun a les siens. Ils ont des concours de chant, et l'ardeur de la compétition est manifeste ; souvent le vaincu en meurt, cessant plutôt de respirer que de chanter. D'autres plus jeunes s'exercent et reçoivent les séquences sonores (*uersus*) à imiter ; l'élève écoute avec grande attention, puis il répète ; à tour de rôle maître et élève se taisent ; on se rend compte que l'un reprend après correction, et que l'instructeur critique » (éd. et trad. fortement modifiée Saint-Denis).

Ce développement exprime d'abord toute l'admiration du naturaliste pour un être qu'il place manifestement très haut dans l'échelle des *mirabilia*, des merveilles de la nature[74]. Dès les premières lignes, l'écrivain accumule les superlatifs opposant la petitesse du rossignol à la puissance et à l'harmonie dont est capable son organe vocal. Et ce faisant, alors qu'il se plaît dans son œuvre à célébrer l'inventivité humaine[75], il va dans le même passage jusqu'à placer la virtuosité de l'animal au-dessus du jeu particulièrement compliqué des *tibiae* fabriquées par les hommes[76]. Il y évoque encore une sorte de chalumeau rempli d'eau dans lequel on soufflait ou que l'on obturait avec des languettes – un instrument manifestement inventé pour imiter le ramage du rossignol[77]. Dans son admiration pour le rossignol, le naturaliste semble ainsi, lui aussi, adhérer à l'idée alcmanienne que les hommes sont devenus musiciens par mimétisme avec les oiseaux.

---

74 Sur la place et le statut des *mirabilia* de Pline, lire Naas, *Le projet encyclopédique de Pline l'Ancien*, p. 243-292.

75 *Cf.* Naas, *Le projet encyclopédique de Pline l'Ancien*, p. 321-324.

76 *Nat.* 10, 43, 82. Sur les techniques de fabrication des *tibiae*, voir encore Plin., *Nat.* 16, 164 et 168-172.

77 *Nat.* 10, 43, 84. Il est encore aujourd'hui possible de trouver dans des foires frioulaines ou siciliennes de petits instruments munis d'un réservoir d'eau et avec lesquels on imite le chant des oiseaux.

L'émerveillement de Pline n'explique cependant pas tout : si l'écrivain s'efforce de mettre en valeur les prouesses musicales de l'oiseau, c'est sans doute parce qu'il a en tête certains éléments du débat philosophique que nous avons retracé au chapitre précédent. Dans quel cadre général de pensée s'inscrivait l'*Histoire Naturelle* ? L'œuvre est sans conteste globalement d'inspiration stoïcienne[78]. L'auteur ne cesse d'y vanter une nature *artifex*[79], à l'origine des réalisations les plus incroyables[80]. Il met notamment en lumière le savoir-faire (*sollertia*) et l'habileté (*calliditas*) qu'elle a conférés aux animaux, qui « savent » (*sciunt*) d'emblée tout ce qui sert leurs propres intérêts et, inversement, nuit à leurs ennemis[81]. Il n'est pas question de raison là-dedans ; parmi mille exemples, la manière dont il définit la spécificité de la voix et du chant humains par rapport aux émissions sonores animales le montre bien :

> *Totidem (…) sunt hae, quot in rerum natura mortales, et sua cuique sicut facies. Hinc illa gentium totque linguarum toto orbe diuersitas, hinc tot cantus et moduli flexionesque. Sed ante omnia explanatio animi, quae nos distinxit a feris et inter ipsos quoque homines discrimen alterum, aeque quam a beluis, fecit.* (*Nat.* 11, 112, 271)
>
> « Il y a dans la nature autant de voix que de mortels, et chacun a la sienne comme il a son visage. De là provient cette diversité de nations et de langues répandues dans tout l'univers, et tant de langues différentes, de là tant de chants, de modulations et d'intonations. Mais, par-dessus tout, la faculté d'exprimer nos sentiments – ce qui nous distingue des bêtes – établit aussi, entre les hommes eux-mêmes, une autre distinction égale à celle qui nous sépare des animaux » (éd. et trad. légèrement modifiée Ernout et Pépin).

---

78 Lire à ce propos entre autres l'ouvrage de Beagon, *Roman Nature. The Thought of Pliny the Elder*, qui considère (de manière à notre sens excessive) l'*Histoire Naturelle* comme un parfait exemple d'orthodoxie stoïcienne.

79 *Cf.* par exemple *Nat.* 11, 1, 1 : *nusquam alibi spectatiore naturae rerum artificio* ; « nulle part ailleurs l'art de la nature [n'apparaît] davantage » ; éd. et trad. modifiée Ernout et Pépin.

80 *Cf. Nat.* 11, 2, 6 : *mihi contuenti semper suasit rerum natura nihil incredibile existimare de ea* ; « pour moi la contemplation de la nature m'a toujours persuadé de ne rien considérer d'elle comme incroyable » ; éd. et trad. Ernout et Pépin.

81 *Cf. Nat.* 8, 38, 91 : *callent enim in hoc cuncta animalia sciuntque non sua modo commoda, uerum et hostium aduersa, norunt sua tela, norunt occasiones partesque dissidentium inbellis* ; « tous les animaux en effet sont habiles en cela, et savent aussi bien leurs propres avantages que les désavantages de leurs ennemis ; ils connaissent leurs armes ; ils connaissent les occasions et les côtés faibles de leurs adversaires » ; éd et trad. légèrement modifiée Ernout ; voir aussi *Nat.* 8, 5, 10 ; 21, 58 ; 9, 46, 86 ; 10, 49, 92 ; 51, 99, etc.

Philon n'aurait pas dit mieux : la voix humaine, à la fois unique et caractérisée par une infinité de langages et une grande variété de chants, se distingue aussi de celles des animaux par son intelligibilité.

Il reste que l'éclectisme philosophique de Pline est bien connu[82] : l'admiration qu'il ressent pour les réalisations animales l'incite ainsi quelquefois à sortir de ses schémas habituels. On en a un premier aperçu avec son panégyrique des abeilles, décrites comme les plus dignes d'admiration parmi les insectes. Dans la ligne des stoïciens, il explique d'abord que celles-ci ont été créées pour l'homme et loue la grandeur de la nature qui a créé un être à la fois infiniment petit et merveilleusement accompli. Mais, en même temps, il évoque, avec un curieux anthropomorphisme, leur *respublica*, leurs *mores* et surtout leur raison (*ratio*), plus que digne de la nature humaine[83].

La dérive apparaît particulièrement accentuée quand il aborde le problème des oiseaux parleurs et surtout chanteurs. Il mentionne ainsi la « loquacité particulièrement expressive des pies », l'application dont elles font preuve quand elles apprennent à parler – elles s'exercent et étudient toutes seules, parfois jusqu'à en mourir ! – et la joie qu'elles éprouvent à y parvenir[84].

---

82 L'auteur n'hésite pas à s'opposer à l'occasion aux stoïciens : voir par exemple Sandra Citroni-Marchetti, « *Iuuare mortalem.* L'ideale programmatico della *Naturalis Historia* di Plinio nei rapporti con il moralismo stoico-diatribico », *Atene e Roma*, 27, 1982, p. 124-148 ; Sandra Citroni-Marchetti, *Plinio il Vecchio e la tradizione del moralismo romano*, Pise, Giardini, 1991 ; Sandra Citroni-Marchetti, « Filosofia e ideologia nella *NH* di Plinio », *ANRW* II, 36, 5, New York – Berlin, 1992, p. 3249-3306, et Pierre Grimal, « Pline et les philosophes », *in* Jackie Pigeaud et José Oroz (éd.), *Pline l'Ancien témoin de son temps*, p. 239-249 ; Gauly, « Plinius' Zoologie und die römische Naturgeschichte », p. 469-487.

83 *Nat.* 11, 4, 11-12.

84 *Nat.* 10, 59, 118 : *expressior loquacitas certo generi picarum est. Adamant uerba quae loquantur nec discunt, sed diligunt meditantesque intra semet curam atque cogitationem, intentionem non occultant. Constat emori uictas difficultate uerbi ac, nisi subinde eadem audiant, memoria falli quaerentesque mirum in modum hilarari, si interim audierint id uerbum. Nec uulgaris his forma, quamuis non spectanda : satis illis decoris in specie sermonis humani est* ; « Capable d'une loquacité plus expressive est l'espèce des pies. Elles aiment à prononcer des paroles et, non seulement elles en apprennent, mais elles se plaisent à en apprendre, et exerçant en elles-mêmes leur zèle et leur réflexion, elles ne cachent pas leur application. Il est certain que des pies meurent des efforts que leur coûte un mot difficile, et qu'elles oublient ceux qu'elles n'entendent pas souvent prononcer ; elles les cherchent, et leur joie éclate d'étonnante manière, si le mot cherché vient à se faire entendre. Leur aspect n'est pas commun, bien qu'il n'ait rien de remarquable ; la faculté d'imiter le langage humain leur donne assez de beauté » ; éd. et trad. légèrement modifiée Saint Denis.

Mais le meilleur exemple est encore une fois fourni par le rossignol. L'Alexandre de Philon conseillait d'écouter attentivement le chant des oiseaux pour se convaincre que ceux-ci possédaient de vrais talents musicaux. C'est d'une telle écoute dont rend compte la description extrêmement détaillée du chant du rossignol citée plus haut. Bien mieux, à l'image du concert champêtre décrit par Alexandre[85], le naturaliste met en scène dans la notice qu'il consacre à cet oiseau le solo d'un rossignol alternant sans se tromper ses parties chantées avec un orchestre – humain ou animal, on l'ignore[86].

Pline ne se contente néanmoins pas, comme Alexandre, de constats empiriques. Il s'emploie à démontrer, contre les arguments des stoïciens, que la « parfaite science musicale » (*perfecta musica scientia*) possédée par le rossignol permet sans conteste de faire de son chant le résultat d'une *ars*, au plein sens du terme. Pour cela, il tire d'abord parti de la fameuse notice aristotélicienne où l'on lit que les rossignols enseignent le chant à leurs petits, qui vocalisent différemment quand ils sont séparés de leurs parents[87]. Il met en scène dans le texte une véritable leçon de chant où une *luscinia docens* (« un rossignol-enseignant ») propose à un congénère *iunior* en plein apprentissage (*meditari*) des séquences sonores, des phrases (*uersus*) que celui-ci doit imiter (*imitari, reddere*). Élève et maître se taisent à tour de rôle (*uicibusque reticent*) ; le premier écoute avec une grande attention (*audit discipula intentione magna*), tandis que le second lui adresse des critiques (*reprehensio*) dont l'autre tient compte quand il reprend l'exercice (*emendatae correptio*).

Ainsi était réfuté l'argument stoïcien qu'aucun animal ne pouvait avoir la maîtrise d'une *ars*, puisque celle-ci impliquait un apprentissage préalable[88]. Pline ne s'arrête pas en si bon chemin. Le deuxième argument invoqué par les stoïciens était que les ouvrages des animaux étaient tous semblables, à la différence de ceux des hommes. Or l'encyclopédiste souligne que chaque rossignol possède un véritable répertoire qui lui est

85 *Cf. supra*, p. 97.

86 *Nat.* 10, 43, 84. On pourrait à la rigueur penser que Pline fait allusion ici aux véritables concerts que les rossignols sont capables de donner dans la nature, en se répondant les uns aux autres. Mais il n'est pas impossible qu'il pense ici à des rossignols dressés à tenir leur partie dans un concert : sur la mode des oiseaux apprivoisés à l'époque de Pline, et dont le livre X de l'*Histoire Naturelle* constitue un témoignage, *cf.* Saint-Denis, « Introduction », *in Pline l'Ancien. Histoire Naturelle* X, p. 16.

87 *H. A.* 536b.

88 Voir *supra*, p. 94.

propre (« chaque rossignol chante plusieurs airs, qui ne sont pas les mêmes pour tous mais chacun a les siens »). Cette remarque, qui peut sembler *a priori* fantaisiste mais, comme nous l'avons vu, est confirmée par la zoologie moderne, est sans doute le fruit d'une observation personnelle.

Le troisième argument des tenants du Portique était enfin la finalité poursuivie par l'animal *faber* : par ses réalisations, celui-ci travaillerait à sa conservation, ou bien, en suivant Aristote à propos du chant des oiseaux[89], à sa propagation. Rien de tout cela chez Pline, qui assure que le rossignol pratique la musique pour la musique : cet oiseau, comme le rossignol de Plutarque, possède en effet pour l'auteur une véritable âme d'artiste, qui lui inspire le désir de rivaliser avec ses congénères en des concours de chant dont le seul enjeu est la musique. Le vaincu, loin de travailler à sa propre conservation, préfère en effet mourir plutôt que de renoncer à chanter. Et, à la fin de sa notice, lorsqu'il concède à Aristote que les rossignols deviennent muets à la fin du printemps[90], il insiste sur le caractère pour ainsi dire inexplicable de la disparition de leur chant[91] : il n'est ici plus question de la fin de la saison de reproduction, ou encore de la nécessité d'élever les petits.

Ces luttes qui ont pour seul enjeu la musique, ce romanesque trépas ne sont pas sans évoquer les hommes-cigales du *Phèdre* de Platon, animés d'une telle passion pour le chant qu'ils en oubliaient de se nourrir et se laissaient mourir de faim[92]. Aux yeux de Pline, le rossignol est capable d'une *ars* fort élaborée, perfectible, transmissible et pratiquée pour l'amour de l'art, bref, semblable à celle des hommes. L'encyclopédiste ne cherche certes pas, ou du moins pas consciemment[93], à faire œuvre de philosophe en démontrant que certains animaux détenteurs d'une *ars* possèdent la raison. Cependant, dans son admiration pour les rossignols, il atteste, comme Plutarque, et, avant lui, l'Alexandre de Philon, que les prouesses musicales de certains oiseaux et leurs capacités d'apprentissage

89 Pline évoque parfois un chant en situation pour certains oiseaux (*Cf. Nat.* 11, 112, 268, ou encore 10, 24, 47), mais pas pour les rossignols.

90 *H. A.* 632b.

91 Plin. *Nat.* 10, 43, 85.

92 *Phaedr.* 259bc.

93 Pline n'ignore peut-être pas l'anthropomorphisme latent de son développement ; en tout cas, il a lui-même conscience de dépasser quelque peu la mesure, puisqu'il tente, à la fin de la description, de prendre quelque distance par rapport au caractère humain qu'il confère à sa leçon de chant (emploi des mots *intelligitur* (« comme on peut le comprendre ») et de l'expression *quaedam reprehensio* qui signifie « une sorte de correction »).

constituaient un excellent argument pour ceux qui refusaient l'idée que l'art de la musique était l'apanage exclusif de l'homme[94].

DES ANIMAUX ET DES DIEUX

Il nous faut à présent avancer jusqu'au tournant des IIe et IIIe siècles de notre ère, avec Élien, un Italien écrivant en grec et auteur d'une *Nature des Animaux*[95]. Cet ample ouvrage de dix-sept livres[96] expose les caractéristiques physiques, psychiques et comportementales d'innombrables espèces, envisagées dans leur singularité[97], au fil des lectures ou de l'inspiration d'un écrivain qui, dans un choix assumé de variété (*poikilia*), passe fréquemment d'un animal à l'autre apparemment sans suivre un plan préétabli[98]. Les modernes ont souvent pointé son manque de rigueur scientifique et le caractère avant tout littéraire de ce gigantesque travail de compilation de sources diverses[99] : on y trouve pêle-mêle des informations véridiques sur

94 En dépit des multiples sources revendiquées par le livre X de l'*Histoire Naturelle*, nous sommes incapables de préciser la source médio-platonicienne dont Pline aurait pu ici s'inspirer. Il se fait sans doute plus largement l'écho des arguments de cette école mettant en avant la virtuosité du rossignol pour démontrer la forme d'intelligence et de raison possédée par les animaux.

95 Les informations biographiques que nous possédons sur Élien nous ont été transmises par Philstr. *V. soph.* 2, 31 et une notice de la Souda : *cf.* Francesco Maspero, « Introduzione », *in* Claudio Eliano, *La natura degli animali*, trad. it. de Francesco Maspero, Milan, B.U.R., 2002 (deuxième édition), p. 5-6. Sur l'identité littéraire particulière d'Élien, voir Steven D. Smith, *Man and Animal in Severan Rome. The Literary Imagination of Claudius Aelianus*, Cambridge, Cambridge University Press, 2014, p. 67-99.

96 Après celle d'Aristote, il s'agit de « la plus importante somme zoologique écrite en langue grecque qui nous soit parvenue de l'Antiquité » (Arnaud Zucker, « Introduction », *in* Élien, *La personnalité des animaux. Livres I à X*, Paris, Les Belles Lettres, 2004, p. IX).

97 Sur ce point, lire Zucker, « Introduction », p. XX.

98 Sur la *poikilia* – de forme comme de fond – cultivée par l'écrivain, lire Zucker, « Introduction », p. X-XVI ; Smith, *Man and Animal in Severan Rome*, p. 47-66 ; Judith Hindermann, « Aelian und die ΠΟΙΚΙΛΙΑ. Ordnung und Unordnung in De natura animalium », *Rheinisches Museum für Philologie*, 159, 1, 2016, p. 71-98, ou encore, plus récemment, Scott J. Di Giulio, "Ποικίλα ποικίλως : Situating Aelian's Miscellanistic Programs Between Greek and Roman Models of Variety in the Second Sophistic", *Transactions of the American Philological Association*, 153, 1, 2023, p. 213-251.

99 Sur le fait qu'Élien tire pratiquement toute son information de sources et non d'observations personnelles, *cf.* Zucker, « Introduction », p. XII.

toutes sortes d'animaux, des plus communs aux plus exotiques, et d'autres, fondées sur des croyances répandues dans le monde antique ou des récits fabuleux[100]. Comme chez Pline, un des éléments récurrents de l'œuvre est en fait l'admiration que l'écrivain éprouve pour le monde animal, quitte à l'exprimer à travers les détails et les anecdotes les plus étonnants[101].

L'auteur explique dès la préface la raison principale de cette admiration : il trouve « grandiose » (*mega*) que les animaux, pourtant dépourvus du *logos* (au double sens de parole et de raison), « le plus précieux de tous les biens » (*ho pantôn timiôtatos*), et du *logismos* (raisonnement), partagent avec l'homme d'innombrables privilèges et vertus, et même le sens de la justice et la piété à l'égard des dieux[102]. Ainsi l'animal est-il jusqu'à un certain point placé par lui au-dessus de l'homme, puisqu'il est capable d'accomplir naturellement des actes inspirés à l'homme par la raison. En d'autres mots, l'animal montre, à travers ses actions et son savoir-faire, que certains comportements vertueux ou habiles « [ne sont pas] nécessairement subordonnés à la réflexion rationnelle[103] », qui est évidemment le propre des hommes – voilà qui nous oriente vers un cadre de pensée moraliste plutôt globalement stoïcien[104].

L'émerveillement éprouvé à chaque page par Élien pour les œuvres des bêtes est ainsi d'abord émerveillement pour les œuvres d'une nature (*phusis*) considérée comme une enseignante sans pareille[105], une sorte de

---

100 Parmi mille exemples, nous renvoyons le lecteur à la description des monstres de Taprobane (Ael., *N. A.* 15, 18), qui semble directement issue d'un récit de voyage merveilleux aux confins du monde. À noter cependant que tous les animaux qui semblent de prime abord fabuleux dans l'œuvre sont loin de l'être tous : *cf.* Maspero, « Introduzione », p. 29-30 ; Zucker, « Introduction », p. XXIV.

101 La chasse tyrrhénienne que nous allons dans quelques lignes exposer en constitue un exemple parmi de nombreux autres.

102 Éd. Scholfield et trad. Zucker. Notons que Pline conférait déjà une forme de piété naturelle à certains animaux : *cf. Nat.* 8, 1, 1-2, à propos du culte que l'éléphant, animal « intelligent et particulièrement proche de l'homme », rendrait au soleil et à la lune.

103 Marco Vespa, « Les animaux et leur place dans le polythéisme gréco-romain. Le *De natura animalium* d'Elien à l'époque de la polémique chrétienne », *Ktèma*, 48, 2023, p. 106.

104 Sur le stoïcisme présumé d'Élien, lire José María Díaz-Regañón López, « El Estoicismo de Eliano en su *Historia Animalium* », *in Unidad e pluralidad en el mondo antiguo. Actas del VI Congreso español de studios clásicos (Sevilla, 6-11 abril de 1981). II Comunicaciones*, Madrid, Gredod, 1983, p. 415-421 ; Maspero, « Introduzione », p. 8-17 ; Manuela García Valdés, « Cienca y moral : Eliano desde Aristóteles y a la luz del estoicismo y la "zoofilia" moderna », *Emerita*, 71, 1, 2003, p. 13-46 ; Zucker, « Introduction », p. XXVI-XXXIV ; Smith, *Man and Animal in Severan Rome*, p. 108-113.

105 *N. A.* 6, 59 ; 8, 27 ; 9, 1, etc.

mère universelle qui a fait don aux animaux d'aptitudes semblables, voire supérieures à celles des hommes. Au premier rang de celles-ci se trouvent l'amour de la musique (*to philomouson*[106]) et la musicalité. Élien mentionne d'abord à plusieurs reprises l'extraordinaire réceptivité à la musique de certains animaux[107], et décrit à cette occasion non seulement les diverses techniques de chasse[108], de pêche[109] ou d'élevage[110] des peuples qui auraient exploité une telle sensibilité, mais même l'attraction irrésistible exercée sur certaines espèces par la musique[111]. Voici la réaction des cochons sauvages et des cerfs d'Étrurie à l'« air le plus langoureux possible », joué par un aulète professionnel participant à la chasse, et qui a soin d'éviter « toutes les notes aiguës » et de ne jouer que « les mélodies les plus douces » :

> τὰ μὲν πρῶτα παριόντος ἐς τὰ ὦτα αὐτοῖς τοῦ ἤχου ἐκπέπληγε καί που καὶ δείματος ὑποπίμπλαται, εἶτα ἄκρατος καὶ ἄμαχος αὐτὰ ἡδονὴ τῆς μούσης περιλαμβάνει, καὶ κηλούμενα λήθην ἔχει καὶ ἐκγόνων καὶ οἰκιῶν (...). Τὰ δ' οὖν Τυρρηνὰ κατ' ὀλίγον ὥσπερ ὑπό τινος ἴυγγος ἀναπειθούσης ἕλκεται, καὶ καταγοητεύοντος τοῦ μέλους ἀφικνεῖται καὶ ἐμπίπτει ταῖς πάγαις τῇ μούσῃ κεχειρωμένα (*N. A.* 12, 46).

> « Dans un premier temps, quand le son parvient à leurs oreilles, les bêtes sont frappées de stupeur et remplies d'une sorte de terreur, mais ensuite elles sont plongées par la musique dans une jouissance irrépressible et contre laquelle elles ne peuvent lutter, et, fascinées, elles en oublient leurs petits et leurs maisons (...). Les bêtes tyrrhéniennes sont ainsi attirées comme sous l'effet d'un charme magique et captivant et, ensorcelées par la mélodie, elles arrivent et tombent dans les pièges, subjuguées par la musique » (éd. Scholfield et trad. Zucker).

À côté de cette description unique de l'attrait que la musique exercerait sur certaines espèces, Élien se plaît aussi à évoquer le chant mélodieux de quelques animaux, les cigales d'abord[112], mais surtout les oiseaux :

---

106 *Cf.* par exemple *N. A.* 1, 20, où est développé l'exemple des cigales et où Élien explique que « la nature a fait don aux cigales mâles de l'amour de la musique ».

107 Élien mentionne naturellement d'abord le dauphin, qui apprécie entre autres le son des *auloi* : *Cf. N. A.* 2, 6 ; 12, 45 ; voir également *N. A.* 12, 6, où Élien explique que les hommes épris de la musique s'emploient à pieusement enterrer les dauphins.

108 *Cf.* par exemple *N. A.* 1, 39 ; 12, 44 ; 12, 46.

109 *N. A.* 6, 31-32 ; 17, 18.

110 Voir *N. A.* 7, 27, où Élien nous apprend que les Arabes engraissaient leurs moutons au moyen de la musique plutôt que du fourrage. Sur la musique comme mode de domestication des animaux, lire Cross, *Vox naturae*", p. 147-158.

111 Sur ce point, voir *supra*, p. 33-36.

112 *N. A.* 1, 20. Notons que l'insecte est quelquefois appelé *ornis* (oiseau) par Élien.

τῶν ἐν ᾠδαῖς τε καὶ μούσαις ὀρνίθων οὐδεὶς διαλέληθεν, ἀλλ' ἴσμεν χελιδόνας καὶ κοσσύφους (...) λάλον (...) καὶ τὰ μὲν ἀπὸ τῶν κλάδων ἐπὶ τοὺς κλάδους μεταθέοντα ᾄδει, ὥσπερ οὖν οἴκους ἐξ οἴκων ἀμείβοντα, τὰ δὲ ἐν τοῖς λειμῶσι κατᾴδει, οἱονεὶ πανηγυρίζοντα, καὶ βίον ὡς ἂν εἴποις ἀνθηρὸν καὶ ἁβρὸν διαιτώμενα τὴν ἦρος ἐπιδημίαν μελῳδίαις ἔγωγ' ἂν φαίην εὐφημεῖ (*N. A.* 6, 19).

« Aucun des oiseaux qui chantent et émettent des sons mélodieux n'a échappé à l'attention des hommes, et nous savons que les hirondelles, les merles (...) sont bavards (...). Les uns chantent en sautant de branche en branche, comme s'ils échangeaient leur maison pour une autre, d'autres chantonnent dans les prairies, comme s'ils faisaient la fête et, coulant une existence que l'on pourrait qualifier de florale et suave, j'aurais envie de dire qu'ils célèbrent par leurs chants mélodieux l'arrivée du printemps » (éd. Scholfield et trad. légèrement modifiée Zucker).

Ce tableau idyllique d'une nature chantante et festive au printemps donne la mesure de l'émerveillement ressenti par Élien face aux prouesses musicales des oiseaux. Il n'est pas isolé dans l'œuvre : on y trouve encore une description vivante des émissions sonores « puissantes » de la perdrix[113], et surtout une autre charmante vignette, celle du rossignol, « le plus mélodieux et le meilleur musicien » (*ligurôtatè te kai eumousotatè*) des oiseaux, qui chante délicieusement pour lui-même dans les lieux écartés[114].

De telles aptitudes restent évidemment, pour Élien, l'œuvre de la nature. Cependant, son désir de montrer que les animaux l'emportent très fréquemment sur l'homme par leurs vertus et aptitudes naturelles (sa « contre-anthropologie », pour reprendre l'expression de Wolfang Hübner[115]) le fait fréquemment verser dans ce qui paraît être de prime abord un anthropomorphisme débridé. Il explique par exemple sans ciller que la perdrix « mise sur [ses] qualités vocales » pour ne pas être considérée comme du simple gibier, mais être maintenue en vie une fois capturée[116]. Quant à la cigale femelle, elle lui paraît garder le silence « à la manière d'une pudique fiancée[117] » – notons néanmoins que le même

113 *N. A.* 4, 13. Citons aussi, dans un registre un peu plus discordant, une évocation des croassements que la soif fait pousser l'été aux corbeaux : *cf.* *N. A.* 1, 47.

114 *N. A.* 1, 43. Cet oiseau fait partie des merveilles de la nature pour le caractère mélodieux de son chant : *cf.* encore *N. A.* 17, épilogue.

115 « Der Mensch in Aelians Tiergeschichten », *Antike und Abendland*, 30, 1984, p. 154-176.

116 *N. A.* 4, 13 : τῶν περδίκων οἱ τοροί τε καὶ ᾠδικοὶ τῇ σφετέρᾳ θαρροῦσιν εὐγλωττίᾳ ; « les perdrix qui ont une voix perçante et musicale misent sur leurs qualités vocales » ; éd. Scholfield et trad. Zucker.

117 *N. A.* 1, 20 : δίκην νύμφης αἰδουμένης. Signalons ici un autre passage piquant, *N. A.* 5, 9, où des cigales désapprouvent par leur mutisme le non-respect des limites entre le territoire de Locres et celui de Rhegium...

passage est empli d'informations exactes, notamment à propos des émissions puissantes (*kélados*) de ces « choreutes » (*choreutai*[118]). Élien affirme encore que le rossignol est non seulement, comme d'autres animaux, amoureux de la musique, mais aussi qu'il la pratique pour la gloire. Et il invoque à cette occasion le témoignage d'un certain Charmide de Marseille, pour qui le rossignol chante mieux en captivité que dans la nature. À l'en croire, cet oiseau multiplierait alors les prouesses musicales parce qu'il disposerait d'un public[119] :

> Χάρμιδος ἀκούω τοῦ Μασσαλιώτου λέγοντος φιλόμουσον μὲν εἶναι τὴν ἀηδόνα, ἤδη δὲ καὶ φιλόδοξον. Ἐν γοῦν ταῖς ἐρημίαις ὅταν ᾄδῃ πρὸς ἑαυτήν, ἁπλοῦν τὸ μέλος καὶ ἄνευ κατασκευῆς τὴν ὄρνιν ᾄδειν· ὅταν δὲ ἁλῷ καὶ τῶν ἀκουόντων μὴ διαμαρτάνῃ, ποικίλα τε ἀναμέλπειν καὶ τακερῶς ἑλίττειν τὸ μέλος (*N. A.* 5, 38).
>
> « J'ai lu dans un écrit de Charmide de Marseille que le rossignol était non seulement sensible à la musique, mais aussi sensible à la gloire. Lorsque, dans les endroits déserts, il chante pour lui-même, les airs de l'oiseau sont simples et sans apprêts, mais lorsqu'il est en captivité et ne manque pas d'auditeurs, il développe des mélodies variées et donne à son chant des inflexions harmonieuses » (éd. Scholfield et trad. légèrement modifiée Zucker).

Un autre oiseau, qu'Élien appelle « chasseur » (*agreus*), aurait eu la réaction inverse : s'il aimait beaucoup, lui aussi, écouter son propre chant, il devenait muet en captivité pour punir l'homme de l'avoir mis en cage[120].

On aurait néanmoins tort de voir dans les multiples merveilles (*paradoxa*), souvent invraisemblables, rapportées par Élien la simple expression d'un amour naïf pour les animaux. L'érudit, qui a sans doute eu conscience, comme Pline avant lui, qu'il était difficile de rendre compte de toutes les particularités du vivant à l'intérieur d'un cadre de pensée trop strictement stoïcien, n'hésite pas à sortir des limites de celui-ci : il attribue en effet aux bêtes, à maintes reprises, des formes d'activité cognitive (raisonnement[121], calcul[122]), ou encore

---

118 *N. A.* 1, 20.

119 C'est sans doute cette affirmation de Charmide que réfutait Plutarque en affirmant que le rossignol ne chante ni pour l'argent ni pour la gloire, mais simplement par amour du chant : voir *supra*, p. 106, note 79.

120 *Cf. N. A.* 8, 24.

121 *N. A.* 4, 13 ; 6, 59, etc.

122 *Cf. N. A.* 4, 53, où Élien citant Eudème déclare que les animaux privés de parole/raison (*aloga zôa*) possèdent une « arithmétique naturelle » (*phusikèn arithmètikèn*) ; voir également

un savoir (*sophia*[123]) ou un savoir-faire/art (*technè*[124]) « naturels », tout en étant conscients[125]. Et il ne se fait pas scrupule de rapporter la célèbre anecdote du stoïcien Cléanthe obligé, après observation des fourmis, d'admettre que les animaux ne sont pas complètement étrangers au raisonnement (*logismos*[126]).

Mais Élien ne pousse pas plus loin sa réflexion, car, pour lui, il s'agit avant tout de phénomènes qui dépassent la raison humaine, incapable de comprendre tous les secrets de la nature[127]. Il insiste ainsi sur la forme d'intelligence « mystérieuse », inexplicable (*aporrètos ennoia*) dont font preuve certaines espèces[128]. Cela vaut aussi pour les aptitudes musicales de certains animaux[129]. L'écrivain célèbre par exemple, à la manière de Platon, le don inestimable fait par la nature aux cygnes, capables, selon lui, de connaître à l'avance l'heure de leur mort et de signaler sans peur l'arrivée de celle-ci « [en modulant] pour eux-mêmes une sorte d'aria funèbre[130] », mais il déclare en même temps ne pas saisir le rapport particulier qu'entretiennent ces oiseaux avec la musique :

N. A. 6, 58, etc. Sur ce point, lire Stephen T. Newmyer, "Calculating Creatures : Ancients and Moderns on Understanding of Number in Animals", *Quaderni Urbinati di Cultura Classica*, 89, 2008, 2008, p. 117-124. Signalons que des scientifiques allemands viennent de démontrer que certaines espèces comme les corneilles pratiquent le calcul mental : *cf.* Diana A. Liao, Katharina F. Brecht, Lena Veit, Andreas, Nieder, "Crows 'Count' the Number of Self-Generated Vocalization", *Science*, vol. 384, Issue 6698, p. 874-877.

123 *Cf.* par exemple *N. A.* 1, 59 ; 11, 31, etc.

124 Le mot est par exemple employé par Élien à propos des animaux en *N. A.* 1, 11 ou encore en 1, 59 à propos des abeilles.

125 En cela, les animaux seraient d'une certaine manière supérieurs aux hommes : voir par exemple *N. A.* 2, 18, où Élien oppose le savoir immédiat des bêtes à celui acquis progressivement par les humains ; plus généralement, sur ce point, *cf.* Zucker, « Introduction », p. XXXI.

126 *N. A.* 6, 50. Plutarque (*Soll. an.* 967e-f) la rapporte lui aussi.

127 Sur ce point, lire Smith, *Man and Animal in Severan Rome*, p. 117-118.

128 *Cf.* par exemple *N. A.* 4, 10, où il évoque « la forme d'intelligence naturelle et mystérieuse » (*tina phusikèn kai aporrhèton ennoian*) avec laquelle les éléphants rendent un culte à la lune ; lire Zucker, « "C'est la nature qui est magicienne" (Élien, *PA*, 2, 14) », *in* Alain Moreau et Jean-Claude C. Turpin (éd.), *La magie*, actes du colloque international de Montpellier, 25-27 mars 1999, Montpellier, Université Paul Valéry, 2000, p. 79-94 ; Gilles Courtieux, « *Elephas religiosus*. Variations grecques, romaines, païennes, juives et chrétiennes sur le thème de la religiosité animale », *Frontières. Revue d'Archéologie, Histoire et Histoire de l'Art*, 8, 2023 [https://journals.openedition.org/frontieres/1616].

129 *Cf.* par exemple *N. A.* 11, 12, où sont évoqués à la fois l'amour pour la musique et l'intelligence du dauphin, ainsi que l'amitié que cet animal éprouve pour l'homme.

130 *Cf. N. A.* 5, 34 : ὁ κύκνος μελῳδεῖ τινα ἐπικήδειον ἑαυτῷ μοῦσαν ; éd. Scholfield et trad. légèrement modifiée Zucker. Sur le passage de Platon en question, et, plus généralement,

κύκνος δέ, ὅνπερ οὖν καὶ θεράποντα Ἀπόλλωνι ἔδοσαν ποιηταὶ καὶ λόγοι μέτρων ἀφειμένοι πολλοί, τὰ μὲν ἄλλα ὅπως μούσης τε καὶ ᾠδῆς ἔχει εἰπεῖν οὐκ οἶδα· πεπίστευται δὲ ὑπὸ τῶν ἄνω τοῦ χρόνου ὅτι τὸ κύκνειον οὕτω καλούμενον ᾄσας εἶτα ἀποθνήσκει. Τιμᾷ δὲ ἄρα αὐτὸν ἡ φύσις καὶ τῶν καλῶν καὶ ἀγαθῶν ἀνθρώπων μᾶλλον, καὶ εἰκότως· εἴ γε τούτους μὲν καὶ ἐπαινοῦσι καὶ θρηνοῦσιν ἄλλοι, ἐκεῖνοι δὲ εἴτε τοῦτο ἐθέλοις εἴτε ἐκεῖνο, ἑαυτοῖς νέμουσιν (*N. A.* 2, 32).

« Du cygne, que les poètes et de nombreux textes en prose donnent d'ailleurs comme servant d'Apollon, je ne puis dire quelles sont, en général, ses relations avec la musique et le chant ; mais c'est une croyance des gens du temps passé qu'il meurt après avoir chanté ce qu'on appelle "le chant du cygne". Ce qui veut dire que la nature le tient en plus grande estime encore que les hommes vertueux, et cela se comprend : en effet, si dans le cas des hommes c'est autrui qui prononce des louanges et des lamentations funèbres, dans le cas des cygnes, qu'il s'agisse de louanges ou de lamentations, ce sont les oiseaux eux-mêmes qui se les accordent » (éd. Scholfield et trad. Zucker).

Les cygnes sont explicitement décrits dans l'œuvre comme les oiseaux d'Apollon. L'art et le savoir naturels mystérieux dont Élien investit les animaux apparaissent souvent dans un cadre religieux, en lien avec le sentiment de piété souvent attribué à cet auteur[131]. Ce dernier déclare en effet que c'est la providence (*pronoia*) divine qui, au-delà de la nature, a pourvu les animaux de l'intelligence et du savoir dont ces derniers avaient besoin, car ils sont aimés des dieux[132].

Le cygne est ainsi profondément chéri par Apollon, au culte duquel il participe grâce au talent musical exceptionnel qui est le sien. Élien place alors dans un mythique temple d'Apollon situé sur les monts Rhipées une savoureuse symphonie de cygnes et d'Hyperboréens prenant place au milieu des cérémonies en l'honneur du dieu[133] :

Ὅταν οὖν οἵ τε ᾠδοὶ τῇ σφετέρᾳ μούσῃ τῷ θεῷ προσᾴδωσι καὶ μέντοι καὶ οἱ κιθαρισταὶ συγκρέκωσι τῷ χορῷ παναρμόνιον μέλος, ἐνταῦθά τοι καὶ οἱ κύκνοι συναναμέλπουσιν ὁμορροθοῦντες καὶ οὐδαμῶς οὐδαμῇ ἀπηχὲς καὶ ἀπῳδὸν ἐκεῖνοι

---

sur le mythe du chant de l'oiseau d'Apollon et la qualité musicale qui lui est traditionnellement associée dans l'Antiquité, voir *supra*, p. 116, note 10.

131 Il faut ici souligner que, selon Philostrate (*V. soph.* 2, 31), Élien était « grand-prêtre » (*archiereus*), peut-être à Préneste, son lieu de naissance : voir la mise au point de Vespa, « Les animaux et leur place dans le polythéisme gréco-romain », p. 117-118 ; et, plus généralement, sur l'importance de la piété et de la religion dans l'œuvre d'Élien, *cf.* Smith, *Man and Animal in Severan Rome*, p. 121-146.

132 *N. A.* 11, 31 ; voir encore *N. A.* 7, 2 ; 11, 7 et 35 ; 13, 1.

133 Les cygnes passaient pour avoir emmené Apollon chez les Hyperboréens. Ces oiseaux étaient aussi censés connaître l'avenir : *cf.* Aristophane, *Au.* 724, etc.

μελῳδοῦντες, ἀλλὰ ὥσπερ οὖν ἐκ τοῦ χορολέκτου τὸ ἐνδόσιμον λαβόντες καὶ τοῖς σοφισταῖς τῶν ἱερῶν μελῶν τοῖς ἐπιχωρίοις συνᾴσαντες. Εἶτα τοῦ ὕμνου τελεσθέντος οἵ δὲ ἀναχωροῦσι τῇ πρὸς τὸν δαίμονα τιμῇ τὰ εἰθισμένα λατρεύσαντες καὶ τὸν θεὸν ἀνὰ πᾶσαν τὴν ἡμέραν οἱ προειρημένοι ὡς εἰπεῖν χορευταὶ πτηνοὶ μέλψαντές τε ἅμα καὶ ᾄσαντες (*N. A.* 11, 1).

« Au moment où les chanteurs font monter leurs hymnes vers le dieu et que les citharistes accompagnent leur chœur en jouant une mélodie d'une harmonie parfaite, des [nuées de] cygnes se joignent à ce concert en chantant ensemble d'une seule voix et en entonnant un air qui n'est jamais discordant ni dissonant : c'est comme si un coryphée leur donnait le ton et qu'ils chantaient à l'unisson avec les spécialistes locaux de la musique sacrée. Une fois l'hymne achevé, lorsqu'ils se sont acquittés du service religieux qu'ils doivent traditionnellement rendre à la divinité et qu'ils ont glorifié et exalté le dieu pendant toute la journée, ces oiseaux que l'on pourrait qualifier de "choristes ailés" se retirent » (éd. Scholfield et trad. modifiée Zucker).

Selon la légende, ce sont les cygnes qui auraient emmené Apollon chez les Hyperboréens[134]. La scène décrite ici par Élien, au-delà de l'ambition littéraire dont elle témoigne, est éminemment significative. D'abord, l'auteur réussit son dessein de démontrer que les animaux l'emportent fréquemment sur les hommes par leurs vertus sociales ou morales : la piété dont les cygnes font éminemment preuve chez les Hyperboréens est une des vertus humaines cardinales pour les stoïciens. Surtout, il démontre que les dieux, auxquels les animaux sont chers pour leurs vertus, leur octroient d'emblée et sans réticence le savoir et l'art qui sont *a priori* l'apanage des hommes. Les cygnes possèdent ici naturellement une habileté musicale qui est au moins égale à celle des citharistes professionnels auxquels ils se sont joints : par la grâce divine, dont les mystères sont inaccessibles à la raison humaine, les oiseaux possèdent une *technè* susceptible de rivaliser avec celle des hommes[135]. Cette étonnante performance multi-espèces est sans doute une des meilleures preuves susceptibles de montrer à quel point, à l'époque impériale, la musique pouvait être pensée comme une activité qui était loin d'être le privilège des humains[136].

134 Pour une confrontation de ce passage à la tradition antérieure, se reporter à Ilaria Sforza, « Il canto dei cigni iperborei ad Apollo : note su Eliano, *De natura animalium* XI, 1 » *in* Romina Carboni et Marco Giuman, Sonora. *La dimensione acustica nel mondo mitico, magico e religioso dell'antichità classica*, Pérouse, Morlacchi, 2015, p. 228-242.

135 *Cf.* sur ce point, Smith, *Man and Animal in Severan Rome*, p. 119-120.

136 *Cf.* LeVen, *Music and Metamorphosis in Greco-Roman Thought*, p. 41, où la performance des cygnes et des citharistes est qualifiée avec humour par l'auteure de « flash mob ».

Cet art peut d'ailleurs être chez Élien le fruit d'un apprentissage et d'un enseignement. L'auteur, en dépit de tout son stoïcisme présumé, ne craint pas de rapporter l'observation bien connue d'Aristote – et attribuée par lui au Stagirite en personne – selon laquelle les rossignols se transmettent par l'enseignement leur répertoire de génération en génération[137]. La palme revient néanmoins cette fois-ci chez Élien au cygne : l'érudit rapporte d'abord la célèbre anecdote aristotélicienne[138] selon laquelle « une bande de cygnes » aurait un jour fait entendre « s'élevant de leurs rangs comme d'un chœur à l'unisson, un chant très doux, quoique plaintif et de nature à inspirer de la compassion à ceux qui [l'écoutaient][139] ». Il assortit cependant la notice du Stagirite de détails de son cru : cet oiseau se plairait à hanter les plans d'eau écartés pour y « étudier la musique[140] ».

La connotation éminemment religieuse qui colore toutes les anecdotes rapportées par Élien au sujet du cygne vient opportunément nous rappeler que celui-ci n'avait sans doute pas vraiment l'ambition avec ses belles histoires de participer au débat qui opposa sous l'Empire les stoïciens aux médio-platoniciens et aux néo-académiciens à propos de la raison qu'il convenait ou non d'attribuer aux animaux. Les vocalises des oiseaux, au même titre que leurs comportements vertueux, constituent avant tout pour lui un moyen d'atteindre les buts principaux qu'il a assignés à son œuvre : d'abord démontrer la sagesse de la nature[141] et surtout exalter la grandeur des croyances et pratiques cultuelles traditionnelles, et cela, peut-être – qui sait ? – dans un contexte de polémique chrétienne contre le polythéisme[142].

---

137 *N. A.* 3, 40 : λέγει δὲ Ἀριστοτέλης ἰδεῖν αὐτὸς τὰ νεόττια τῆς ἀηδόνος ὑπὸ τῆς μητρὸς διδασκόμενα ᾄδειν ; « Aristote raconte avoir vu de ses yeux les petits du rossignol recevoir des leçons de chant de leur mère » ; éd. Scholfield et trad. Zucker.

138 *N. A.* 10, 36 ; sur le passage d'Aristote, voir *supra*, p. 76, note 101. Sur la présence d'une vision aristotélicienne des animaux chez Élien, *cf.* García Valdés « Cienca y moral : Eliano desde Aristóteles y a la luz del estoicismo y la "zoofilia" moderna », p. 1-13.

139 *N. A.* 10, 36 : τι μέλος αὐτῶν ὡς ἐκ χοροῦ τινος ὁμοφώνου, πάνυ μὲν ἡδύ, γοερόν γε μήν, καὶ οἷον ἐς οἶκτον ἐπικλάσαι τοὺς ἀκούοντας ; éd. Scholfield et trad. Zucker.

140 *N. A.* 10, 36 : μούσας φιλοσοφεῖν.

141 Maspero, « Introduzione », p. 7.

142 Marco Vespa, « Les animaux et leur place dans le polythéisme gréco-romain », p. 118.

DE LA SCIENCE INFUSE AU FAIRE SANS SAVOIR

Le néo-platonisme et la pensée chrétienne

L'époque tardo-impériale vit s'accentuer, dans le domaine de la philosophie, une tendance déjà perceptible aux générations précédentes : on se consacra avant tout à l'exégèse et au commentaire des grandes autorités du passé, Platon et Aristote *in primis*, mais aussi Chrysippe et Épicure[1]. Parmi les problématiques débattues, nous retrouvons bien sûr celles traitant de la condition animale, entre autres marquées par un intérêt récurrent pour les comportements révélateurs de la présence, chez certaines espèces, d'une forme d'intelligence et de raisonnement. Dans ce cadre, on relève quelques réflexions consacrées au chant des oiseaux, qui se situent dans la ligne de celles que nous avons déjà relevées chez les grands noms auxquels se réfèrent les philosophes tardifs.

On pense d'abord ici aux auteurs appartenant à la galaxie composite des sectateurs tardifs de Platon, que l'on désigne du terme générique de néo-platoniciens. Parmi eux, Plotin, fondateur d'une école destinée à devenir l'une des plus importantes de la Rome du IIIe siècle, et surtout son disciple et successeur Porphyre pratiquaient le végétarisme et prônaient un régime de vie ascétique d'inspiration pythagoricienne. Nous allons voir comment l'un et l'autre – et, après eux, deux auteurs d'inspiration néo-platonicienne, Macrobe et Martianus Capella –, se sont intéressés à la sensibilité animale à la musique et notamment au chant des oiseaux. Et ils l'ont fait soit en reprenant les arguments de leurs prédécesseurs médio-platoniciens, soit en développant une exégèse personnelle des textes de Platon.

Aux derniers siècles de l'Empire romain, la même thématique apparaît encore dans l'œuvre des chrétiens qui ont élaboré les enseignements fondamentaux de la nouvelle religion. Rappelons d'emblée que les

1 Pierre Hadot, *Qu'est-ce que la philosophie antique ?*, Paris, Gallimard, 1995, p. 232-237.

premiers penseurs de l'Église étaient avant tout soucieux de faire ressortir la position prééminente de l'homme au sein de la Création : ils ont donc abordé la question des facultés des animaux en s'inscrivant dans la mouvance des stoïciens qui faisaient de la raison le privilège exclusif de l'homme. C'est dans cette optique qu'ils se sont ponctuellement intéressés aux comportements des animaux susceptibles d'apparaître proches des pratiques musicales humaines. Le texte le plus significatif à cet égard est le *De musica* d'Augustin, dont le livre I affronte indirectement la question des prouesses vocales du rossignol : nous soulignerons comment, dans ce dialogue, se donnent rendez-vous tous les enjeux du débat antique que nous nous sommes efforcés de retracer, en une sorte de témoignage épigonal aboutissant à une vision systématique qui influencera durablement les débats ultérieurs.

NOUS, *LOGOS* ET MUSIQUE ANIMALE

Commençons, ainsi qu'annoncé, par les néo-platoniciens, et d'abord Plotin (205-270 ap. J.-C.). Les écrits de Platon se profilent en filigrane des propos de ce philosophe touchant au chant des oiseaux. Ainsi, c'est peut-être aux hommes-cigales que pense Plotin lorsqu'il déclare, dans les *Ennéades*, que les oiseaux chanteurs sont heureux lorsqu'ils chantent parce que leur nature est de chanter :

> Εἴτε ἐν εὐπαθείᾳ τὴν εὐζωίαν τις θήσεται, εἴτε ἐν ἔργῳ οἰκείῳ τελειουμένῳ, κατ' ἄμφω καὶ τοῖς ἄλλοις ζῴοις ὑπάρξει. Καὶ γὰρ εὐπαθεῖν ἐνδέχοιτο ἂν καὶ ἐν τῷ κατὰ φύσιν ἔργῳ εἶναι · οἷον καὶ τὰ μουσικὰ τῶν ζῴων ὅσα τοῖς τε ἄλλοις εὐπαθεῖ καὶ δὴ καὶ ᾄδοντα ᾗ πέφυκε καὶ ταύτῃ αἱρετὴν αὐτοῖς τὴν ζωὴν ἔχει (*Enn.* 1, 4, 1).
>
> « Si (…) on met le bien vivre au rang du bonheur, il appartient aux autres animaux. Il leur appartient aussi, si on en fait l'accomplissement de la fonction propre. Ils peuvent en effet être heureux quand ils agissent conformément à leur nature ; par exemple les oiseaux chanteurs qui, heureux d'ailleurs, sont aussi heureux d'exercer en chantant leur fonction naturelle et atteignent ainsi la vie désirable pour eux » (éd. et trad. Bréhier).

Mais, ici, le philosophe cherche certainement moins à faire apparaître le chant comme une fin en soi qu'à traiter d'une question philosophique plus générale : tout être vivant peut-il être considéré ou non comme susceptible d'atteindre une forme de bonheur[2] ? Pour comprendre le sens de cette question, il convient de retourner à l'*Éthique à Nicomaque*, avec qui dialogue aussi ce passage. Le vrai bonheur, observait Aristote, se trouve dans l'exercice de nos facultés intellectuelles : il consiste en « une certaine activité théorique[3] ». Or, comme les animaux sont dépourvus de facultés intellectuelles, ils ne peuvent participer à ce bonheur. Mais l'argument n'est pas convaincant aux yeux de Plotin : plutôt que d'insister sur le fait que le bonheur est dans la « vie raisonnable », selon lui, il faudrait admettre, plus généralement et plus fondamentalement, qu'il se trouve dans la vie même. Or, si ce n'est *stricto sensu* qu'à l'« être dont la vie est sans déficience » qu'appartient le « bonheur réel[4] », il faut en même temps reconnaître que, dans tous les autres êtres, il se réalise à la mesure de leur propre vie, c'est-à-dire lorsqu'ils atteignent ce qui est désirable pour eux. Donc, si on met le « bien vivre au rang du bonheur », il faudra en inférer que les animaux en sont tout à fait capables. Lorsque les oiseaux chantent, il « atteignent la vie désirable pour eux ». Tout en s'inspirant du principe aristotélicien de la conformité à la fin[5], Plotin finit ainsi par le retourner contre les arguments formulés par Aristote lui-même.

En dernière instance, la solution du problème est ici métaphysique. En effet si, dans la perspective de Plotin, la vie parfaite réside dans l'intellect (*nous*[6]), il faut à son sens aussi admettre que tous les êtres vivants dérivent d'un principe unique et vivent donc en conformité avec la raison universelle[7]. Ils peuvent certes plus ou moins s'approcher ou s'éloigner de cette raison, comme lorsque la mauvaise constitution d'un

2 Sur ce point, *cf.* Christoph Hammann, « Plotin über den Unterschied zwischen Pflanze, Tier und Mensch », *in* Jochen Althoff, Sabine Föllinger et Georg Wöhrle (éd.), *Antike Naturwissenschaft und ihre* Rezeption, Trèves, Wissenschaftlicher Verlag Trier, 2020, p. 105-128.

3 *Nic.* K 6, 1178b : θεωρητική τις ἐνέργεια.

4 *Enn.* 1, 4, 3 : Εἰ (…) ὅτῳ ἄγαν ὑπάρχει τὸ ζῆν – τοῦτο δέ ἐστιν ὃ μηδενὶ τοῦ ζῆν ἐλλείπει – τὸ εὐδαιμονεῖν, μόνῳ ἂν τῷ ἄγαν ζῶντι τὸ εὐδαιμονεῖν ὑπάρχοι · ; « si l'on considère l'être vivant à son degré supérieur, l'être dont la vie est sans déficience, c'est à lui seul qu'appartient le bonheur réel » ; éd. et trad. Bréhier.

5 *Nic.* A 8, 1098b 21 ; K 6, 1176a 31.

6 Pour les néo-platoniciens, l'intellect est la deuxième hypostase, c'est-à-dire le deuxième des trois principes structurant l'intelligible, avec l'Un (qui est le premier de ces principes) et l'Âme.

7 *Enn.* 2, 3, 13-14.

corps, comparable à une lyre désaccordée, devient « incapable de recevoir l'accord exact qui produit les sons musicaux[8] » ; mais par principe on ne pourra pas se séparer de sa propre nature[9]. Il convient donc d'admettre qu'une forme de bonheur est présente à un degré variable dans tout être vivant, y compris les animaux et les plantes. Le chant des oiseaux, présenté par Platon comme toujours joyeux[10], est donc interprété ici comme le signe de cette présence ou de cette participation à la raison universelle qui s'exprime comme une forme de bonheur.

Un peu plus loin, au livre III des *Ennéades*, Plotin souligne encore, en se souvenant de Platon, la proximité de l'homme et de l'animal par une reprise de l'antique doctrine de la métempsycose : « l'âme en sortant du corps, devient celle de ces fonctions qui avait en elle le plus de développement[11] ». C'est ainsi que, pour le philosophe, les hommes qui ont vécu en suivant leur humanité redeviendront hommes ; ceux qui ont obéi essentiellement à leurs sensations redeviendront animaux (et même des animaux particulièrement lascifs et avides, si à la sensation se sont ajoutés plaisir et désir) ; ceux qui se sont révélés dépourvus de sensibilité reviendront sous la forme de plantes. De la même manière, « les amis de la musique, dont l'âme est restée pure, se transforment en oiseaux chanteurs[12] ». Ici apparaît le motif d'Orphée métamorphosé en cygne présent dans la *République* de Platon[13], ainsi que celui du chant des oiseaux comme signe de pureté et de proximité avec le monde des dieux : on pense en effet au chant joyeux que le cygne, selon le *Phédon*, ferait entendre au moment de mourir et de s'envoler vers Apollon[14].

Les réflexions de Plotin consacrées aux émissions sonores des animaux restent néanmoins ponctuelles. L'intérêt pour la thématique dont a témoigné son disciple Porphyre (234-305), dans une perspective morale appuyée dans une certaine mesure sur une réflexion d'intérêt sémiotique,

8 *Enn.* 2, 3, 13 : οἷον οὐχ οὕτως ἁρμοσθείσης λύρας, ὡς δέξασθαι τὸ ἀκριβὲς <τῆς> ἁρμονίας εἰς τὸ μουσικοὺς ἀποτελεῖν τοὺς φθόγγους ; « le corps est alors comme une lyre désaccordée et incapable de recevoir l'accord exact qui produit les sons musicaux réels » ; éd. et trad. Bréhier.

9 *Enn.* 2, 3, 13.

10 Voir *supra*, p. 62.

11 *Enn.* 3, 4, 2 : Ἐξελθοῦσα δέ, ὅτι περ ἐπλεόνασε, τοῦτο γίνεται ; éd. et trad. Bréhier.

12 *Enn.* 3, 4, 2 : Τοὺς δὲ φιλομούσους μέν, καθαρίους δὲ τὰ ἄλλα, εἰς τὰ ᾠδικά ; éd. et trad. Bréhier.

13 *Rsp.* 10, 620a.

14 *Phaed.* 84e-85b.

est peut-être plus accentué. Dans le *De Abstinentia*, qui constitue notre principale source sur le végétarisme antique, Porphyre se propose entre autres de faire ressortir le crime que constitue, selon lui, la mise à mort, pour les manger, d'animaux doués non seulement de sensibilité mais aussi de raison. À la suite d'illustres prédécesseurs, le pythagoricien Apollonios de Tyane, les médio-platoniciens Plutarque et Celse ou encore le sceptique pyrrhonien Sextus Empiricus[15], il montre d'abord que les animaux possèdent le *logos prophorikos*, le discours / la raison proféré(e)[16]. Il soutient en effet que la plupart possèdent un véritable langage : les animaux, même si nous ne les comprenons pas, de la même manière que nous ne saisissons pas les langues barbares, et même s'ils semblent « gazouiller » (*klaggazein*, littéralement « émettre des sons rauques et aigus ») à la manière des Scythes, parlent bel et bien entre eux[17].

15 Voir *supra*, p. 109-110. Le discours de Porphyre, comme celui de ses prédécesseurs, est ici bien sûr entre autres dirigé contre les stoïciens : *cf.* G. Fay Edwards, "The Purpose of Porphyry's Rational Animals : a Dialectical Attack on the Stoics in *On abstinence from animal food*" *in* Richard Sorabji (éd.), *Aristotle Re-interpreted : New Findings on Seven Hundred Years of the Ancient Commentators*, Londres-New York, Bloomsbury, 2016, p. 263-289.

16 *Cf. Abst.* 3, 3, 1-2 : ἐπεὶ τοίνυν διττὸς ἦν, ὃ μὲν ἐν τῇ προφορᾷ, ὃ δὲ ἐν τῇ διαθέσει, ἀρξώμεθα πρότερον ἀπὸ τοῦ προφορικοῦ καὶ τοῦ κατὰ τὴν φωνὴν τεταγμένου. Εἰ δὴ προφορικός ἐστι λόγος φωνὴ διὰ γλώττης σημαντικὴ τῶν ἔνδον καὶ κατὰ ψυχὴν παθῶν (…), τί τούτου ἄπεστι τῶν ζῴων ὅσα φθέγγεται; τί δὲ οὐχὶ καὶ ἃ πάσχει τι, πρότερον καὶ πρὶν εἰπεῖν ὃ μέλλει, διενοήθη; λέγω δὴ διάνοιαν τὸ ἐν τῇ ψυχῇ κατὰ σιγὴν φωνούμενον; « et puisque (…) il y a deux sortes de discours qui consistent, l'un dans la prolation et l'autre dans la faculté, commençons d'abord par celui qui est proféré et qui consiste dans le son de la voix. Si donc le discours proféré est un son signifiant au moyen de la langue les affects internes ou de l'âme (…), en quoi les animaux qui parlent en sont-ils privés ? et pourquoi aussi, avant même de dire ce qu'ils veulent dire, ne commencent-ils pas par penser ce qu'ils éprouvent ? (J'entends par pensée ce qui sonne en silence dans l'âme) » ; éd. et trad. Bouffartigue et Patillon.

17 *Abst.* 3, 3, 5 : καθάπερ γὰρ ἡμεῖς ψόφου μόνου ἀντιλαμβανόμεθα καὶ ἤχου, ἀξύνετοι ὄντες τῆς φέρε Σκυθῶν ὁμιλίας, καὶ κλαγγάζειν δοκοῦσι καὶ μηδὲν διαρθροῦν, ἀλλ' ἑνὶ ψόφῳ χρῆσθαι μακροτέρῳ ἢ βραχυτέρῳ, τὸ παρηλλαγμένον δὲ αὐτοῦ εἰς σημασίαν οὐδαμῶς προσπίπτει, ἐκείνοις δὲ εὐσύνετος ἡ φθέγξις καὶ πολὺ τὸ διάφορον ἔχουσα, καθάπερ ἡμῖν ἡ συνήθης· οὕτως καὶ ἐπὶ τῶν ζῴων ; « Car de même que nous ne percevons qu'un bruit et un son, du fait que nous ne sommes pas en mesure de comprendre, par exemple, un entretien entre des Scythes, et qu'il nous semble qu'ils gazouillent, qu'ils n'articulent rien, mais qu'ils émettent toujours un même bruit tantôt long et tantôt court, sans que sa modulation ne parvienne à notre oreille en formant quelque sens que ce soit, tandis que leur parler est pour eux très intelligible et très distinct, comme l'est pour nous la langue qui nous est familière ; de même chez les animaux » ; éd. et trad. légèrement modifiée Bouffartigue et Patillon. Sur les arguments développés par Porphyre en faveur de l'existence d'un langage chez les animaux, se reporter à Richard Sorabji, « Esprits d'animaux », *in* Cassin, Labarrière et Romeyer Dherbey (éd.), *L'animal dans l'Antiquité*, p. 370-373.

Mais Porphyre ne se contente pas de suggérer que les émissions sonores des animaux font sens ; il prend également jusqu'à un certain point en compte la musicalité de certains d'entre eux, dont il se sert pour démontrer « après Aristote, Platon, Empédocle, Pythagore, Démocrite et tous ceux qui ont eu à cœur la vérité[18] » que les animaux participent au *logos*. Après avoir souligné que de nombreuses espèces réagissent à la musique humaine – il observe en particulier que « certains airs de musique calment même les cerfs, les taureaux et d'autres animaux sauvages qui deviennent doux[19] » –, il invoque à son tour le témoignage d'Aristote selon lequel le chant des rossignols n'est pas inné mais acquis, puisque les parents doivent l'enseigner à leurs petits. Il en profite alors, toujours en invoquant l'autorité du Stagirite, pour généraliser son propos aux animaux qui apprennent (entre autres) à parler à leur progéniture[20]. Il fait également appel à la musique pour prouver que les animaux ont le *logos endiathetos* (le discours intérieur / la pensée). En effet, comme, selon lui, les animaux sont capables d'acquérir une réelle habileté dans les « arts humains » (*technai anthrôpinai*), et peuvent par exemple apprendre à danser ou à jouer de l'*aulos* et de la cithare (ὀρχεῖσθαι μανθάνοντα (…) αὐλεῖν τε καὶ κιθαρίζειν), ils possèdent la raison, puisque la pratique de ces arts la présuppose forcément[21].

18 *Cf. Abst.* 3, 6, 7 : Ἀριστοτέλης γε καὶ Πλάτων Ἐμπεδοκλῆς τε καὶ Πυθαγόρας Δημόκριτός τε καὶ ὅσοι ἐφρόντισαν τὴν ἀλήθειαν περὶ αὐτῶν ἑλεῖν, ἔγνωσαν τὸ μετέχον τοῦ λόγου ; « Aristote pourtant et Platon, Empédocle et Pythagore, Démocrite et tous ceux qui se sont appliqués à découvrir la vérité sur les animaux, leur ont reconnu la participation à la raison » ; éd. et trad. légèrement modifiée Bouffartigue et Patillon. *Logos* est traduit « discours » par Jean Bouffartigue et Michel Patillon, mais comme il a été question quelques lignes auparavant (*Abst.* 3, 6, 6) de la « part d'intelligence » (*sunesis*) que possèdent les animaux, nous préférons traduire par « raison » pour inscrire les affirmations de Porphyre dans la continuité de celles de Plutarque. Il est vrai que la référence à Platon est ici étonnante : lire à ce sujet la note 4 rédigée par Bouffartigue et Patillon, *Porphyre. De l'abstinence* II (livres II-III), p. 236. Quant à la mention d'Aristote, elle est peut-être justifiée par l'apparition, quelques lignes plus haut (*Abst.* 3, 6, 5), de la fameuse anecdote aristotélicienne de la leçon du rossignol à ses petits.

19 *Abst.* 3, 6, 2 : σωφρονίζονται δὲ καὶ μέλεσιν καὶ ἥμεροι ἐξ ἀγρίων γίγνονται ἔλαφοι καὶ ταῦροι καὶ ἕτερα ζῷα ; éd. et trad. Bouffartigue et Patillon.

20 *Abst.* 3, 6, 5 : εἰ μέντοι πιστεύειν δεῖ Ἀριστοτέλει, καὶ διδάσκοντα ὤφθη οὐ μόνον τῶν ἄλλων τι ποιεῖν τὰ τέκνα τὰ ζῷα, ἀλλὰ καὶ φθέγγεσθαι, ὡς ἀηδὼν τὸν νεοττὸν ᾄδειν ; « s'il faut en croire Aristote, on voit les animaux assurer l'éducation de leurs petits et leur apprendre entre autres choses à parler : le rossignol par exemple apprend à son petit à chanter » ; éd. et trad. Bouffartigue Patillon.

21 *Abst.* 3, 15, 1-2 ; éd. et trad. Bouffartigue et Patillon.

Quels exemples pouvait avoir à l'esprit le philosophe pour affirmer avec autant d'assurance que d'invraisemblance que certains animaux étaient capables de jouer d'instruments de musique ? Quelque singe capable de toucher les cordes d'un instrument ou de souffler dans l'*aulos* et peut-être aperçu aux jeux du cirque, comme semble le suggérer la mention, dans le même passage, d'animaux dressés à tirer à l'arc ou encore à monter à cheval ? Nous ne le saurons jamais et retiendrons simplement de ce passage que les animaux musiciens de Porphyre, comme ceux de Plutarque avant eux, apparaissent détenteurs d'un *logos* qui leur permet de posséder une forme de *technè*.

Un autre néo-platonicien, Macrobe, qui vécut au tournant des IVe et Ve siècles, est pour sa part retourné à la lettre du texte de Platon pour développer entre autres les célèbres idées d'« âme du monde » et d'« harmonie des sphères », introduites dans le *Timée*[22], et pour les appliquer au phénomène des oiseaux chanteurs. Dans son *Commentaire au Songe de Scipion*, où il propose une lecture platonicienne du célèbre rêve de Scipion Émilien décrit dans la *République* de Cicéron (6, 9-29), la musique est présentée comme une preuve décisive de la participation de tous les êtres à l'âme du monde, la troisième hypostase néo-platonicienne. En effet, tout être vivant ne peut qu'être sensible au pouvoir de la musique, puisque l'âme du monde, « par qui tout est animé », tire d'elle-même son origine[23]. Ici est réactivée l'idée, d'origine pythagoricienne, développée dans le *Timée*[24], que l'âme a été formée au moyen des nombres correspondant aux consonances harmoniques fondamentales : à cause de cela, elle anime l'univers d'un mouvement musical. Il est dès lors aisé d'expliquer pourquoi tous les êtres animés sont sensibles à la musique. Macrobe mentionne ensuite une figure que nous avons eu à plusieurs reprises l'occasion de croiser et qui revêtait une grande importance pour les néo-platoniciens[25] : celle d'Orphée, dont « on raconte qu'il

22 *Tim.* 34b – 37c ; *Rsp.* 7, 530d, 10, 617b ; *Crat.* 405c ; voir aussi Aristote, *Cael.* 9, 290b 12. Macrobe, *Somn.* 2, 3, 1 cite pour sa part la *République*.

23 *Cf. Somn.* 2, 3, 11 : *Iure (...) musica capitur omne quod uiuit, quia caelestis anima, qua animatur uniuersitas, originem sumsit ex musica* ; « il est (...) normal que la musique captive tout ce qui vit, puisque l'Âme qui anime l'univers a pris son origine dans la musique » ; éd. et trad. Armisen-Marchetti.

24 *Tim.* 35b-c.

25 Sur Orphée dans le néo-platonisme voir Brisson, *Orphée et l'Orphisme dans l'Antiquité gréco-romaine*, p. 43-103.

entraînait à lui les animaux privés de raison [...] par ses chants[26] ». Il rappelle encore « que certains oiseaux, certains animaux, terrestres ou aquatiques, à l'invitation de la musique se précipitent d'eux-mêmes dans les filets », tandis que « le chalumeau du berger, si ses bêtes s'écartent pour paître, les fait rester tranquilles[27] ».

Surtout, pour lui, la nature musicale de l'âme présente en chaque être est à même de rendre compte des intrigantes performances musicales des oiseaux :

> *Et quid mirum si inter homines musicae tanta dominatio est, cum aues quoque, ut lusciniae, ut cygni, aliaeue id genus, cantum ueluti quadam disciplina artis exerceant ?* (*Somn.* 2, 3, 10).
>
> « Et faut-il s'étonner de voir la musique exercer un tel empire sur les hommes quand les oiseaux aussi – rossignols, cygnes et autres semblables – pratiquent le chant avec une certaine science de cet art ? » (éd. et trad. modifiée Armisen-Marchetti).

Voilà une explication des prouesses musicales des oiseaux considérés comme les plus chanteurs dans l'Antiquité qui relance une thématique particulièrement rebattue mais lui donne une interprétation originale : parce que l'âme du monde anime les oiseaux comme les hommes, il n'y a pas lieu de s'étonner que le rossignol ou le cygne, pourtant dépourvus de raison, fassent preuve d'une certaine science musicale. Sans doute leur âme, elle aussi, « a-t-elle apporté avec elle en descendant dans un corps le souvenir de la musique qu'elle avait connue au ciel[28] ».

Mentionnons encore Martianus Capella, qui vécut également entre la deuxième moitié du IVe et le premier tiers du Ve siècle : cet auteur a composé des *Noces de Philologie et Mercure*, un poème allégorique en neuf livres qui aborde les différentes matières auxquelles un étudiant

26 *Somn.* 2, 3, 8 : *animalia ratione carentia (...) trahere cantibus ferebatur* ; éd. et trad. Armisen-Marchetti. La représentation d'Orphée charmant les animaux est omniprésente dans l'iconographie tardo-impériale : nous renvoyons à Vieillefon, *La figure d'Orphée dans l'Antiquité tardive*, p. 51-60, 61-79 et, plus généralement, 111-129 ; Vieillefon, « Les mosaïques d'Orphée dans les maisons de l'Antiquité tardive », p. 983-1000.

27 *Somn.* 2, 3, 10 : *nonullae uero uel aues uel terrenae seu aquatiles beluae, inuitante cantu, in retia sponte decurrant, et pastoralis fistula pastum progressis quietem imperet gregibus ?* ; éd. et trad. Armisen-Marchetti.

28 *Cf. Somn.* 2, 3, 7 : *anima (...) in corpus defert memoriam musicae, cuius in caelo fuit conscia* ; « L'âme fait passer dans le corps le souvenir de la musique dont elle avait connaissance au ciel » ; éd. et trad. Armisen-Marchetti.

doit successivement s'initier. Le couronnement de sa formation est la musique : le dernier livre est consacré à Harmonie, « sœur jumelle du ciel » (*germana gemella caelo*), engendrée par « l'immensité de la puissance créatrice inconnaissable » (*incogitabilis effigientiae immensitas*) et chargée par l'Un et l'Intellect d'accompagner la descente des âmes dans les corps pour être « leur modératrice[29] » (*moderatrix earum*). On comprend ici que, pour Martianus Capella comme pour Macrobe, la musique « modère » les âmes, et cela suffit à rendre compte de la sensibilité des animaux à la musique, sans qu'il soit nécessaire d'attribuer à ceux-ci une quelconque forme de raison :

> *Animalium uero sensus (...) cantibus incunctanter adduci saltem Thracius citharista perdocuit, in quo non fabula, sed ueritas gloriam procreauit : unde enim cerui fistulis capiuntur, pisces in stagno Alexandriae crepitu detinentur, cycnos Hyperboreos citharae cantus adducit ? Elephantos Indicos organica permulsos detineri uoce compertum, fistulis aues allici comprobatum ; fides delphinis amicitiam hominum persuaserunt* (Mart. Cap. 9, 927).
>
> « Quant aux sens des animaux, ils se laissent conduire sans aucune hésitation par <les> chants ; c'est du moins ce qu'a parfaitement montré le cithariste thrace : dans son cas, ce n'est pas une légende, mais la vérité même qui est à l'origine de sa gloire. En effet, comment se fait-il que l'on capture des cerfs avec des syrinx, que dans le bassin d'Alexandrie on retienne prisonniers des poissons grâce à des percussions, et que la musique de la cithare attire les cygnes hyperboréens ? On sait que les éléphants d'Inde sont charmés et maîtrisés par la musique de l'orgue (...) ; quant aux lyres, elles ont toujours persuadé les dauphins d'être les amis des hommes » (éd. et trad. Guillaumin).

Ressurgit encore la figure d'Orphée, dont les exploits sont présentés comme véridiques[30]. Martianus Capella n'aborde jamais les performances musicales des oiseaux chanteurs, se contentant de souligner l'éminente réactivité de certaines espèces à un instrument particulier. Cette réactivité est néanmoins révélatrice : elle montre une fois de plus à quel point les hommes et les animaux participent à un même et seul principe qui anime le monde.

---

29 9, 922 ; éd. et trad. Guillaumin.

30 Macrobe (*Somn.* 2, 3, 8), pour sa part, les considérait comme une légende (*fabula*) qu'il convenait d'interpréter dans un sens allégorique.

UN CHANT *NUMEROSUS*

Tel n'était pas l'avis des premiers chrétiens, qui, pour leur part, se sont attachés à séparer l'homme du reste de la Création. Une telle position était en accord avec les textes sacrés : la Genèse affirme sans ambiguïté que Dieu, après avoir créé indistinctement les animaux vivant dans les mers, les airs et sur terre[31], aurait façonné l'homme à son image et lui aurait soumis toutes les bêtes[32]. Le Nouveau Testament est sur la même ligne : si nombreux que soient les animaux dans les Évangiles, ils n'y sont jamais présentés comme les destinataires d'une parole exclusivement réservée à l'homme. Une lettre de saint Paul aux Corinthiens ne laisse en effet aucune place au doute : quand Dieu semble « se mettre en peine » (*melei*) des animaux, c'est en réalité « uniquement à cause de nous [les hommes] » (*di(a) hèmas pantôs*) qu'il « parle[33] » (*legei*), car leur chair ressuscitera, à la différence de celle des animaux[34]. Et il en va de même dans les écrits des premiers penseurs chrétiens : si les bêtes y font quelquefois l'objet d'une certaine sensibilité[35], elles sont surtout appréhendées à travers une lecture symbolique, à des fins essentiellement théologiques ou morales[36].

Fait remarquable, certains Pères de l'Église se sont approprié les vues stoïciennes à propos de l'instinct animal opposé à la raison humaine pour démontrer que l'homme n'avait rien à voir avec les bêtes[37]. Si, pour Tatien (vers 120-173 ap. J.-C.), ce n'est pas tant la raison que sa ressemblance avec Dieu qui distingue l'homme des animaux[38], Origène (vers 185-253 ap. J.-C.)

31 Gn. 1 : 20-25 ; voir aussi 2 : 19-20.

32 Gn. : 1. 26-28. L'homme était aussi libre de manger tous les animaux : *cf.* Gn. : 9. 2-3.

33 1 Cor. 9 : 9-10 ; éd. Nestle-Aland.

34 1 Cor. 15 : 39. *Cf.* Gilhus, *Animals, Gods and Humans*, p. 149-154, 162-172, 181 et 251-258.

35 On pense notamment à la dénonciation de la pratique païenne du sacrifice animal présente chez Minucius Felix, Tertullien ou encore Arnobe : sur ce point, se reporter à Gilhus, *Animals, Gods and Humans*, p. 101-102 et 149-154.

36 Nous renvoyons ici à l'ouvrage de Maria Pia Ciccarese (éd.), *Animali simbolici alle origini del bestiario cristiano*, Florence, Nardini, 2002, *passim*, ou à Robert M. Grant, *Early Christians and Animals*, Londres-New York, Routledge, 1999, p. 78-120.

37 Une telle perspective était à l'œuvre dans d'autres textes du Nouveau Testament : *Cf.* Jude 10 ; 2 P 2 : 12 ; lire Grant, *Early Christians and Animals*, p. 25 ; 122-123 ; Gilhus, *Animals, Gods and Humans*, p. 181.

38 *Cf.* Tat., *Or. ad Graec.* 15, 2-4 où l'écrivain explique reprendre des arguments qu'il avait déjà développés dans un traité perdu *Sur les animaux* et attaque les thèses de philosophes

réplique quant à lui au médio-platonicien Celse – peu convaincu de la distance séparant les hommes des animaux – que les œuvres les plus étonnantes des animaux sans raison (*aloga*) sont uniquement le résultat de l'instinct[39]. Après lui, Basile de Césarée (vers 329-379 ap. J.-C.) s'émerveille, dans ses trois dernières *Homélies sur l'Hexameron* (c'est-à-dire sur les six jours de la Création) consacrées aux animaux[40], de voir que la Providence divine a pourvu les bêtes irrationnelles (*aloga*[41]) des moyens de leur conservation[42] et inscrit au plus profond d'elles une si judicieuse loi naturelle[43] qu'elles se comportent souvent selon la raison dont elles sont pourtant privées[44]. Elles font même preuve de vertus que les hommes dotés du *logos* et faits à l'image de Dieu[45] se doivent évidemment eux-mêmes de cultiver[46].

Il reste qu'il est une espèce qui semblait aux Pères de l'Église jusqu'à un certain point plus proche de l'homme par ses caractéristiques : celle des oiseaux. Ambroise (339-397 ap. J.-C.) n'hésitait pas à inclure les hommes dans la même catégorie que les volatiles puisque les uns et les autres étaient bipèdes et pourvus d'ailes (réelles ou métaphoriques) qui les faisaient tendre vers les cieux[47]. Dans *L'ouvrage du Dieu créateur*,

---

médio-platoniciens « à la voix de corbeau », « croassants » (κορακόφωνοι).

39 *Cf. Cels.* 4, 74.

40 *Hex.* 7-9.

41 *Cf.* entre autres *Hex.* 9, 3 [192B, 82A]. Sur ces homélies, lire Grant, *Early Christians and Animals*, p. 129-170.

42 Sur ce point, où émerge la conception stoïcienne de l'*oikeiosis*, voir en particulier Bas., *Hex.* 9, 3 [196B/83D].

43 *Cf.* par exemple Bas., *Hex.* 7, 3 [56B/66B] à propos des poissons.

44 *Cf.* Bas., *Hex.* 8, 5 [176B/75A], à propos des cigognes : τὸ δὲ τῶν πελαργῶν οὐδὲ πόρρω ἐστὶ συνέσεως λογικῆς ; « la manière dont se comportent les cigognes n'est pas loin non plus de l'intelligence raisonnable » ; éd. et trad. Giet ; voir encore Bas., *Hex.* 8, 4 [173D/74D] sur la « très sage » abeille, ou encore, en *Hex.* 7, 5 [157C/67C], l'exemple des poissons.

45 *Cf.* Bas., *Hex.* 8, 5 [176C/76C].

46 *Cf.* entre autres *Hex.* 9, 4 [197A-200A/84A-85A].

47 Voir Ambr., *Ex.* 6, 9, 74 : *recte autem non plures, sed duo sunt homini pedes ; quaterni enim pedes feris ac beluis sunt, bini auibus, et ideo unus quasi de uolatilibus est homo, qui alta uisu petat et quodam remigio uolitet sublimium sagacitate sensuum* ; « il est juste que l'homme n'ait pas plus de deux jambes, car les animaux sauvages et les bêtes féroces ont quatre pattes, et les oiseaux deux ; et c'est ainsi que l'homme est le seul pour ainsi dire des êtres ailés à rechercher les hauteurs de son regard et à voleter comme d'un battement d'ailes, grâce à la finesse de ses sens sublimes » ; éd. Schenkl ; notre traduction ; *cf.* Grant, *Early Christians and Animals*, p. 173 et, plus généralement, sur les oiseaux dans l'œuvre d'Ambroise, lire Laurence Gosserez, « Sous le signe du phénix (Ambroise de Milan, *Exameron*, V, 23, 79-80) », *in* Marie-Anne Vannier (éd.), *La Création chez les Pères*, Berne-Berlin, 2011, p. 55-75 ; Lidia Raquel Miranda, « La animalización en *Hexamerón* : la relación *persona-aves*

Lactance (vers 250-325 ap. J.-C.) avait lui aussi déjà relevé l'aptitude des oiseaux à s'élever dans le ciel[48], leur sollicitude à l'égard de leur progéniture[49] ou encore leur beau chant[50]. Il affirme néanmoins la supériorité incontestée de l'homme grâce à la raison[51].

De la même manière, Augustin (354-430 ap. J.-C.) soutenait que l'être terrestre qu'est l'homme était placé au-dessus de l'oiseau « aérien » par la « dignité de [son] âme rationnelle[52] ». Cette conception ne l'empêchait toutefois pas d'admettre qu'à bien des égards certains animaux étaient capables d'accomplir des tâches remarquables ou d'obtenir des résultats dignes d'admiration. Tel est justement le cas du chant des oiseaux, examiné dans le cadre d'une définition de l'art de la musique et d'une réflexion sur la signification de celle-ci dans un traité écrit entre 386 et 391[53], le *De musica*. Cette œuvre se présente sous la forme d'un dialogue

en la antropología moral de Ambrosio de Milán », *Classica Boliviana*, 12, 2023, p. 49-69. Sur la nature et les animaux dans l'*Exameron* d'Ambroise, *cf.* Vincenzo Lomiento, *La natura innamorata nell'*Esamerone *di Ambrogio*, Bari, Edipuglia, 2014.

48 *Cf. Opif.* 2, 4 ou encore 3, 20.

49 *Cf. Opif.* 3, 7-8, où Lactance reconnaît que cette sollicitude est proche de celle des hommes.

50 *Cf. Opif.* 10, 15.

51 *Opif.* 2, 1-6 : les ailes font partie de l'arsenal dont Dieu a équipé les animaux pour se défendre, mais dont les hommes n'ont pas besoin, puisqu'ils jouissent du privilège de la raison ; voir aussi *Opif.* 3, 14 ; 7, 8, etc. ; voir encore *Opif.* 3, 20 où Lactance fait découler la supériorité de l'homme sur les oiseaux de sa main et de sa langue ; Basile de Césarée, quant à lui, assimile curieusement les ailes des oiseaux aux nageoires des poissons, suggérant ainsi que les premiers « nagent » dans les airs : *Cf. Hex.* 8, 2, 169A/72B ; sur le cas particulier constitué par les oiseaux dans *L'ouvrage du Dieu créateur*, lire Virginia Burrus, *"Begotten, not Made". Conceiving Manhood in Late Antiquity*, Standford, Standford University Press, 2000, p. 29-30 ; Gilhus, *Animals, Gods and Humans*, p. 248-250 et surtout la discussion de Diego De Brasi, « Das Tier, der Mensch und Gott in Laktanzens *De opificio Dei* », *in* Ingo Schaaf (éd.), *Animal Kingdom of Heaven. Anthropological Aspects in the Late Antique World*, Berlin-Boston, De Gruyter, 2019, p. 136-137 et 140-145.

52 Voir *Ciu.* 8, 15, 2 : *aeriae uolucres terrestribus nobis non solum non praeferantur, uerum etiam subiciantur propter rationalis animae, quae in nobis est, dignitatem* ; « les oiseaux de l'air, loin de nous être supérieurs à nous êtres terrestres, nous sont subordonnés à cause de de la dignité de l'âme raisonnable qui est en nous » ; éd. Dombart-Kalb et trad. modifiée Combès.

53 La première rédaction fut achevée avant 391 : *Cf.* Anne-Isabelle Bouton-Touboulic, « Plaisir et amour de la musique chez Saint Augustin », *in* Saint Augustin, *De musica. Traité de la musique*, Paris, Éditions du Sandre, 2006, p. 5 ; pour une synthèse efficace à propos de la date de composition de l'œuvre et des problèmes posés par le livre VI, lire Martin Jacobsson et Lucas J. Dorfbauer, « Introduction » *in* Augustinus, *De Musica*, Berlin-Boston, De Gruyter (Corpus Scriptorum Ecclesiasticorum Latinorum, vol. 102), 2017, p. 1-10. Sur la composition du *De musica* dans le contexte de la conversion et du baptême d'Augustin, lire Henri-Irénée Marrou, *Saint Augustin et la fin de la culture*

entre un maître et son élève ; à en croire ce que l'auteur lui-même en dira quarante ans plus tard, elle s'inscrivait dans un projet plus vaste qu'il avait souhaité consacrer à l'ensemble des arts libéraux[54]. Le but était ambitieux : en étudiant la musique, Augustin se proposait d'atteindre en dernier ressort, selon une perspective néo-platonicienne que les chrétiens avaient désormais assimilée, les réalités spirituelles à travers les réalités matérielles et sensibles (*per corporalia ad incorporalia*). Ce faisant, il révèle combien il est tiraillé entre l'exigence de se détacher de la corporalité, empruntée à Porphyre et à Plotin, et la volonté de développer une recherche de la *ratio* au niveau sensible. On note ainsi un besoin fondamental de certitudes qui montre combien l'écrivain était éloigné de l'optimisme des néo-platoniciens[55]. L'affirmation d'une quête des réalités spirituelles n'est d'ailleurs explicitement affichée que dans le dernier livre du traité – le sixième, dont la rédaction pourrait être plus tardive –, tandis que les livres précédents s'attachent avant tout à définir la musique et à analyser les concepts qui structurent sa rythmique (pieds, rythmes, mètres).

C'est dans ce contexte que le philosophe développe ses réflexions sur les capacités musicales des animaux. Pour en saisir l'intérêt, il est nécessaire d'entrer dans le dispositif conceptuel qu'il met en œuvre dans cet ouvrage, et en particulier dans son dessein premier qui est celui d'articuler et de défendre une définition de ce qu'est la musique. Dès le début du premier livre, Augustin énonce une définition, vraisemblablement empruntée à Varron[56] et que l'on retrouve entre autres

---

antique, Paris, De Boccard (Bibliothèque des Écoles françaises d'Athènes et de Rome 145), 1938, p. 580-583 ; David C. Alexander, "The Biographical Significance of Augustine's *De musica*", *Studia Patristica*, 33, 1997, p. 3-10 ; et, plus généralement, Adalbert Keller, *Aurelius Augustinus und die Musik. Untersuchungen zu* De Musica *im Kontextseines Schrifttums*, Würzburg, Augustinus-Verlag (« Cassiciacum » 44), 1993.

54 Sur ce projet, lire entre autres Ubaldo Pizzani, « L'enciclopedia Agostiniana e i suoi problemi », *in Congresso internazionale su S. Agostino nel XVI centenario della sua conversione (Roma 15-20 Settembre 1986)*, I, Rome, Institutum Patristicum Augustinianum, 1987, p. 331-361.

55 Maria Bettetini, « Introduzione », *in* Agostino, *Musica*, éd. Maria Bettetini, Milan, Rusconi, 1997, p. v-vi.

56 Voir, entre autres, Karel Svoboda, *L'esthétique de Saint Augustin et ses sources*, Brno, Vydává Filosofická Fakulta, 1933, p. 67 ; Giovanni Marzi, « Introduzione », *in* Augustinus, *De musica*, éd. Giovanni Marzi, Firenze, Sansoni, 1969, p. 26. D'autres commentateurs ont cependant mis en doute une telle influence de Varron ; *cf.* Bettetini, « Note al libro I », *in* Agostino, *Musica*, éd. Maria Bettetini, Milan, Rusconi, 1997, p. 381.

chez Martianus Capella[57] : la musique est la *scientia bene modulandi*, « la science de la bonne modulation[58] ». Les trois termes sont tour à tour soigneusement analysés par le maître. Il est important que nous nous attardions nous aussi sur ces explications, car elles nous permettront de comprendre ce qu'Augustin nous dit du monde animal et de la musicalité qui s'y trouve.

« Modulation », observe d'abord le maître, vient de *modus* et implique l'idée d'une « sorte d'habileté (*peritia*) dans les mouvements » ou, plus précisément, d'une sorte d'habileté dans des mouvements qui ne sont pas seulement « réguliers[59] », mais aussi, en quelque sorte, « indépendants », c'est-à-dire « qu'on recherche pour eux-mêmes, et qui ont en eux-mêmes la vertu de plaire[60] ». La définition d'Augustin nous oriente vers un plaisir sensible qui trouve en lui-même sa propre fin. Or, l'adverbe *bene* semble avant tout employé pour corriger une telle direction. De prime abord, ce terme peut paraître pléonastique : la modulation ne suppose-t-elle *a priori* un mouvement ordonné ? Et pourtant, souligne le maître, il n'est pas ajouté sans raison à la définition[61], et voici pourquoi :

> *Musica est scientia bene mouendi ; sed quia bene moueri iam dici potest quidquid numerose seruatis temporum atque interuallorum dimensionibus mouetur – ita enim delectat et ob hoc modulatio non incongrue iam uocatur –, fieri potest, ut ista numerositas atque dimensio delectet, quando non opus est, ut, si quis suauissime canens et pulchre saltans uelit eo ipso lasciuire, cum res seueritatem desiderat, non bene utique numerosa modulatione utitur, id est ea motione, quae iam bona ex eo, quia numerosa est, dici potest, male ille, id est incongruenter, utitur* (*Mus.* 1, 3, 4).

> « – Le maître : La musique est la science des mouvements bien ordonnés. Sans doute on peut dire que les mouvements sont réguliers, quand on y observe, dans le respect des *nombres*, la mesure naturelle des temps et des intervalles : car ils plaisent ainsi et peuvent sans inconvénient s'appeler modulations ; il peut arriver que ces *nombres* et ces mesures plaisent à contre-temps, qu'une voix particulièrement harmonieuse et une danse gracieuse cherchent à provoquer une gaieté folâtre, quand la circonstance exige de la gravité. On abuse alors

57 9, 930.

58 *Mus.* 1, 2, 2 (notre traduction).

59 Ce sens de « modulation » ne doit pas être confondu avec celui qu'il possède aujourd'hui couramment en musique, où il désigne le passage durable d'une tonalité à une autre. *Modulari* signifie essentiellement se régler selon une mesure établie, au sens que ce terme revêt dans les rhétoriques classiques.

60 *Mus.* 1, 2, 3 : *in eo motu, qui uelut liber est, id est propter se ipse appetitur, et per se ipse delectat* ; éd. Jacobsson et trad. modifiée Thénard et Citoleux.

61 *Mus.* 1, 2, 2.

d'une modulation respectant les *nombres*, en d'autres termes, d'un mouvement dont on peut dire qu'il était déjà bon, en tant que conforme aux *nombres*, on fait un mauvais usage, parce qu'on l'emploie contre les convenances » (éd. Jacobsson et trad. modifiée Thénard et Citoleux).

On relève d'abord ici la récurrence d'un terme à la signification moins évidente qu'il n'y paraît de prime abord : les « nombres » (*numeri*). Ce mot a souvent été traduit par « cadence » ou « rythme[62] », ce qui rend bien l'idée d'un mouvement ordonné. Cependant, une telle interprétation ne fait émerger qu'un des multiples sens de ce mot fortement polysémique dans le contexte du *De musica* : en l'employant, Augustin se réfère en effet à la fois « aux nombres mathématiques, aux idées-*nombres* (*nombres* idéaux), aux rythmes de la musique, conçus à leur tour comme cadence (accent rythmique, *ictus*), ou comme séquences de pieds[63] ». En suivant le choix fait par l'éditrice et traductrice de la version italienne du texte, Maria Bettetini, nous préférons donc nous aussi traduire l'expression par « nombre » – en mettant le terme en italiques pour souligner son importance et sa polysémie[64] –, et choisissons de même de garder à l'adjectif *numerosus* son sens fort de « conforme aux *nombres* ».

Après ces remarques préliminaires, revenons au passage que nous venons de citer. En substance, observe Augustin, le mouvement produit ne doit pas seulement respecter une mesure, mais être adapté au contexte expressif et signifiant dans lequel il s'inscrit : si les chanteurs sont capables de moduler suivant la « mesure naturelle », « la bonne modulation n'appartient qu'à cet art libéral qu'est la musique ». Cette dernière remarque nous apprend qu'il ne suffit pas de se conformer aux *nombres* : il faut le faire « à-propos[65] ». Or, cette capacité même ne semble pas

62 Comme le fait par exemple la seule traduction française existante, celle de Thénard et Citoleux.

63 Maria Bettetini, « Note al libro I », *in Agostino. Musica*, 1997, p. 383 ; voir aussi, de la même autrice, l'« Introduzione » au même ouvrage, aux p. VIII-X et « Introduzione generale » *in Agostino. Ordine, Musica, Bellezza*, éd. Maria Bettetini, Milan, Rusconi, 1992, p. XXXVII.

64 À l'exception des italiques, c'est également le parti adopté par la traduction française du *De ordine* par Jean Doignon (Paris, Brepols, 1997).

65 *Mus.* 1, 3, 4 : *modulatio ad quemuis cantorem, tantum qui non erret in illis dimensionibus uocum ac sonorum, bona uero modulatio ad hanc liberalem disciplinam, id est ad musicam, pertinere arbitranda est. Quod si nec illa tibi bona motio uidetur, ex eo, quia inepta est, quamuis artificiose numerosam esse fateare* ; « la modulation se retrouve chez tous les chanteurs, pourvu qu'ils ne se trompent pas dans la mesure des paroles et des sons ; mais il faut estimer que la bonne modulation ne concerne que cet art libéral que nous nommons la musique. Le

être une exclusivité des hommes : selon Augustin, même un rossignol qui module correctement sa voix le fait généralement « dans la saison printanière[66] ». Voilà une réinterprétation originale de l'observation aristotélicienne : le chant du rossignol est bien modulé, non seulement parce qu'il est ordonné, mais parce qu'*il arrive au bon moment* : il est « conforme », sinon à la raison, du moins à la saison !

C'est en fait le premier terme de la définition, *scientia*, qui va introduire une discontinuité décisive entre le chant du rossignol et la musique humaine. Si le rossignol chante d'une manière ordonnée et convenable, ce n'est pas pour autant qu'il *connaît* les règles de l'art : il produit assurément certains sons d'une manière ordonnée et conforme, mais il le fait *sans savoir pourquoi.* Tout ce que l'on peut dire est que son chant s'avère très doux (*suauissimus*), *numerosus*, c'est-à-dire conforme aux *nombres*, et adapté à la saison[67]. Le rossignol ne constitue d'ailleurs pas un cas exceptionnel, car, pour l'auteur, même les éléphants, les ours et autres espèces semblent se mouvoir en rythme et manifester un certain plaisir d'écoute ; et tous les oiseaux chanteurs se délectent intensément des sons harmonieux qu'ils produisent[68].

Cette habileté ne saurait cependant occulter un défaut majeur : tous ces animaux ne possèdent pas une science qui règle leur comportement[69]. Dans un autre ouvrage, le *De Ordine*, Augustin avait déjà établi qu'il ne suffit pas d'entonner instinctivement ce dont on se souvient de mémoire ;

même mouvement ne te paraît pas bon, quand il manque d'à-propos, même si tu reconnais qu'il est, dans les règles de l'art, conforme aux *nombres* » ; éd. Jacobsson et trad. modifiée Thénard et Citoleux.

66 *Mus.* 1, 4, 5 : *Responde igitur, utrum tibi uideatur bene modulari uocem luscinia uerna parte anni : nam et numerosus est et suauissimus ille cantus, et, nisi fallor, tempori congruit* ; « eh bien ! es-tu d'avis que le rossignol conduise bien les modulations de sa voix dans la saison printanière ? Son chant est conforme aux *nombres* et particulièrement suave ; il est de plus, si je ne me trompe, en parfaite conformité avec la saison » ; éd. Jacobsson et trad. modifiée Thénard et Citoleux.

67 *Mus.* 1, 4, 5.

68 *Mus.* 1, 4, 5 : *...uideamus elephantos, ursos aliaque nonnulla genera bestiarum ad cantus moueri auesque ipsas delectari suis uocibus – non enim nullo extra proposito commodo tam impense id agerent sine quadam libidine...* ; « Nous voyons des éléphants, des ours, et quelques autres espèces d'animaux se mouvoir en musique, les oiseaux eux-mêmes se délectent de leurs chants, et ils ne les prodigueraient pas sans doute avec tant d'ardeur, s'ils n'obéissaient à l'attrait de quelque forme de plaisir plutôt qu'aux calculs de l'intérêt » ; éd. Jacobsson et trad. modifiée Thénard et Citoleux. Rappelons que les éléphants et les ours avaient déjà été cités en exemple par Aristote dans *Pol.* 1341a 15.

69 *Mus.* 1, 4, 5.

pour s'exprimer correctement, le savoir est nécessaire[70]. Ainsi l'homme, ou plutôt certains hommes, ceux qui savent ce qu'ils font, ont plus de valeur non parce qu'ils observent les lois des *nombres*, mais parce qu'ils les connaissent :

> *Quod in istis artem quandam uideo, in illa [luscinia] uero solam naturam* (*Mus.* 1, 4, 6).
>
> « Il y a un certain art, à mon sens, chez les musiciens, tandis que le rossignol n'est guidé que par la nature » (éd. Jacobsson et trad. modifiée Thénard et Citoleux).

Voilà une affirmation parfaitement en phase avec la pensée stoïcienne pour qui tout savoir-faire animal trouve uniquement son origine dans la nature. En même temps, elle nous apprend aussi indirectement – dans la continuité d'une réflexion qui est d'origine platonicienne[71], et que nous avons notamment déjà rencontrée chez Philon d'Alexandrie[72] – qu'il existe un air de famille entre certaines pratiques musicales humaines et des expressions sonores que l'on trouve dans le monde animal. À cet égard, les œuvres des musiciens dépourvus de science et guidés uniquement par leur talent apparaissent fort proches de celles de certains oiseaux chanteurs :

> *Dic mihi ergo, quaeso te, nonne tales tibi omnes uidentur, qualis illa luscinia est, qui sensu quodam ducti bene canunt, hoc est numerose id faciunt ac suauiter, quamuis interrogati de ipsis numeris uel de interuallis acutarum grauiumque uocum respondere non possint ?*
>
> D. – *Simillimos eos puto* (*Mus.* 1, 4, 5)
>
> « – Le maître : Dis-moi, je te prie, ne te paraissent-ils pas rassembler au rossignol tous ceux qui, guidés par une sorte d'instinct (*sensu quodam*), chantent

70 *Ord.* 2, 19, 49 : *Deinde quis bonus cantator, etiam si musicae sit imperitus, non ipso sensu naturali et rhythmum et melos perceptum memoria custodiat in canendo, quo quid fieri numerosius potest ? Hoc nescit indoctus, sed tamen facit operante natura. Quando autem melior et pecoribus praeponendus ? Quando nouit quod faciat. Nihil aliud me pecori praeponit, nisi quod rationale animal sum* ; « par ailleurs, quel bon chanteur, même s'il n'est pas expert en musique, ne peut garder, tandis qu'il chante, par le sens naturel lui-même, le rythme et la mélodie recueillis dans sa mémoire ? On ne le sait pas, quand on n'est pas instruit, mais cependant on le fait par l'action de la nature. Alors quand est-on meilleur et doit-on être préféré aux animaux ? Quand on sait ce que l'on fait. Rien d'autre ne me met au-dessus de la bête que le fait que je suis un animal raisonnable » ; éd. et trad. J. Doignon.

71 Voir *supra*, p. 66-69.

72 Voir *supra*, p. 98-100.

> bien, je veux dire, en respectant les *nombres* et avec grâce, bien que, si on les interroge sur les *nombres* eux-mêmes ou sur les intervalles des sons graves et aigus, ils soient incapables de répondre ?
> – L'élève : Ils sont tout à fait semblables à des rossignols » (éd. Jacobsson et trad. modifiée Thénard et Citoleux).

Une fois de plus, instinct et raison se trouvent ici nettement opposés : et ce n'est qu'au niveau du premier que les animaux et les hommes peuvent se retrouver. On constate néanmoins que, chez Augustin, une telle proximité va très loin. La manière dont les oiseaux paraissent s'enivrer de leurs chants l'amène en effet à penser qu'« ils ne les prodigueraient pas sans doute avec tant d'ardeur, s'ils n'obéissaient à l'attrait de quelque forme de plaisir plutôt qu'aux calculs de l'intérêt[73] ». Le chant des oiseaux comporte quelque chose de libre et de gratuit : il n'est pas subordonné à un quelconque intérêt mais, tout élaboré qu'il soit, trouve en lui-même sa propre fin. L'intuition platonicienne refait à nouveau surface : derrière ce chant il n'y a, au fond, que le plaisir de chanter.

QUI FACIT, QUOD NON SAPIT

Le constat que la pratique de la musique et du chant s'accompagne d'une forme de plaisir non subordonné à un intérêt quelconque et éprouvé aussi bien par l'animal que l'homme ne constitue cependant que la première pièce de la réflexion d'un auteur qui venait d'embrasser définitivement la foi chrétienne[74]. Augustin précise en effet que, si un tel plaisir n'est pas nécessairement condamnable, il faut néanmoins l'appréhender avec une certaine suspicion[75], pour éventuellement en jouir avec modération. Si, par leur jeu ou leur écoute, beaucoup d'hommes paraissent se comporter comme des bêtes, l'admiration du maître semble plutôt aller à d'autres « hommes éminents » qui, même sans connaître la musique, l'abordent avec modération et prudence, comme une agréable distraction :

73 *Mus.* 1, 4, 5 : voir *supra*, note 68.

74 Rappelons que la composition du *De Musica*, située vers 386, coïncide sans doute avec une méditation de l'auteur sur les Écritures en vue du baptême ; voir Maria Bettetini, « Introduzione », *in* Agostino, *Musica*, p. VI-VII.

75 *Cf.* déjà *Mus.* 1, 2, 2.

> *Magni uiri, etsi musicam nesciunt (...), post magnas curas relaxandi ac reparandi animi gratia moderatissime ab his aliquid uoluptatis assumitur. Quam interdum sic capere modestissimum est, ab ea uero capi uel interdum, turpe atque indecorum est* (*Mus.* 1, 4, 5).
>
> « Des hommes éminents, étrangers à la musique (...), vont écouter [les bons chanteurs] pour se délasser de leurs sérieuses occupations et chercher avec discrétion un plaisir qui les récrée. Mais s'il est raisonnable de prendre de temps en temps un pareil plaisir, il est honteux et dégradant de s'y laisser prendre même de temps en temps » (éd. Jacobsson et trad. modifiée Thénard et Citoleux).

On voit bien, dans ce passage, combien le plaisir généré par la musique peut, quand il est recherché pour lui-même, se transformer en une tentation irrésistible. Augustin, qui avouera plus tard avoir, dans sa jeunesse, participé au théâtre à des concours de chant[76], est ici partagé entre son goût pour la musique et la méfiance qu'elle lui inspire : la musique ne doit pas représenter plus qu'une saine récréation car, sinon, elle risque de s'emparer de la personne tout entière et lui faire oublier sa propre dignité[77].

Le maître assimile ensuite les performances des joueurs de *tibiae* et de cithare aux chants du rossignol, en une réflexion qui reprend à son compte la vieille suspicion platonicienne à l'égard de la musique de ces instruments[78]. L'élève, nous l'avons vu, n'est pas d'accord : selon lui, il n'est possible de parler d'*ars* que dans le premier cas, étant donné que « le rossignol n'est guidé que par la nature[79] ». Même s'il reconnaît à cette observation quelque vraisemblance, le maître fait observer qu'un

76 *Cf. Conf.* 4, 2, 3 ; *Cf.* Bouton-Touboulic, « Plaisir et amour de la musique chez Saint Augustin », p. 5-6.

77 Sur l'ambivalence du rapport d'Augustin à la musique, voir encore *Conf.* 10, 33, 49-50. Sur sa méfiance à l'égard du pouvoir psychique de la musique, consulter Brenno Boccadoro, « Remarques sur les essais sur l'origine de la musique où il est parlé d'ornithologie », *Po&sie*, n. 167-168 (« Des oiseaux »), 2019, p. 96-97.

78 *Mus.* 1, 4, 6 : *Sed quid tibi uidentur, qui uel tibiis canunt uel cithara atque huiusmodi instrumentis – numquidnam possunt lusciniae comparari ?* ; « Mais comment t'apparaissent les joueurs de *tibiae*, de cithare ou d'autres instruments de ce genre – est-ce que les rossignols peuvent vraiment leur être comparés ? » ; éd. Jacobsson et trad. fortement modifiée Thénard et Citoleux.

79 *Mus.* 1, 4, 6 : *quod in istis artem quandam esse uideo, in illa uero solam naturam* ; « Il y a un certain art, à mon sens, chez les musiciens, tandis que le rossignol n'est guidé que par la nature » ; éd. Jacobsson et trad. modifiée Thénard et Citoleux. L'apparition du mot *ars* est à mettre en perspective avec le terme *peritia* (« connaissance par l'expérience ») employé ailleurs par Augustin.

tel art n'est pour ainsi dire que de seconde zone, car il est fondé sur une capacité dans laquelle les humains priment sans conteste, mais dont certains animaux sont loin d'être dépourvus : l'imitation[80]. Or, celle-ci a sans doute toujours joué un rôle important en art : mais, une fois de plus, le maître insiste sur l'aptitude de l'homme à agir selon la raison, qui est son apanage[81]. Le fait que quelques espèces, pourtant « muettes et dont on dit qu'elles sont irrationnelles[82] » comme les pies, les perroquets et les corbeaux, soient capables d'imiter, et que par ailleurs ces oiseaux puissent même apprendre, « au contact de l'homme, à chanter et à émettre des sons[83] » ne vient pas infirmer cette position de principe. En tant qu'art, la musique ne peut être ramenée à la seule imitation : elle implique aussi, nécessairement, un moment rationnel.

Face à cette conclusion, apparemment sans faille, l'élève exprime encore quelque perplexité et déclare ne pas saisir toutes les conséquences du raisonnement. Le dialogue continue alors à tourner autour des relations qu'entretiennent les notions d'art, d'imitation, de science et de raison. Si la première implique nécessairement les deux dernières, il semble impossible de l'attribuer à un oiseau[84].

Pour rendre plus claire sa position, le maître aborde la question des effets de la musique, et notamment de la musique des instruments déjà mentionnés, les *tibiae* et la cithare. Il demande à l'élève si de tels effets concernent davantage le corps ou l'âme, ce à quoi celui-ci répond promptement : « les deux[85] ». Le maître avance alors l'idée qu'une certaine « docilité du corps[86] » est requise et l'élève en profite pour

80 *Mus.* 1, 4, 6.

81 *Mus.* 1, 4, 6.

82 *Mus.* 1, 4, 6 : *muta animalia, quae etiam irrationalia dicuntur* ; éd. Jacobsson et notre traduction.

83 *Mus.* 1, 4, 6 : *Aut igitur picas et psittacos et coruos rationalia esse dicturus es animalia, aut imitationem nomine artis temere uocasti. Videmus enim has aues et multa canere ac sonare quodam humano usu, et nonnisi imitando facere* ; « tu vas donc reconnaître ou que les pies, les perroquets, les corbeaux sont des animaux raisonnables ou que tu as trop légèrement donné le nom d'art à l'imitation. Nous voyons en effet que ces oiseaux et de nombreux animaux apprennent, au contact de l'homme, à chanter et à émettre des sons, et qu'ils n'y arrivent que par l'imitation » ; éd. Jacobsson et trad. modifiée Thénard et Citoleux.

84 *Mus.* 1, 4, 6,

85 *Mus.* 1, 4, 7.

86 *Mus.* 1, 4, 7 : *quoniam nunc agimus de citharista et tibicine, id est de musicis rebus, uolo mihi dicas, utrum corpori tribuendum sit, id est obtemperationi cuidam corporis, si quid isti homines imitatione faciunt* ; « puisque nous parlons du joueur de cithare et du joueur de *tibiae*, c'est-à-dire

souligner une nouvelle fois que « cette docilité tient à l'âme et au corps tout ensemble[87] » et que le mot même de docilité auquel le maître a recouru montre que « le corps, en effet, ne doit obéir qu'à l'âme[88] ». Mais si l'imitation ne peut exister sans le corps, la science, note le maître, « n'est le propre que de » et « ne réside que dans » l'âme[89].

C'est à ce moment que s'ouvre la partie peut-être la plus intéressante de cet échange, celle qui touche aux facultés de l'âme directement impliquées dans l'expérience de la musique : l'ouïe et la mémoire[90]. Si l'on admet aisément que l'ouïe réside aussi bien dans l'âme que dans le corps, en ce qui concerne la mémoire, Augustin semble avoir une hésitation. Lorsque l'élève affirme qu'elle réside seulement dans l'âme, le maître observe qu'à vrai dire il s'agit d'une question complexe ; puis il fait observer qu'il s'agit bel et bien d'une faculté dont disposent aussi les animaux, comme le montre entre autres le fait que les hirondelles reviennent chaque année à leur nid[91]. En revanche la science, souligne le maître, ne réside ni dans la sensation ni dans la mémoire mais dans « le seul intellect[92] » (*intellectus*) ; et c'est bien de cette faculté que procède l'art de la musique. Ce qui l'amène à affirmer que les « chanteurs de théâtre » qui fondent tout sur leurs talents pratiques ne possèdent pas, en dépit de toute leur habileté (*peritia*), la science de la modulation qu'est la musique :

> *Nihil aliud, nisi omnes qui sensum sequuntur et quod in eo delectat, commendant memoriae atque secundum id corpus mouentes uim quandam imitationis adiungunt,*

---

de ce qui touche à la musique, je voudrais que tu me dises s'il ne faut pas attribuer au corps, ou plutôt à une certaine docilité du corps, les effets que ces gens produisent par imitation ? » ; éd. Jacobsson et trad. fortement modifiée Thénard et Citoleux.

87 *Mus.* 1, 4, 7 : *ego istam et animo simul et corpori tribuendam puto* ; « selon moi cette docilité tient à l'âme et au corps tout ensemble » ; éd. Jacobsson et trad. Thénard et Citoleux.

88 *Mus.* 1, 4, 7 : *non (...) obtemperare nisi animo potest* ; trad. Thénard et Citoleux.

89 *Mus.* 1, 4, 7 : *scientiam uero solius animi esse* ; *in solo animo habitare scientiam* ; éd. Jacobsson et trad. modifiée Thénard et Citoleux.

90 *Mus.* 1, 4, 8.

91 *Mus.* 1, 4, 8.

92 *Mus.* 1, 4, 8 : *Quid putas, nisi quod scientiam qui soli animo tribuit, eamque omnibus irrationalibus animantibus adimit neque in sensu eam neque in memoria (nam illud non est sine corpore et utrumque etiam in bestia est), sed in solo intellectu collocauit ?* ; « Quoi ! N'est-il pas évident que celui qui a fait à l'âme seule le don de la science et l'a refusé à tous les êtres animés irrationnels, ne l'a placée ni dans les sens, ni dans la mémoire (puisque ceux-ci ne peuvent exister sans le corps et que même la bête possède les deux) mais dans le seul intellect » ; éd. Jacobsson et trad. modifiée Thénard et Citoleux.

non eos habere scientiam, quamuis perite ac docte multa facere uideantur, si rem ipsam quam profitentur aut exhibent, intellectus puritate ac ueritate non teneant. At si tales esse istos theatricos operarios ratio demonstrauerit, nihil erit, ut opinor, cur dubites eis negare scientiam, et ob hoc musicam, quae scientia modulandi est, nequaquam concedere (*Mus.* 1, 4, 8).

« Tous ceux qui, ne consultant que les sens et ne confiant à leur mémoire que ce qui leur plaît en ceux-ci, règlent sur de tels principes le mouvement de leur corps et y joignent un certain talent d'imitation, ceux-là n'ont pas la science – bien qu'ils paraissent bien souvent se produire avec habileté et pratique –, s'ils ne possèdent pas dans toute la pureté et la vérité de l'intellect l'art même qu'ils professent et donnent à voir ; si le raisonnement t'a démontré que les chanteurs de théâtre appartiennent à ce genre d'hommes, tu pourras sans hésitation, je crois, leur refuser la science et par conséquent ne pas reconnaître en eux cet art musical qui est science de la modulation » (éd. Jacobsson et trad. fortement modifiée Thénard et Citoleux).

Dans la vision proposée par le maître, le divorce entre savoir théorique et pratique musicale est explicitement consommé : des musiciens, dont « le mouvement des doigts » est « rapide et particulièrement délié[93] », pourraient ne rien connaître de la science musicale, tandis que des savants qui maîtrisent celle-ci pourraient être incapables de rivaliser avec leurs talents. En effet, la « rapidité », l'« aisance » ainsi que la « cadence du mouvement » sont le résultat de l'exercice et de l'habitude plutôt que de la science[94]. D'autre part, la foule qui applaudit un exécutant habile n'agit pas ainsi en vertu de sa connaissance des principes de l'art : elle juge par nature, « d'après le sens de l'ouïe[95] ». Le maître parvient ainsi à démontrer que les mains qui nous ravissent par leurs talents d'exécution

93 *Mus.* 1, 4, 9 : *motus celer et expeditior digitorum.*

94 *Mus.* 1, 4, 9 : *Non solum (…) mouendi celeritas atque facilitas, sed etiam motionis modus ipse in membris usui potius quam scientiae tribuendus est. Nam si aliter esset, eo quisque manibus melius uteretur, quo esset peritior ; quod licet ad tibias citharasue referamus, ne, quod ibi digiti atque articuli faciunt, quia difficile nobis est, scientia potius quam usu et sedula imitatione ac meditatione fieri putemus* ; « on doit attribuer à la pratique plutôt qu'à la science non seulement la vitesse et l'aisance, mais encore la cadence du mouvement ; car s'il en allait autrement, mieux on se servirait de ses mains, plus on serait instruit. Nous pouvons appliquer cette observation aux joueurs de *tibiae* et de cithare, pour éviter de nous mettre en tête que les mouvements des doigts et des membres que nous avons du mal à exécuter soient le résultat de la science plutôt que de la pratique, de l'imitation attentive et de l'exercice » ; éd. Jacobsson et trad. fortement modifiée Thénard et Citoleux.

95 *Mus.* 1, 5, 10 : *natura id fieri puto, quae omnibus dedit sensum audiendi, quo ista iudicantur* ; « je pense qu'il faut imputer cela à la nature qui a donné à tous le sens de l'ouïe, grâce auquel juge la foule » ; éd. Jacobsson et trad. fortement modifiée Thénard et Citoleux.

ne suivent pas la science mais les sens et la mémoire[96] – facultés que, ainsi qu'Augustin le constate une nouvelle fois, les musiciens habiles partagent avec les animaux :

> *potest eius sequens iudicium mouere digitos, cum tibias inflauerit, et, quod satis commode pro arbitrio sonuerit, id notare ac mandare memoriae, atque id repetendo consuefacere digitos eo ferri sine ulla trepidatione et errore, siue ab alio accipiat id quod cantet, siue ipse inueniat illa de qua dictum est, ducente atque approbante natura. Ita cum sensum memoria et articuli memoriam sequuntur usu iam edomiti atque praeparati, canit, cum uult, tanto melius atque iucundius, quanto illis omnibus praestat quae superius ratio docuit cum bestiis nos habere communia, appetitum scilicet imitandi, sensum atque memoriam* (*Mus.* 1, 5, 10).

> « [Le joueur de *tibiae*] peut faire mouvoir ses doigts en suivant son jugement quand il souffle dans son instrument, et ce que, selon lui, il a plutôt bien joué, il peut le noter et le confier à sa mémoire, et, à force de le répéter, habituer ses doigts à s'y conformer sans aucun tremblement ni erreur, soit qu'il reproduise les airs d'un autre, soit qu'il en invente lui-même, comme nous venons de le dire, sous la direction et le contrôle de la nature. Par conséquent, si la mémoire obéit aux sens, et les doigts à la mémoire, quand ils sont déjà assouplis et préparés par l'exercice, le joueur de *tibiae* exécute, quand il le veut, avec d'autant plus de justesse et d'agrément qu'il possède à un degré supérieur toutes ces facultés qui nous sommes communes avec les bêtes, ainsi que nous venons de le démontrer, je veux dire le goût de l'imitation, les sens et la mémoire » (éd. Jacobsson et trad. fortement modifiée Thénard et Citoleux).

Notons que, dans ce passage, la mémoire est considérée comme une simple faculté de réitération. Augustin sait néanmoins qu'elle est indispensable à l'élaboration de toute forme ou séquence sonore susceptible de plaire à l'oreille[97], et ne met pas non plus en doute le fait que certains animaux soient en mesure d'obtenir un tel résultat. Comme ils possèdent une mémoire[98] et un sens intérieur (ainsi que le confirme le *Traité du libre arbitre*[99]), il n'est pas étonnant qu'ils puissent respecter la loi des *nombres*. Le son ou le mouvement bien modulé que peut produire un rossignol ressemble à celui des joueurs de *tibiae* ou des cithariste qui

---

96 *Mus.* 1, 5, 10 : *has ipsas manus, quae nobis perplacent (...) non continuo scientiam, sed sensum ac memoriam secutas* ; « ces mains qui nous ravissent n'ont pas suivi pour autant la science, mais les sens et la mémoire » ; éd. Jacobsson et notre traduction.

97 Sur le rôle de la mémoire dans la perception des rythmes, *cf.* Henri Davenson [pseud. de Henri-Irénée Marrou], *Traité de la musique selon l'esprit de Saint Augustin*, Neuchâtel, Éditions de la Baconnière, 1942, p. 20-22.

98 *Cf. Mus.* 1, 4, 8.

99 *Lib. arb.* 2, 8, 26.

jouent correctement – des musiciens dont, selon Augustin, « la mémoire obéit aux sens, et les doigts à la mémoire ». Or, à partir du constat (à vrai dire moins évident qu'il n'y paraît) qu'un jugement fondé sur l'intellect vaut beaucoup plus que le « jugement fortuit des ignorants[100] », le maître amène l'élève à admettre que les histrions qui se soucient plus de rechercher la gloire que la science s'éloignent d'un jugement intelligent. Ces artistes, observe Augustin, n'exercent généralement pas leur métier par amour de l'art, mais bien plutôt pour de l'argent[101].

Une considération fondamentalement éthique interdit donc au maître de donner le nom de musique à cette activité[102]. Cela n'empêche pas qu'en elle se manifeste un degré d'ordre – constat qui semble sauver le raisonnement d'une conclusion trop dichotomique[103]. Le nœud du problème réside dans le fait que, pour chanter et pour jouer, il faut de la mémoire. Comme nous l'avons vu[104], depuis Aristote, la présence de cette faculté est reconnue au monde animal – ou plus précisément à certains animaux, capables de réactualiser une image perçue dans le passé[105] et, plus généralement, d'apprendre[106]. Chez Augustin, le problème est posé de la manière suivante : si la mémoire, comme le suppose l'élève, appartient au domaine du spirituel, comment sa présence chez l'animal peut-elle s'expliquer ? Comment comprendre qu'une hirondelle soit capable de retourner au nid qu'elle a laissé l'année précédente[107] ?

En fait, sens et mémoire suffisent non seulement à rendre compte de l'habileté d'exécution mais aussi de la capacité de jugement primordiale que la nature a donnée à celui qui écoute[108]. Or, Augustin ne précise

100 *Mus.* 1, 4, 8 : *nunc age, dic mihi, quid carius habendum sit ; quod nostra intellegentia continetur, an quod nobis fortuito imperitorum iudicio tribuitur* ; « allons ! Dis-moi maintenant ce qui doit avoir plus de valeur, des idées propres à notre intelligence, ou des qualités que nous accorde le jugement fortuit des ignorants » ; éd. Jacobsson et trad. modifiée Thénard et Citoleux.

101 *Mus.* 1, 4, 8.

102 Carl Johann Perl, "Augustine and Music", *The Musical Quarterly*, 41, 4, octobre 1955, p. 505 et Keller, *Aurelius Augustinus und die Musik*, p. 191.

103 *Cf.* Leopoldo Gamberini, *Plutarco « Della Musica »*, Florence, Olschki, 1979, p. 124-125.

104 *Supra*, p. 71.

105 Arstt., *An.* 414b 1-6.

106 Arstt., *Metaph.* 1, 1, 980a 27-980b 28.

107 *Mus.* 1, 4, 8.

108 *Mus.* 1, 5, 10. On peut déceler ici en arrière-plan la thèse célèbre d'Aristoxène (*Harm.* 2, 39) : pour qu'il y ait compréhension musicale, il faut qu'il y ait perception sensible et mémoire (on doit pouvoir percevoir le son présent et se rappeler le son passé).

pas ici les particularités de cette faculté (empruntée probablement à Cicéron[109]) et le discours reste allusif. Le caractère problématique du raisonnement apparaît dès ses prémisses : s'il faut s'en tenir au principe qui veut que ce soit l'esprit qui commande au corps et non l'inverse[110], on ignore alors pourquoi il faudrait condamner l'exercice de la mémoire chez ceux qui chantent et qui jouent. L'obstacle peut être contourné si l'on fait de nouveau appel à la définition de départ : la musique doit être considérée comme une *science*, et celle-ci, contrairement à ce que l'on pourrait penser, n'est généralement pas le propre des musiciens – ou, du moins, de ceux que l'on peut comparer aux rossignols. Leur succès dépend en effet des applaudissements de la foule[111]. Il n'y aurait rien de plus fortuit ni de plus soumis au hasard des événements (*fortuitum obnoxiumque casibus*) qu'un jugement lié à un plaisir grossier[112]. Seule une faible objection semble s'opposer à ce verdict négatif : pourquoi les applaudissements de la foule devraient-ils annuler la science de l'artiste, alors même que celui-ci la possède ? La réponse est d'inspiration socratique : on ne peut considérer comme une vraie science le savoir subordonné à l'argent et aux louanges[113].

En dépit de sa rigueur morale, cette affirmation cache une certaine faiblesse spéculative. Pour en prendre conscience, il suffit de rappeler que, tout en dépendant d'une faculté d'écoute qui utilise les mêmes mécanismes de la mémoire et de la sensation que ceux sur lesquels se fonde le jugement naturel qui guide l'habileté d'exécution, le jugement de la foule ne peut être assimilé à celui qui guide le musicien. S'il est juste de souligner le rôle joué par l'arbitraire dans le premier cas, dans le second, au-delà de toute forme de discrédit, c'est le talent du musicien qui est mis en évidence.

---

109 *Orat.* 172 (*Cf.* aussi 177-178).

110 Cet argument s'enracine dans la conception de l'homme proposée par l'*Alcibiade* de Platon et surtout dans la manière dont celle-ci a été reprise par Plotin : *cf.* Étienne Gilson, *La philosophie au Moyen Âge. Des origines patristiques à la fin du XIVe siècle*, Paris, Payot, 1952², p. 128.

111 *Mus.* 1, 6, 11.

112 *Mus.* 1, 6, 11 : *Nihil magis arbitror esse fortuitum obnoxiumque casibus et plebeiae dominationi nutibusque subiectum, quam illa sunt omnia* ; « à mon sens, il n'y a rien de plus fortuit, de plus exposé au hasard des événements, de plus soumis à la tyrannie et aux caprices de la plèbe que toutes ces faveurs » ; éd. Jacobsson et trad. modifiée Thénard et Citoleux. Ce plaisir grossier n'est guère éloigné de celui déjà dénoncé par Aristote dans sa condamnation de l'aulétique et de l'éducation professionnelle : *cf. Pol.* 1341b.

113 *Mus.* 1, 6, 11.

Dans la suite du dialogue, Augustin abandonnera toute référence au monde animal qui l'avait aidé à préciser sa définition de la musique. Cependant, la prééminence peu à peu gagnée, au cours de son raisonnement, par la notion de « *nombres* de la mémoire » (*numeri recordabiles*) témoigne de la persistance d'une question encore irrésolue[114]. Si le jugement dépend de la maîtrise d'une science qui n'appartient qu'aux hommes savants, comment est-il possible que le jeu du *tibicen* (joueur de *tibiae*) ou du cithariste, guidé, tout comme le chant des oiseaux, par le sens intérieur et la mémoire, soit capable de respecter aussi parfaitement les *nombres* au point de susciter, en celui qui les écoute, une sensation de plaisir ?

La solution réside peut-être dans l'affirmation de l'existence de « *nombres* de la raison », qui procèdent par construction pure, sans dépendre de rien de sensible. Mais Augustin, en mettant en scène un débat extrêmement exigeant entre un maître et un élève qui ne laisse rien passer, ne dissimule pas la faiblesse inhérente à ce choix argumentatif. Puisque l'âme est incarnée, elle doit tenir compte des sens, et il lui serait impossible de retrouver en eux un ordre invisible sans passer par les « *nombres* de la mémoire » – c'est-à-dire les *nombres* qui, indubitablement, sont également présents dans le monde animal. Dès lors, il ne lui reste plus qu'à attirer l'attention sur la signification des plaisirs qui sont ici en jeu. Dans sa position de commandement, l'âme ne peut pas se laisser entraîner par « la concupiscence charnelle[115] » et commettre ainsi l'erreur de considérer comme supérieurs les plaisirs du corps.

La position de suspicion et de prudence qu'Augustin adopte face au plaisir dont s'accompagnent l'écoute et la pratique de la musique se renforcera encore dans les œuvres de sa maturité, jusqu'à devenir une référence incontournable pour l'église chrétienne[116]. Elle amplifie la rupture, initiée avec Platon, entre savoir théorique et pratique musicale et était destinée, à partir de Boèce, à caractériser l'ensemble de la réflexion musicale ultérieure. Le fossé creusé entre le monde humain et le monde animal devient infranchissable avec les penseurs chrétiens : la dignité de *musicus*, désormais exclusivement liée à la maîtrise

---

114 *Cf.* Alessandro Arbo, « Augustin et le schématisme de l'akoumène », *in* Alessandro Arbo, *Archéologie de l'écoute. Essais d'esthétique musicale*, Paris, L'Harmattan, 2010, p. 26-49.

115 *Mus.* 6, 5, 13 : *carnalis concupiscentia*.

116 *Cf.* Brian Brennan, « Augustine's *De musica* », *Vigiliae Christianae*, 42, 1988, p. 267-281.

d'un savoir théorique, est placée hors de la portée des animaux. Ainsi, lorsque, en plein Moyen-Âge, Guido d'Arezzo comparera à des bêtes les chanteurs qui pratiquent la musique en s'appuyant sur leur mémoire plutôt que sur des connaissances théoriques – ou, plus précisément, sur la connaissance des règles que Guido avait lui-même édictées[117] –, ce ne sera certainement pas pour en louer les talents, ni pour en souligner les aptitudes musicales :

> *Musicorum et cantorum magna est distantia :*
> *isti dicunt, illi sciunt quae componit musica.*
> *Nam qui facit, quod non sapit, diffinitur bestia* (*Reg. rhythm.* 1-3).
>
> « Il existe une grande différence entre les musiciens et les chanteurs : ceux-ci énoncent une composition musicale, ceux-là en connaissent les principes. En effet, celui qui fait ce qu'il ne sait pas est par définition une bête » (éd. Rusconi et notre traduction).

Chanter, même correctement, mais sans connaître les règles de l'art, rabaisse l'homme au niveau de la bête. Et si dans un chant, continue Guido, nous apprécions la puissance ou l'agilité plutôt que les mots, alors un rossignol et même une ânesse seront plus musiciens que l'homme[118]. La musique n'est pas seulement affaire de mémoire et de sensation mais, avant tout, de parole et de raison, des facultés auxquelles les animaux n'ont désormais plus aucune part.

117 *Cf.* Cecilia Panti, *Filosofia della musica. Tarda Antichità e Medioevo*, Rome, Carocci, 2008, p. 165.

118 G., *Reg. rhythm.* 4-6 : *Ceterum tonantis uocis si laudent acumina, / Superabit philomela uel uocalis asina, / Quare eis esse suum tollit dialectica* ; « D'ailleurs, si ce sont les aigus d'une voix puissante qu'on loue, le rossignol ou une bruyante ânesse l'emportera. C'est pourquoi une seule chose enlève à ces animaux le privilège de la musique, la parole articulée » ; éd. Rusconi et notre traduction.

CONCLUSION

Notre cheminement à travers les textes antiques a montré combien l'aptitude de certains animaux à émettre des sons mélodieux a stimulé l'esprit d'observation (et l'imagination !) des savants antiques. La possible maîtrise, par certaines espèces, d'un art susceptible de rivaliser avec celui des hommes constituait, au sein des principales écoles philosophiques, un enjeu de débats touchant à des problématiques psychologiques, éthiques, anthropologiques et même métaphysiques. Les positions défendues étaient multiples : certains philosophes (Démocrite ou Lucrèce) soutenaient que l'origine même de la musique humaine devait être recherchée dans le monde animal. D'autres, sans forcément aller jusque-là, ont cru pouvoir affirmer que les animaux étaient musiciens au même titre que les hommes. À l'opposé, d'autres encore se sont refusés à reconnaître aux expressions vocales des bêtes la moindre valeur musicale. Il reste que les anciens savaient aussi bien que nous que les performances sonores d'un merle ou d'un rossignol n'avaient rien d'ordinaire. Le caractère relativement exceptionnel de ce phénomène dans la nature suffisait en tout cas à justifier le choix du substantif par lequel on l'a le plus souvent désigné : ce ne sont pas de simples cris, mais des « chants ». La réflexion sur l'intérêt d'une telle appellation commence, nous l'avons vu, avec Aristote, qui s'est attaché à analyser les termes utilisés pour qualifier les sons émis par les êtres animés et à décrire l'origine et les particularités de ceux-ci.

Une de ses observations dans l'*Histoire des animaux*, celle du processus d'apprentissage du rossignol, connaîtra une grande fortune : en allant bien au-delà des intentions du Stagirite, elle deviendra l'*exemplum* par excellence invoqué par les partisans de l'existence d'une forme de musique animale, les lointains héritiers de Platon que l'on appelle médio-platoniciens ou néo-académiciens. Ces derniers mettaient en avant le caractère éminemment variable et transmissible du chant du rossignol pour démontrer que de tels phénomènes ne seraient pas possibles si les animaux ne partageaient pas à des degrés divers avec l'homme l'intelligence et la raison ; mais, ce faisant, ils s'éloignaient notablement de la pensée de Platon, pour qui la musique, en tant qu'union de l'harmonie, du rythme et du *logos*, ne pouvait pas exister chez les animaux. Leur argumentation visait principalement les postulats d'une école philosophique rivale qui se développa à l'époque hellénistique et romaine, le stoïcisme. Les sectateurs de cette doctrine, qui considéraient que le *logos* – dont l'art est en principe indissociable – était le privilège exclusif de l'homme, voyaient peut-être dans le chant des oiseaux un écueil de leur raisonnement, car ils l'ont rarement évoqué, et, quand ils l'ont fait, ils ont réduit la voix harmonieuse de quelques espèces, et notamment du rossignol, à une simple caractéristique innée et non acquise. Philon est allé plus loin : il a abordé la question du chant des oiseaux en revivifiant des arguments platoniciens pour cantonner la musique au seul domaine humain.

Une telle solution apparaissait insatisfaisante aux savants qui, comme Pline et, dans une moindre mesure, Élien, se sont intéressés aux émissions harmonieuses de certains oiseaux. Si le point de vue à partir duquel ils appréhendaient le monde animal était globalement stoïcien, ils n'ont pas hésité à sortir de leur cadre de pensée de référence lorsqu'il s'agissait des vocalises des oiseaux. Pline en particulier, dans son admiration pour les prouesses musicales du rossignol, a sauté le pas en faisant de ce dernier le détenteur d'une véritable *ars* apprise et pratiquée pour l'amour du beau. Pour le démontrer, l'encyclopédiste a proposé une description fort détaillée de son chant. Nous l'avons analysée en nous appuyant sur des spectrogrammes reproduisant des séquences sonores qui ont fait ressortir à quel point le naturaliste avait à cœur de proposer des descriptions exactes des phénomènes qu'il étudiait. Une telle conclusion vaut d'ailleurs aussi pour le chant d'autres oiseaux dont Pline a décortiqué les différentes phrases : nous avons à leur propos émis l'hypothèse que les descriptions de l'encyclopédiste étaient dans certains cas tributaires des observations rassemblées par le savoir augural.

En tout cas, on le voit ici, l'enjeu majeur de tels débats, présent dès les écrits biologiques et psychologiques d'Aristote, est une compréhension adéquate des capacités d'imitation et de variation communes aux humains et aux animaux, et, plus largement, une définition de la musique comme activité exclusivement humaine (ou non). Dans la perspective d'Augustin, les oiseaux, même lorsqu'ils font preuve de capacités similaires à celles des musiciens les plus virtuoses, ne peuvent pas maîtriser les principes rationnels qui sont censés présider à l'*ars musica*. La position du penseur chrétien, qui s'est appliqué à faire ressortir le hiatus existant entre ce qui relève d'une simple pratique imitative et ce qui procède de la raison et de la science, représente le point d'orgue de toutes les discussions que nous avons retracées.

La pensée médiévale a ensuite insisté sur cette discontinuité, en mettant pour ainsi dire en sourdine la question de l'existence d'une musique animale[1]. Certes, après Augustin, les cris des animaux font encore l'objet d'une certaine attention – il suffit de penser, au tournant de l'antiquité tardive et du Moyen-Âge, à Isidore de Séville (vers 560-636) s'intéressant aux différentes « voix » des oiseaux dans ses *Étymologies*[2]. Il reste qu'il s'agit avant tout de sons sans raison. Il est ainsi intéressant de noter que, des siècles plus tard, le franciscain espagnol Juan Gil de Zamora, connu sous le nom d'Aegidius Zamorensis (vers 1240 –1320) et entre autres auteur d'une *Ars musica* et d'une *Historia naturalis*, a repris intégralement la notice de Pline sur le rossignol, à un détail près : selon lui, le rossignol, au lieu de posséder une *perfecta musica scientia*, est plus simplement capable d'une *musica perfecta*[3].

En fait, dans les bestiaires, les comportements des oiseaux, y compris leur voix et leurs talents de chanteurs, ne sont plus étudiés pour eux-mêmes, dans une perspective scientifique et érudite, mais plutôt utilisés pour « enseigner les vérités de la foi, pour inviter les fidèles à se convertir[4] ». C'est pourquoi, si le cygne (un animal pourtant absent des Écritures sacrées) devient alors l'oiseau musicien par excellence, c'est avant tout grâce à l'exemple que – selon la légende transmise en premier lieu par Platon – il donnerait à l'approche de la mort : sa sérénité est érigée en symbole du bénéfice que le croyant est censé retirer de son retrait de ce

1 Voici ce que déclare Elisabeth Eva Leach dès la première page de son étude sur le chant des oiseaux dans la culture médiévale : « le trait essentiel qui définit la musique au Moyen Âge est l'expression d'une rationalité dont l'être humain est le seul de tous les animaux sublunaires à disposer » ; Elisabeth Eva Leach, *Sung Birds. Music, Nature and Poetry in the Later Middle Ages*, Ithaca-Londres, Cornell University Press, 2007, p. 1.

2 *Orig.* 12, 7, 9 ; *cf.* Bettini, *Voci*, p. 64-66.

3 Cette remarque est développée par Leach, *Sung Birds*, p. 76 ; on trouve également, en appendice du même ouvrage (p. 301), un tableau comparatif du texte de Pline et de celui d'Aegidius.

4 Michel Pastoureau, *Bestiaires du Moyen Âge*, Paris, Éditions du Seuil, 2020, p. 14.

monde pour chanter les louanges du Seigneur[5]. Derrière ces connotations religieuses, et dans une direction déjà en partie suivie par les réflexions d'Élien, l'anthropomorphisme est des plus flagrants[6] : le chant des oiseaux, au même titre que leur plumage, n'est pas appréhendé en tant qu'expression d'une qualité qui leur serait propre, mais plutôt comme *exemplum* servant de modèle ou de contre-modèle pour l'homme[7]. La méfiance à l'égard du chant des oiseaux en viendra même à « voir dans son imitation une pratique proprement diabolique[8] ». Une telle réaction était peut-être la conséquence d'un phénomène que nous avons déjà rencontré jusqu'à un certain point dans l'Antiquité[9] mais qui marquera tout particulièrement la culture médiévale tardive : l'insertion explicite de formes d'imitation de sons de la nature (la *musical depiction*) dans des compositions poétiques et musicales[10].

Les voix des animaux seront examinées dans une perspective plus empirique à partir du XVIIe siècle, comme en témoignent les vastes travaux encyclopédiques de Marin Mersenne[11] et d'Athanasius Kircher[12]. Le premier sera intrigué par la question, déjà soulevée par Aristote, de l'apprentissage du chant des oiseaux et du plaisir qu'ils éprouvent à vocaliser, alors que d'autres animaux terrestres en semblent incapables[13] ; quant au deuxième, il relancera l'hypothèse d'une origine commune à la musique humaine et au chant animal. Les descriptions de Kircher présupposent l'ordre harmonique universel d'inspiration néo-platonicienne

5 Pastoureau, *Bestiaires du Moyen Âge*, p. 192.

6 *Cf.* Danilo Mainardi (éd.), *Dizionario di etologia*, Turin, Einaudi, 1992, p. 48.

7 Voir Fabrice Guizard, "Singing God's praise ? The Meaning of Birdsong in the Work of Christian Authors from the Fifth to Tenth Century", *Axe « Identités, Cultures, Langages » – MSH Dijon*, 2022, consulté le 19 décembre 2024 à l'adresse https://axe1mshdijon.hypotheses.org/358.

8 Boccadoro, « Remarques sur les essais sur l'origine de la musique où il est parlé d'ornithologie », p. 101.

9 Voir *supra*, p. 53-58, le développement sur les *Oiseaux* d'Aristote.

10 Leach, *Sung Birds*, p. 3.

11 Marin Mersenne, *Harmonie universelle, contenant la théorie et la pratique de la musique*, Paris, Sébastien Cramoisy, 1636 ; éd. fac-similé de l'exemplaire conservé à la Bibliothèque des Arts et Métiers et annoté par l'auteur (Introduction de François Lesure), Paris, CNRS, 1963.

12 Kircher, *Musurgia universalis.*

13 Voir les propositions XXXVIII et XXXIX du troisième livre (consacré à la voix) de son *Harmonie universelle* (p. 47-53) ; *cf.* Peter Szendy, « Phtongonomies animales (Chez Aristote, Mersenne, Kircher) », *in* Marta Grabocz, (dir.) *Méthodes nouvelles, musiques nouvelles : musicologie et création*, Strasbourg, PUS, 2000, p. 27.

que nous avons vu à l'œuvre chez Macrobe ; elles sont minutieuses et s'appuient pour la première fois sur des transcriptions musicales. La typologie sonore qu'elles établissent, avec des termes comme *glazismus*, *pigolismus* ou encore *teretismus*, clairement dérivé du grec *teretismos/teretizein* que nous avons rencontré à plusieurs reprises dans le cours de cet ouvrage, marquera le débat suivant. En même temps, le projet de Kircher est emblématique du savoir de son époque, profondément marquée par ce que, dans son récit archéologique, Michel Foucault appelle le paradigme épistémologique de la ressemblance : un savoir dont les fondements restent « sablonneux », faisant apparaître l'addition comme « la seule forme de liaison possible entre les éléments du savoir[14] ».

Le développement des sciences naturelles apportera une nouvelle contribution à ce débat, resté longtemps essentiellement axé sur la discussion des présupposés définis par la métaphysique cartésienne des deux substances. Si le XVIIIe siècle, qui voit s'imposer le modèle de la « représentation », se focalise sur l'analyse des facultés imaginatives communes à l'homme et à l'animal, il insiste aussi, avec des arguments nouveaux, sur les facteurs de discontinuité. Le discours de Rousseau est à cet égard éloquent : son *Essai sur l'origine des langues* met en œuvre un apparat théorique considérable pour démontrer que, malgré les apparences ou les erreurs du discours commun, « les oiseaux sifflent, l'homme seul chante[15] ». Cette distinction opérée par Rousseau pour mettre en lumière la spécificité de la voix modulée humaine[16] s'avéra néanmoins impuissante à freiner l'intérêt croissant des contemporains pour les émissions sonores des oiseaux.

La recherche connaîtra un tournant décisif au XIXe siècle à l'époque de l'évolutionnisme et du positivisme[17]. Il nous faut ici à nouveau mentionner le darwinisme, qui a soutenu que les variations du chant des oiseaux (au même titre que les émissions sonores d'autres animaux, comme les insectes, certains poissons et d'autres amphibiens) pouvaient être associées à des formes de séduction et en particulier aux stratégies mises en œuvre par les mâles pour courtiser les femelles. Cette théorie

14 Michel Foucault, *Les mots et les choses*, Paris, Gallimard, 1966, p. 45.

15 Rousseau, *Essai sur l'origine des langues*, p. 116 (chap. XVI).

16 *Cf.* Alessandro Arbo, « Gli uccelli cantano davvero ? », *Rivista di estetica*, n. s. 8, 38, 1998, p. 113-126 et Alessandro Arbo, *La traccia del suono. Espressione e intervallo nell'estetica illuminista*, Naples, La Città del Sole, 2001, p. 218-219.

17 *Cf.* Serravezza, *Musica e scienza nell'età del positivismo*, p. 245-267.

sera beaucoup débattue par les zoologues, ainsi que par les psychologues et les musicologues au tournant des XIXe et XXe siècles ; ceux-ci ou bien faisaient preuve d'un scepticisme plus ou moins marqué[18], ou bien se lançaient dans des tentatives d'identification de structures et de modèles compositionnels communs aux hommes et à certaines espèces d'oiseaux[19]. Ces vives discussions, souvent adossées à des théories sur l'origine de la musique, ont ouvert la voie à l'élaboration de protocoles scientifiques fondés sur des méthodologies d'analyse comparative ainsi que sur des techniques d'enregistrement et de représentation des sons de plus en plus fines, au cœur de nouvelles disciplines comme l'éthologie, la psychologie animale et la bioacoustique.

Quelles leçons peut-on alors tirer, à la lumière des développements que nous venons de rappeler, des réflexions qu'avaient il y a bien longtemps consacrées les anciens à la musicalité des animaux ? Certes, les sciences qui étudient le monde animal nous semblent aujourd'hui bien plus tributaires de l'évolutionnisme darwinien et des développements de la génétique moderne que du savoir aristotélicien[20] ou, à plus forte raison, de celui de Pline, de Philon ou d'Élien, dont les réflexions nous apparaissent souvent essentiellement spéculatives. Il reste que les Grecs et les Romains, pour qui n'existait pas forcément entre les humains et les animaux le hiatus que personne ne songera plus à contester aux siècles suivants, ont été des précurseurs qui ont su frayer des voies aujourd'hui parcourues par la recherche. Ils ont en effet, bien avant nous, reconnu dans la nature l'existence de phénomènes, qui, comme le chant des oiseaux, sont l'indice de formes embryonnaires d'organisation musicale. Et, pour ce faire, ils ont dû parfois exploiter avec créativité les ressources

---

18 Richard Wallaschek, "On the Origin of Music", *Mind*, 16, 1891, p. 380, ironise ainsi à propos de l'aptitude d'un chercheur à connaître la jouissance éprouvée par des grillons ou des grenouilles ; voir aussi les observations de Carl Stumpf, pour qui, dans le monde animal, il manquerait « un élément incontournable de l'expérience musicale, le plaisir associé non pas aux sons pris dans leur singularité, mais aux rapports des intervalles » (Serravezza, *Musica e scienza nell'età del positivismo*, p. 246).

19 C'est le cas de l'ornithologue Bernhard Hoffmann, *Kunst und Vogelgesang in ihren wechselseitigen Beziehungen vom naturwissenschaftlich-musikalischen Standpunkt beleuchtet*, Leipzig, Quelle & Mener, 1908, p. 160. Quelques années auparavant, le musicologue Hugo Riemann (*Die Elemente der musikalischen Ästhetik*, Berlin, Spemann, 1900) avait émis l'hypothèse de l'existence d'une sensibilité musicale dans le monde animal ; *cf.* Serravezza, *Musica e scienza nell'età del positivismo*, p. 248.

20 Ainsi que l'a observé Pietro Li Causi, « Introduzione. L'ottavo e il nono libro della *Historia animalium*, *in* Li Causi et Pomelli (éd.), *L'anima degli animali*, p. 12.

d'un lexique *a priori* sans rapport, comme l'a montré Pline de manière exemplaire avec ses emprunts à la terminologie de l'*ars* oratoire. Les éléments du débat qu'ils ont également engagé ressurgissent actuellement : ils sont présents dans les discussions philosophiques menées à propos de la définition et du sens de nos pratiques musicales, ou des formes de communication et de relation entre *anthropoi* et *zoa* ; on les retrouve également dans les problématiques d'une discipline nouvelle qu'il nous est arrivé à plusieurs reprises d'évoquer, la zoomusicologie. Dans la postface de cet ouvrage, le lecteur trouvera exposées les raisons qui nous incitent à croire à une telle « filiation » et penser que la voie d'une confrontation des structures et des pratiques musicales humaines avec les formes d'expression existant dans le monde animal, que les anciens avaient commencé à parcourir, est loin d'être sans issue.

POSTFACE

Musique animale ? Les anciens et nous

UNE ERREUR CATÉGORIELLE

Nous disons sans trop y penser que les oiseaux « chantent ». Aristote et Pline le disaient déjà, et les bio-sémioticiens contemporains le font eux aussi. Le terme ne doit pas être mal choisi, puisqu'il est devenu, dès l'époque d'Aristote, un critère de classification ornithologique : certains oiseaux sont chanteurs, d'autres non ou bien ne le sont qu'à des époques déterminées de l'année. Or le chant constitue une des expressions de la musique ; c'est sans doute même une des plus universelles, puisqu'elle existe dans presque toutes les civilisations. Si l'on part du principe que là où il y a « chant » il y a « musique », on arrive vite à la conclusion qu'un rossignol ou un merle sont musiciens. Faire de la musique ne serait donc pas une activité propre à l'homme, au même titre que d'autres actions courantes comme manger ou voir.

Dans l'ouverture d'un brillant livre de synthèse[1], le philosophe Theodore Gracyk a fermement pointé la faiblesse intrinsèque de ce raisonnement. Si le chant d'un rossignol est musical, rien ne nous autorise à dire que cet oiseau fait de la musique. Les termes de la question peuvent même être renversés : c'est justement à partir du présupposé que tout ce qui est musical est de la musique, que nous entendons les émissions sonores d'un rossignol comme une sorte de chant, sans nous rendre compte que « la tendance psychologique à entendre le gazouillis comme un chant ne prouve pas qu'il y ait un chant lorsqu'un rossignol "chante"[2] ». Bref, Gracyk serait d'accord avec Rousseau[3] : bien que l'on

1 Theodore Gracyk, *On Music*, New York-Londres, Routledge, 2013, p. 2-6.
2 Gracyk, *On Music*, p. 7.
3 Voir *supra*, p. 177.

dise généralement que les oiseaux chantent, ils ne chantent pas à proprement parler. Nous aurions donc affaire à une projection, et serions en quelque sorte les victimes d'une métaphore que nous ne sommes plus en mesure d'identifier comme telle – et qui, en tant que métaphore, finit par générer de la confusion et « obscurcir les démarches de connaissance[4] ». Il faudra donc systématiquement préciser que les éthologues utilisent les mots « chant » et « chanter » par abus de langage, pour désigner une « émission sonore longue et souvent répétitive chez les oiseaux mâles[5] », liée à des aspects fonctionnels du comportement tels que l'accouplement, en dehors de toute connotation esthétique. Il est certes vrai qu'un rossignol, au même titre que, par exemple, l'alouette des champs, est capable de faire « ce que des oies ne peuvent jamais faire, c'est-à-dire arranger une chaîne de sons de différentes fréquences en un motif mélodique distinct » ; mais, encore une fois, nous ne devrions pas pour autant nous sentir autorisés à affirmer « qu'il produit de la musique[6] ». Cette assertion hâtive confond une simple analogie avec une identité : deux entités ou activités qui se rassemblent ne sont pas identiques.

Prendre les émissions sonores des oiseaux pour de la musique, ou parler explicitement de « musique animale », représenterait donc une erreur catégorielle ; ce serait un peu comme considérer un langage parlé qui nous semble particulièrement musical comme de la musique. Et, argumente encore Gracyk, cette erreur apparaît d'autant plus nettement que nous accordons à la musique le statut qu'elle assume dans la plupart des cultures : celui d'un art. On dit, selon la formule consacrée, que la musique est l'art des sons. Cette définition n'est peut-être pas aussi mauvaise qu'il semble de prime abord[7], même si certains la trouvent peu parlante (de quels sons s'agit-il ? pourquoi ne dit-on pas que l'art des fontaines est de la musique[8] ?), tandis que d'autres estiment que son intérêt réside précisément dans son caractère vague et ouvert (la musique serait-elle après tout « tout ce que l'on écoute avec l'intention d'écouter de la musique[9] » ?). Quoi qu'il en soit,

4 Michel Le Du, *Les métaphores. Une enquête sur l'élasticité de l'esprit*, Paris, Vrin, 2023, p. 16.

5 Martinelli, *Quando la musica è bestiale davvero*, p. 154.

6 Gracyk, *On Music*, p. 8.

7 Francis Wolff, *Pourquoi la musique ?*, Paris, Fayard, 2015, a développé des arguments susceptibles de faire ressortir la pertinence de cette définition minimale.

8 Scruton, *The Aesthetics of Music*, p. 16.

9 C'est ce que suggère Luciano Berio, *Intervista sulla musica*, éd. Rossana Dalmonte, Roma-Bari, Laterza 2007, p. 7.

si la présence de la musique en tant qu'art est attestée « chaque fois que la conception musicale est guidée par des normes esthétiques », « variables selon l'époque et le lieu[10] », tout discours sur une musique animale perd sa raison d'être. Le fait que quelques animaux font certaines choses ressemblant à ce que nous faisons ne devrait pas nous permettre de leur attribuer nos intentions, ni d'imaginer qu'ils puissent fonder leur pratique sur des normes communes nécessitant, pour être formulées, des facultés comme l'intellect ou la raison. C'est pourquoi, encore une fois, en dépit de ce que le sens commun nous invite à penser, et conformément à ce qu'avait affirmé le maître du dialogue augustinien, il ne faut pas prendre le chant des oiseaux pour de la « musique ». Si les animaux émettent des séquences qui nous paraissent musicales, ils sont fondamentalement incapables de faire de la musique, du moins si nous nous en tenons à la signification la plus courante donnée par l'homme à ce terme.

La position de Gracyk est loin d'être isolée dans le domaine de la philosophie de la musique contemporaine – et il en va certainement de même dans d'autres cadres, de la musicologie à l'ethnomusicologie[11]. Elle est même probablement une des plus répandues. Les enquêtes philosophiques commencent généralement par des définitions ; or, quand elles mentionnent les animaux, c'est généralement pour souligner qu'ils n'ont aucune part à ce qui apparaît comme un phénomène exclusivement humain[12]. Reconnaître que certains oiseaux sont capables d'imiter un chant et de le varier est certes intéressant, a ainsi souligné Stephen Davies, mais cela ne suffit pas non plus, car les altérations y sont généralement aléatoires et, contrairement à ce que Darwin avait pu penser, ne nous autorise pas à avancer qu'elles ont été produites pour rendre les chants plus élaborés ou attrayants, ne serait-ce que pour leurs femelles[13]. Plus révélateur encore, semble-t-il, les chants des oiseaux ne sont pas « hiérarchiquement structurés » à la manière des musiques des hommes[14]. Voilà qui paraît confirmer le message de plusieurs auteurs antiques

10 Berio, *Intervista sulla musica*, p. 14.

11 *Cf.* Hollis Taylor, "Connecting Interdisciplinary Dots : Songbirds, 'White Rats' and Human Exceptionalism", *Social Science Information*, 52, 2, 2013, p. 288-290.

12 Voir par exemple Andrew Kania, "Definition", *in* Theodore Gracyk et Andrew Kania (éd.), *The Routledge Companion to Philosophy of Music*, Londres-New York, Routledge, 2011, p. 7.

13 Stephen Davies, *The Artful Species. Aesthetics, Art, and Evolution*, Oxford, Oxford University Press, 2012, p. 32.

14 Davies, *The Artful Species*, p. 32.

qui, à partir d'Aristote, se sont refusés à parler de *technè* à propos de ces productions sonores. On en vient alors rapidement à postuler que les sons – généralement qualifiés d'« organisés » – qui composent ce que nous appelons musique ne peuvent être générés que par « des créatures intelligentes auxquelles nous pouvons accorder le statut de *personnes*[15] ». Bref, le monde musical se présente comme « un monde humain, spécifiquement et universellement humain[16] ».

Il reste que, si les animaux sont fondamentalement incapables de produire une musique telle que la nôtre, ils ne sont pas insensibles à ses charmes, ainsi que l'avaient déjà suggéré dès le mythe fondateur d'Orphée plusieurs sources anciennes. Pouvons-nous voir dans le plaisir qu'ils paraissent éprouver à l'écoute de la musique humaine l'indice d'une sorte de « relation esthétique[17] » embryonnaire ? Une réponse positive ne va pas de soi. Comment prouver que les animaux réagissent à la musique « en tant que musique », et pas à un signal sonore auquel ils ont été dressés à réagir ? La faculté de percevoir et d'apprécier esthétiquement la musique, tout universelle ou transculturelle qu'elle soit, observe Roger Scruton, semble faire appel à une capacité d'imagination, d'organisation et de représentation des sons dont les animaux non humains seraient dépourvus : « Seul un être rationnel – un être avec conscience de soi, intention et capacité de représenter le monde, peut faire l'expérience des sons de cette manière[18] ». Rien ne nous permet donc *a priori* d'attribuer aux animaux non humains de telles aptitudes : si la grive est musicienne, elle ne l'est que pour nous[19]. Autrement dit, le monde musical se présenterait comme « un univers sonore à la mesure perceptive de l'homme[20] ». Voilà qui semble également valoir pour les attitudes auxquelles le fonctionnement symbolique d'un tel monde fait appel. L'idée de Baudelaire selon laquelle le monde ne serait qu'« une forêt de symboles » ne vaut guère pour les animaux non humains. S'attendre à ce qu'une biche puisse apprécier les prouesses d'un joueur

15 Jerrold Levinson, *Music, Art, and Metaphysics. Essays in Philosophical Aesthetics*, Ithaca-Londres, Cornell University Press, 1990, p. 270.

16 Wolff, *Pourquoi la musique ?*, p. 51.

17 Dans le sens donné à cette expression par Gérard Genette, *L'œuvre de l'art. Tome 2. La relation esthétique*, Paris, Seuil (coll. « Poétique »), 1997.

18 Roger Scruton, *Understanding music. Philosophy and Interpretation*, Londres-New York, Continuum, 2009.

19 Roger Scruton, *Animal Rights and Wrongs*, Londres, Demos, 2003, p. 20.

20 Wolff, *Pourquoi la musique ?*, p. 55.

de flûte ou d'*aulos* ne paraît pas moins naïf que de s'attendre à ce qu'un chien puisse apprécier la disposition des morceaux de nourriture dans sa gamelle : la vérité est qu'« il n'en fera qu'une bouchée, sans faire d'expérience esthétique[21] ». Ce constat nous incite donc une fois de plus à admettre que celle-ci dépend essentiellement de notre nature d'êtres doués de raison, comme le souligne le philosophe Roger Pouivet[22] :

> « La rationalité est en jeu dans la maîtrise des concepts et des anticipations cognitives sans lesquels nous serions insensibles aux caractéristiques esthétiques des choses qui nous entourent, comme un chien ou un poisson rouge. (…) Sans appréhension des signes et des symboles, les animaux non humains n'ont pas la sorte de compréhension indispensable à la vie esthétique, et significative dès lors de notre rationalité et de notre humanité (…). Sans les compétences conceptuelles et les anticipations cognitives appropriées, les propriétés esthétiques ne peuvent émerger[23] ».

Le hiatus entre natures humaine et animale, souligné par de nombreux écrivains antiques, d'Aristote à Augustin, et emphatisé quelques siècles plus tard par Thomas, le *doctor angelicus*, ne pourrait être plus patent. Si, comme l'avait affirmé un célèbre passage de la *Politique* d'Aristote[24], les humains sont les seuls êtres à posséder la raison, le cercle est vite refermé : entre ce que les animaux produisent et entendent et ce que produisent et entendent les humains quand ils font de la musique, il y aura toujours une distance infranchissable. Des analogies, des affinités ou des ressemblances seront éventuellement repérables, mais il n'y aura entre leurs œuvres aucune connexion réelle, ni aucune relation de causalité. Avec les prouesses musicales animaux, nous demeurons toujours sur un terrain fortement sablonneux, où il n'est que trop facile, philosophiquement parlant, de s'enfoncer.

---

21 Roger Pouivet, *L'art et le désir de Dieu. Une enquête philosophique*, Rennes, Presses Universitaires de Rennes, 2017, p. 145.

22 *L'art et le désir de Dieu*, p. 145. Pour une discussion de cette position *cf.* Alessandro Arbo, « L'esthétique serait-elle (essentiellement) une affaire d'intellect ? », *Cahiers de l'IPC – Faculté libre de Philosophie*, 87, 2018, p. 37-54.

23 Pouivet, *L'art et le désir de Dieu*, p. 145.

24 *Pol.* 1332b, 3-5.

ANALOGIES

Et pourtant les ressemblances sont là, comme les anciens l'ont montré et comme nous pouvons nous-mêmes nous en rendre compte pour peu que nous prenions la peine d'écouter l'enchaînement des motifs et les variations d'un merle, d'un rossignol ou d'une grive musicienne. Mais quel statut donner à ceux-ci ? Est-il possible et souhaitable de parler aujourd'hui, de façon épistémologiquement correcte, d'une « musique animale » ?

François-Bernard Mâche, compositeur et chercheur dont nous avons à plusieurs reprises eu l'occasion d'évoquer le travail, a proposé une stimulante manière de répondre à ces questions. Décrire les particularités de son approche est une opération relativement aisée, dans la mesure où il nous a expliqué lui-même la direction à suivre. Contrairement à la plupart des démarches scientifiques modernes qui se sont surtout employées à comprendre dans quelle mesure les émissions sonores des animaux répondaient à des impératifs biologiques ou communicationnels, son attention s'est concentrée sur leurs caractéristiques morphologiques. Le changement de perspective s'inspire de quelques sources contemporaines, notamment de l'œuvre du musicologue hongrois Peter Szöke[25] et de celle du philosophe américain Charles Hartshorne, et notamment de son ouvrage *Born to Sing. An Interpretation and World Survey of Bird Song*[26]. Ce livre contient une quantité impressionnante d'informations et de données enregistrées. Il a l'intérêt de rechercher « tous les traits musicaux les plus simples » dans le chant des oiseaux, et de montrer que la psychologie animale nous permet de formuler à son propos l'hypothèse d'une forme d'appréciation de type esthétique. En accord avec les grandes lignes de ce programme, celui de Mâche répond quant à lui à une double intention :

---

25 Peter Szöke, *A zene eredete és három világa – az élet elötti, az* állati *és az emberi lét szintjén* [*L'origine de la musique et de ses trois règnes sur le plan de l'existence inorganique, animale et humaine*], Budapest, Magvetö, 1982.

26 Charles Hartshorne, *Born to Sing. An Interpretation and World Survey of Bird Song*, Bloomington, Indiana University Press, 1973 (nouvelle édition : Bloomington, Indiana University Press, 1992).

1. se concentrer sur l'émission sonore même, examiner attentivement ses *caractéristiques internes*, son articulation, esquisser des typologies et mettre au point des instruments analytiques élaborés ;
2. rechercher, dans les résultats obtenus, des *analogies formelles* avec les « grandes catégories d'organisations musicales[27] » présentes dans la musique humaine, pour tenter de comprendre si une certaine imagination créatrice peut être commune à plusieurs êtres vivants.

On s'intéresse donc aux émissions sonores des animaux non pas tant (ou seulement) pour mieux connaître ces derniers que pour essayer de capter en elles – ou à travers elles – les universaux d'où surgit toute musique, et en particulier les musiques pratiquées par les hommes dans leurs différentes cultures. En poursuivant cet objectif, Mâche insiste sur la nécessité de s'attarder sur la première étape du projet, dont il défend l'importance. Des cinq échelons qui scandent l'étude de la zoosémiotique, discipline introduite en 1963 par le sémioticien et linguiste Thomas Albert Sebeok[28] (« le comportement d'émission de l'émetteur ; l'émission elle-même, c'est-à-dire l'objet sonore ; le devenir de cet objet dans l'espace acoustique ; sa perception par le récepteur ; la réaction du récepteur à ce signal[29] »), nous sommes invités à considérer surtout le deuxième[30].

En nous proposant d'analyser les caractéristiques morphologiques du signal, nous nous situons explicitement dans l'étude du fait musical au niveau que Jean Molino et Jean-Jacques Nattiez ont défini comme « neutre[31] ». L'adoption de cette approche a deux conséquences majeures :

27 Mâche, *Musique, mythe, nature*, p. 103.

28 *Cf.* Thomas Albert Sebeok, *Perspectives in Zoosemiotics*, La Haye, Mouton, 1972 ; Thomas Albert Sebeok, "Zoosemiotics, At the Intersection of Nature and Culture", *in* Thomas Albert Sebeok (éd.), *The Tell-Tale Sign : A Survey of Semiotics*, Lisse, The Peter de Ridder Press, 1975, p. 85-95 ; Dario Martinelli, *A Critical Companion to Zoosemiotics. People, Paths, Ideas*, Dordrecht-Heidelberg-London-New York, Springer, 2010. La recherche de Sebeok, fondée sur le modèle triadique de Peirce, s'est très tôt appliquée à définir le domaine plus général de la biosémiotique ; *cf.* Marcello Barbieri (éd.), *Introduction to Biosemiotics. The New Biological Synthesis*, Dordrecht, Springer, 2007, p. IX.

29 François-Bernard Mâche, *Musique au singulier*, Paris, Odile Jacob, 2001, p. 291.

30 Il faut préciser que si la zoosémiotique s'est intéressée aux processus de communication (au sein d'une même espèce animale et d'une espèce à l'autre), son objet est en principe plus large, car il inclut tous les processus de sémiosis (production, échange et interprétation des signes), les phénomènes de signification, les systèmes de représentation (voir Timo Maran, Dario Martinelli, Aleksei Turovski (éd.), *Readings in Zoosemiotics*, Berlin et Boston, De Gruyter Mouton, 2011, p. 1-5).

31 Jean-Jacques Nattiez, *Musicologie générale et sémiologie*, Paris, Christian Bourgois, 1987, p. 37.

1. elle fait émerger des différences qui peuvent échapper aux ornithologues : répétitions, variations, articulations, qualités timbriques, combinatoires sont saisies dans la micro- comme dans la macrostructure, à l'aide de l'instrument informatique – en particulier grâce à l'analyse des sonagrammes d'enregistrements – en cherchant à identifier des récurrences ;
2. elle met en évidence la nécessité de soumettre à une révision substantielle le vocabulaire adopté par les scientifiques dans l'étude de ce phénomène.

Lorsqu'elle se déclare destinée à devenir « un chapitre d'une nouvelle musicologie comparée[32] », la zoomusicologie de Mâche apparaît jusqu'à un certain point comme une discipline « épurée », fille du structuralisme : par la comparaison, on cherche à modéliser les relations entre les éléments de l'objet musical étudié, sans se préoccuper de leurs implications dans un espace symbolique ou relationnel. Tout devient ainsi possible et notamment des comparaisons entre phénomènes qui ne sont pas en rapport direct : le chant de la grive musicienne et la technique de la répétition de Debussy, par exemple, ou le chant du rouge-gorge et la variation continue de Schönberg, jusqu'à l'art de la dissymétrie dont font preuve les fauvettes aquatiques et la rythmique du *Sacre* de Stravinsky. À ce niveau (« neutre »), il n'y a rien à dire, car l'analogie est purement structurelle – même si, en ce qui concerne Stravinsky l'hypothèse d'une influence directe est avancée.

Il pourrait au contraire y avoir ici beaucoup à dire (ou plutôt à redire) ! Grande est une fois de plus la tentation de souligner que l'accumulation d'analogies faisant émerger un certain nombre de similitudes surprenantes et récurrentes ne pourra jamais donner lieu à une démonstration scientifique, susceptible d'établir un rapport de cause à effet entre les phénomènes. Comment répliquer à une telle objection de principe ?

On pourra en premier lieu rappeler que toute forme de savoir scientifique n'implique pas nécessairement ce genre de vérification. Il suffit de penser aux objectifs d'une grande partie de la recherche musicologique, de type tant historique que systématique : si *comparer* et *décrire* constitue un moyen pour mieux connaître les phénomènes étudiés, le projet de les *expliquer* vise généralement des formes de normativité

32 Mâche, *Musique au singulier*, p. 42.

qui ne sont pas assimilables à celles des sciences naturelles. Dans une explication esthétique, observait Wittgenstein, il convient de partir d'un certain rapprochement de phénomènes et d'exemples éclairants qui nous permettent d'identifier des motifs ou des raisons internes, plutôt que vouloir rechercher leur origine dans une réalité factuelle ou dans des causes physiques ou psychologiques[33]. On dira que le problème est justement là, qu'une zoomusicologie, en s'adressant à un phénomène naturel, devrait en quelque mesure répondre davantage aux objectifs et aux méthodes d'une science expérimentale. Un tel choix n'est cependant pas évident, dans la mesure où ce qu'elle cherche à expliquer se trouve situé à la frontière entre nature et culture. Et pour avancer dans ce *no man's land*, il vaut peut-être mieux commencer par rassembler et organiser des homologies formelles.

En se livrant à cette recherche, Mâche s'est vite heurté à un problème majeur : comment découper les séquences examinées et comment indiquer leurs éléments constitutifs[34] ? Notons que les sources classiques avaient dû jusqu'à un certain point affronter cette difficulté : pour décrire le chant d'un rossignol, Pline avait dû faire appel au lexique des orateurs pour exprimer des aspects qualitatifs comme « *infuscatur ex inopinato* » ou « *garrulus*[35] ». Quinze siècles plus tard, Kircher introduisit une terminologie d'onomatopées (comme le mot *pigolismus*)[36]. La solution de Mâche consiste à adopter un système de description fondé sur un découpage plus neutre, qui s'inspire de la linguistique structurelle et notamment de l'analyse distributionnelle de Zellig Sabbetai Harris[37]. Cette méthode d'identification des unités a l'intérêt de recourir le moins possible aux notions d'intention et de perception. On aboutit à la définition d'une échelle de sept niveaux de complexité croissante : du « phonatome » (« le

33 Ludwig Wittgenstein, *Leçons et conversations sur l'esthétique, la psychologie et la croyance religieuse*, trad. de J. Fauve, Paris, Gallimard, 1971 (éd. 1992), p. 22.

34 Sur ce problème et quelques solutions susceptibles de le résoudre, voir Willem Zuidema, Dieuwke Hupkes, Geraint A. Wiggins, Constance Scharff et Martin Rohrmeirer, "Formal Models of Structure Building in Music, Language, and Animal Song", *in* Honing, *The Origins of Musicality*, p. 253-286.

35 *Cf. supra*, p. 122-130.

36 Kircher, *Musurgia universalis*, p. 30.

37 *Cf.* Zellig S. Harris, *Structural linguistics*, Chicago, The University of Chicago Press, 1960. Le principe consiste à identifier comme corpus un enregistrement d'un seul individu chanteur et « désigner par un même sigle tout son ou groupe de sons, quelle qu'en soit la longueur, qui se présente au moins deux fois dans le corpus » ; Mâche, *Musique au singulier*, p. 101.

plus petit élément sonore continu ») au « chant » (« totalité de ce que l'oiseau a proféré »), en passant par la « note », le « motif », la « figure », le « thème » et la « séquence[38] ». C'est ensuite l'analyse des relations syntaxiques entre les unités d'ordre inférieur et supérieur qui est censée nous permettre d'identifier (comme le montre l'exemple du rossignol) les modèles générateurs de strophes.

ARCHI-MUSIQUE

Les difficultés auxquelles se heurte une telle approche ne sont guère éloignées de celles que la musicologie a rencontrées lorsqu'elle a voulu s'appuyer sur les méthodologies d'analyse de la linguistique structurelle. Mâche en a conscience lorsqu'il aborde le problème de la segmentation : si le parallèle entre les unités musicales et les unités linguistiques demeure problématique, comme le montre déjà l'analyse des musiques humaines, c'est parce que nous ne disposons pas d'une sémantique et la confusion des niveaux devient un « risque permanent[39] ». Quitte à constater, avec les mots de l'auteur, que « toute appréhension des unités de la chaîne syntagmatique implique un point d'observation qui ne saurait être neutre[40] ».

Pour mieux comprendre la nature du problème, il convient de se concentrer sur le deuxième postulat de cette recherche : « les mêmes approches analytiques, explique Mâche, peuvent être appliquées aux musiques humaines et animales, abstraction faite des implications symboliques ou éthologiques qui leur correspondent[41] ». Voici alors la question que nous devons nous poser : une recherche zoomusicologique est-elle vraiment capable de tenir cette promesse ou de maintenir cette « abstraction faite » ? En effet, si d'un côté l'analyse du niveau neutre constitue le moment le plus réussi du travail de recherche de Mâche, qui fait avec bonheur la part belle à l'observation, la comparaison, la mise

---

38 Mâche, *Musique au singulier*, p. 297.
39 Mâche, *Musique au singulier*, p. 299.
40 Mâche, *Musique au singulier*, p. 305.
41 Mâche, *Musique au singulier*, p. 42.

en tableau et la schématisation d'un corpus considérable de séquences sonores, de l'autre on constate que son discours prend sans cesse en compte une dimension comportementale, et intègre de plus en plus des variables contextuelles relatives à la production et à la réception des signaux sonores. Pour proposer des découpages plus vraisemblables ou pertinents que ceux résultant d'une analyse strictement distributionnelle, une telle observation paraît en effet nécessaire. Une fois de plus, on voit qu'il faut, pour pouvoir qualifier une émission de « musicale », se référer à un contexte de production et de réception.

En d'autres termes, le présupposé sur lequel repose tout le discours comparatif de Mâche, celui qui fait de la musique « une organisation de figures sonores », ne peut constituer une véritable définition. Prenons un exemple trivial : quand un chat produit une séquence sonore en marchant sur les touches d'un piano, on n'ira pas qualifier son activité de production musicale – et cela, même si l'objet sonore généré nous semble comporter de réelles qualités musicales. Ce n'est pas le caractère aléatoire de l'enchaînement des sons qui pose problème : après tout, depuis le siècle dernier, de nombreuses musiques ont intégré cette possibilité. Le caractère contingent du résultat n'est pas non plus un obstacle, car les analyses de Mâche montrent bien jusqu'à quel point plusieurs espèces d'oiseaux sont capables de réitérer des séquences et des variations bien définies. Le problème est que, pour qu'on puisse attribuer à cette activité une valeur musicale, il faudrait pouvoir mettre en évidence chez l'animal une intention d'en jouir.

Nous disposons peut-être de deux options pour sortir de cette impasse. La première consiste à préciser la nature et l'identité de l'objet que l'on recherche, ou plutôt à le délimiter : ce que l'on recherche avant tout n'est jamais vraiment une *musique animale*, mais – comme l'exprime très bien Mâche en recourant à une métaphore géologique – la « nappe phréatique[42] » d'où semble surgir toute musique. L'objet d'une zoomusicologie serait en fin de compte une *proto-musique* ou, si nous voulons soutenir l'idée d'une matrice qui est aussi une origine commune (et en reprenant la notion d'archétype) – une *archi-musique*. Toute zoomusicologie serait donc une zoo-archimusicologie.

Plusieurs affirmations de Mâche nous incitent à aller dans cette direction – sans pour autant nous faire perdre l'espoir de retrouver à un

42 Mâche, *Musique au singulier*, p. 307.

moment ou à un autre des formes d'expression proprement musicales. En effet, deux conditions fondamentales semblent devoir être satisfaites pour qu'on puisse parler de musique, que ce soit pour les hommes ou les animaux. La première se situe du côté de la production et repose, nous l'avons déjà rappelé, sur la présence éventuelle d'une intentionnalité. La deuxième se trouve du côté de la réception : elle repose sur l'instauration éventuelle d'un certain type de rapport avec l'objet sonore. L'analyse du comportement des animaux dans leur écosystème peut-elle montrer que certains d'entre eux sont capables de satisfaire à ces deux conditions ?

Du côté de la production, il y a au moins trois phénomènes étonnants bel et bien présents au sein de quelques espèces : l'imitation, l'adaptation et la transmission. Nous avons souligné que les anciens avaient déjà relevé de tels comportements chez certains animaux et savaient que ceux-ci étaient le signe d'une capacité à concevoir des séquences sonores acquises et non innées. Au cours des dernières décennies, l'ornithologie, la bioacoustique et la biomusicologie (discipline qu'il faut mettre en relation avec le développement récent des neurosciences) ont largement répertorié ces phénomènes, entre autres à l'origine, ainsi que nous l'avons rappelé, de l'apparition de dialectes locaux[43]. Il s'agit d'activités indubitablement liées à une forme d'intentionnalité, même si celle-ci reste difficile à préciser – comme nous en avaient du reste déjà rendus conscients les tentatives d'un Kircher et d'un Mersenne visant à construire une science de la voix animale[44]. La zoomusicologie se proposerait alors non seulement de repérer et documenter les similitudes existant entre certaines configurations sonores, mais aussi de les expliquer en termes d'activité ou de comportement – ou, pour le dire autrement, dans une optique « zoosémiotique[45] ». Si l'on suit Aristote et Darwin, on peut en effet assigner aux émissions sonores de certains oiseaux une fonction biologique : par leurs chants, les oiseaux (mâles) exercent une forme de séduction (sur les femelles). Mais sommes-nous pour autant autorisés à parler d'une sensibilité esthétique ?

---

43 Voir les cas du bouvreuil et du canari documentés par Mâche, *Musique, mythe, nature*, p. 147-148.

44 Voir Szendy, « Phtongonomies animales (Chez Aristote, Mersenne, Kircher) », p. 11-30.

45 Martinelli, *Quando la musica è bestiale davvero*, p. 149.

L'HYPOTHÈSE ESTHÉTIQUE

Pour que nous le soyons, il faut d'abord déterminer si les animaux sont pourvus de deux facultés indispensables à une jouissance esthétique : un discernement perceptif adéquat (c'est-à-dire l'aptitude à saisir des différences et des particularités ré-identifiables dans les séquences sonores entendues) et une certaine capacité à envisager les sons produits (ou entendus) comme une source de plaisir.

Le premier point est peut-être le moins problématique. Les observations montrent que les animaux possèdent une aptitude au discernement perceptif comparable voire quelquefois nettement supérieure à celle de l'homme. Certains peuvent « distinguer deux sons séparés par 1/1000 sec, alors que l'homme a besoin de 1/25 ou au mieux 1/100 sec[46] ». Il est vrai que cette faculté pourrait représenter un obstacle lorsqu'on cherche à repérer un mode de regroupement des unités commun à l'animal et à l'homme (une séquence d'une durée d'une fraction de seconde pourrait constituer une unité susceptible de former un motif ou même une phrase entière). On peut cependant mettre en évidence la capacité de certains animaux à imiter et modifier les signaux humains, ce qui constitue la preuve « qu'il n'y a pas incompatibilité complète entre les deux mondes temporels[47] ». Les études expérimentales de biomusicologie et de psychologie animale ont d'ailleurs démontré que l'aptitude à distinguer des différences dans les musiques humaines peut même aller très loin : une carpe parvient à distinguer entre le blues et le répertoire « classique », et il semble qu'un pigeon puisse sans difficulté parvenir à distinguer Bach de Stravinsky[48]. Les phénomènes de synchronisation rythmique – certes basiques, mais clairement attestés – en apportent mieux encore la preuve : on pense par exemple à la capacité à se mouvoir en rythme des lions de mer, au *rythmic tapping* des chimpanzés, et surtout aux cacatoès : l'exemple du *cacatua galerita eleonora* qui danse

46 Mâche, *Musique au singulier*, p. 295.

47 Mâche, *Musique au singulier*, p. 295.

48 Voir l'article d'Eleonora Degano, mentionnant les expériences que Cinzia Chiandetti a menées à l'Université de Trieste : « Musica animale », *National Geographic Italia* [En ligne : http://www.nationalgeographic.it/natura/animali/2015/02/28/news/musica_animale-2501915/].

sur les Blackstreet Boys, au centre d'une étude publiée dans la revue *Current Biology*[49], est devenu célèbre.

L'aptitude dont témoignent certains animaux à reproduire, modifier, transposer et adapter le chant d'autres espèces constitue néanmoins le fait le plus marquant : elle confirme que ceux-ci possèdent « une capacité à manipuler une image sonore longue et complexe, existant au moins à titre de Gestalt pour la conscience de l'animal, puisque chaque élément peut changer sans que la figure d'ensemble se perde[50] ». Parmi les multiples exemples commentés par Mâche, on peut mentionner celui du merle étudié par le zoologue allemand Erwin Tretzel, « qui transposait à la quinte supérieure une mélodie apprise, et qui de surcroît l'agrémentait d'une appoggiature devant la première note et d'un glissando ascendant sur la deuxième[51] ». Cette faculté, certes assez exceptionnelle mais pas sans équivalent dans d'autres espèces, nous prouve que des animaux non humains sont à la fois capables de distinguer un regroupement sonore donné et de le reproduire en faisant abstraction de son contexte et même, comme en témoigne la rousserolle verderolle[52], de sa fonction (signalétique ou communicative) originelle. Bref, ces oiseaux « jouent » avec une séquence sonore qui n'était au départ qu'un appel. Voilà une utilisation qui apparaît relativement proche de celle pratiquée par les humains (ou plutôt les humains musiciens)[53]. Mâche se sert de cet exemple pour démontrer l'intérêt d'une analyse de niveau neutre ; nous croyons cependant qu'il se prête mieux à la justification d'une explication plus contextuelle. Car si, pour détecter ce genre d'imitation, une analyse immanente s'avère efficace, elle ne peut qu'être pensée à partir d'une prise en compte du contexte : c'est justement parce que nous connaissons la fonction originelle des cris que nous pouvons apprécier l'abstraction dont l'oiseau semble faire preuve ; celle-ci devient révélatrice d'une attention spécifique et d'un traitement d'évaluation de l'objet sonore.

---

49 Aniruddh D. Patel, John R. Iversen, Micah R. Bregman, Irena Schulz, "Experimental Evidence for Synchronization to a Musical Beat in a Nonhuman Animal", *Current Biology*, Vol. 19, Issue 10, 2009, p. 827-830.

50 Mâche, *Musique au singulier*, p. 306.

51 Mâche, *Musique, mythe, nature*, p. 135. Sur l'expérience de Tretzel voir aussi Martinelli, *Quando la musica è bestiale davvero*, p. 248. Sur les capacités de variation mélodique du merle, *cf.* Giovanni Piana, *Il canto del merlo*, *in Archivio di Giovanni Piana*, Università di Milano [en ligne : https://sites.unimi.it/gpiana/dm11/piana/merlo/merlo.pdf (consulté le 20/10/24)].

52 Mâche, *Musique, mythe, nature*, p. 149-150.

53 Mâche, *Musique, mythe, nature*, p. 115.

Les oiseaux éprouvent-ils une forme de jouissance à exercer cette activité ? C'est difficile à dire et nous avons déjà souligné le scepticisme des philosophes à cet égard[54]. On peut néanmoins mettre l'accent sur l'« extrême diversité » des chants que ces animaux peuvent faire entendre : une « profusion » qui ne peut que nous paraître « étonnante par rapport à des impératifs biologiques élémentaires[55] ». L'éthologie nous rappellera que la redondance assure une plus grande intelligibilité du signal (les animaux connaissent biologiquement le *repetita juuant*). Mais, comme le souligne avec raison Mâche, ce constat ne va pas forcément toujours de soi : d'une part, on peut observer que « la même intelligibilité est encore mieux obtenue avec des signaux totalement stéréotypés, comme celui du gecko ou de la caille[56] » ; de l'autre, que toutes les variations que certaines espèces introduisent dans la trame de leur chant, loin de rendre le signal plus intelligible, risquent de le brouiller[57]. Bref, les multiples variations ne peuvent pas toujours être expliquées par des motivations utilitaires : elles sont coûteuses en termes d'énergie et *a priori* inutiles aux fonctions vitales ou reproductives de l'animal. Mais pourquoi alors les poursuivre ? On peut émettre l'hypothèse qu'elles constituent une sorte d'activité ludique susceptible d'être considérée comme une « récompense intrinsèque[58] ».

Pouvons-nous voir dans ce changement de fonction l'expression d'une sensibilité esthétique ? Beaucoup de signes semblent nous encourager à aller dans cette direction et certains philosophes et zoologues n'ont plus guère de doutes à ce sujet[59]. Avant de faire nôtres leurs positions, nous devons cependant d'abord dissiper un malentendu, celui consistant à opposer systématiquement le plaisir esthétique à toute fonction utilitaire, biologique ou vitale. En d'autres mots, contrairement au raisonnement de Plutarque, pour démontrer qu'une pie possède une sensibilité musicale, il n'est pas nécessaire d'imaginer qu'elle chante par amour du beau, ou plutôt, *uniquement* par amour du beau. Les fonctions inhérentes à une

---

54 Davies, *The Artful Species*, p. 32.

55 Mâche, *Musique au singulier*, p. 292.

56 Mâche, *Musique, mythe, nature*, p. 115.

57 Mâche, *Musique au singulier*, p. 292.

58 Mâche, *Musique, mythe, nature*, p. 149. Pour une discussion des théories du jeu dans la sphère animale, *cf.* Martinelli, *Quando la musica è bestiale davvero*, p. 57-69.

59 Mâche cite les livres d'Étienne Souriau, *Le sens artistique des animaux*, Paris, Hachette 1965, et de Hartshorne, *Born to Sing*. Voir aussi Sebeok, *The Play of Musement*, et Martinelli, *Quando la musica è bestiale davvero*, p. 97-138.

émission sonore – on songe notamment ici aux chants territoriaux ou aux chants de séduction liés à la sélection sexuelle qui se font entendre à une période donnée de l'année –, qu'Aristote avait déjà mises en évidence, n'empêchent pas une expérience d'être en même temps en elle-même gratifiante. Rappelons ici que, depuis la nuit des temps, une grande partie des chants ou des activités musicales humaines dont nous louons sans réticence la valeur artistique ont pour objets l'amour, la compétition ou la gloire.

Où convient-il alors de chercher le sens d'une telle expérience ? Le philosophe Jean-Marie Schaeffer nous suggère d'y voir « une dynamique attentionnelle régulée par l'indice d'attractivité de l'activité attentionnelle elle-même[60] ». Le rossignol d'un Aristote, Pline ou Augustin, lorsqu'il chante d'une manière « propre à la saison » le fait indubitablement en vue de sa reproduction ; mais, compte tenu des efforts qu'il déploie pour devenir virtuose, il est légitime de supposer que cette activité, loin de le déranger, lui procure du plaisir. On objectera que, même si la dynamique attentionnelle liée à l'activité ludique que l'on peut repérer chez certains animaux est remarquable, la possibilité de modifier la donne, de se concentrer et de choisir son jeu restent, chez l'homme, indéniablement plus grandes. Notons néanmoins que, de ce point de vue, la distance entre l'humain et certaines espèces n'est pas toujours aussi grande qu'il semble de prime abord : il suffit de penser aux variations auxquelles se livre une baleine à bosse. Plus généralement, comme l'affirmait Plutarque à propos de l'intelligence et du raisonnement des animaux, il se peut que nous ayons affaire à une différence de degré plutôt que de nature. Autrement dit, ce qui distingue « la sélection [d'un mâle] opérée par une femelle de céphaloptère orné à partir du plus beau chant [qu'elle a entendu] des préférences d'un mélomane qui aime les *Suites pour violoncelle* de Bach mais déteste le *Lohengrin* de Wagner » n'est peut-être qu'une « intensification graduelle de la complexité de l'expérience, avec l'acquisition d'une capacité symbolique et d'une indétermination progressive du désir[61] ». Même si nous ne pouvons pas faire des expressions sonores des animaux une activité cognitivement informée par les catégories de la musique humaine, il s'agit bel et bien d'une pratique présentant un réel air de famille avec celle des hommes lorsqu'ils font de la musique et l'apprécient.

60 Jean-Marie Schaeffer, *L'expérience esthétique*, Paris, Gallimard, 2015, p. 308.
61 Bartalesi, *Estetica evoluzionistica*, p. 45.

BILAN

Pline allait sans doute trop loin lorsqu'il attribuait au rossignol une parfaite maîtrise de l'*ars musica* – du moins si, par cette expression, il désignait une activité fondée sur des règles. Les comportements vocaux de cet oiseau qui, avec ceux du merle, sont les plus représentatifs de ce que, depuis Aristote, on continue d'appeler un « chant » n'en sont pas moins caractérisés par une variété et une richesse de modulations telles qu'ils se prêtent à être décrits et analysés avec une terminologie musicale. Et, ainsi que l'a observé la zoomusicologie, il en va de même pour de nombreuses autres espèces dont les émissions sonores comportent des traits morphologiques et des stratégies combinatoires similaires à celles que l'on retrouve dans nos cultures musicales. Que ces émissions puissent être considérées, ne serait-ce que de manière analogique, « comme appartenant à un sujet producteur de musique[62] » demeure finalement le point le plus intéressant.

En faisant sienne une intuition remontant aux sources les plus anciennes de la culture antique, l'approche de Mâche a approfondi cette hypothèse. Sa démarche attire notre attention sur les facteurs et les signes susceptibles de mettre en évidence la présence, chez certaines espèces, de pratiques et structures récurrentes. Lorsque la production, l'adaptation et la variation des séquences sonores imitées semblent impliquer une dynamique attentionnelle qui s'avère attrayante par elle-même, sans préjuger de la co-présence éventuelle de fonctions biologiques et utilitaires, l'hypothèse d'une conduite esthétique devient plus vraisemblable. L'observation des émissions vocales des animaux ne doit certes pas nous inciter à des conclusions trop hâtives à propos de l'existence d'une musique animale ; elle peut néanmoins nous aider à comprendre les origines de nos propres pratiques musicales[63]. Plusieurs des remarques formulées par les anciens trouvent en tout cas ici, sinon une confirmation, du moins une résonance significative.

62 Piana, « Il canto del merlo », p. 12.

63 C'est ce que nous invite à reconnaître Peter Marler, "Origins of Music and Speech : Insights from Animals", *in* Nils L. Wallin, Björn Merker et Steven Brown (éd.), *The Origins of Music*, Cambridge, MIT Press, 2001, p. 45-46.

REMERCIEMENTS

Il nous est agréable de remercier Dominique Lenfant et Sylvain Perrot pour leurs conseils et leur relecture éclairée du texte comme de plusieurs traductions de ce livre. Notre gratitude va aussi à François-Bernard Mâche pour nous avoir transmis le texte de conférences encore inédites. Nos choix, nos interprétations et nos erreurs n'engagent évidemment que nous. Signalons enfin que la publication de ce livre a bénéficié du soutien de l'Institut Thématique Interdisciplinaire CREAA (« Centre de Recherche et d'Expérimentation sur l'Acte Artistique ») dans le cadre du programme ITI 2021-2028 de l'Université de Strasbourg, du CNRS et de l'Inserm (financé par l'IdEx Unistra ANR-10-IDEX-0002, et par le projet SFRI-STRAT'US ANR-20-SFRI-0012 dans le cadre du programme Investissements d'Avenir) : que ces institutions soient aussi remerciées.

BIBLIOGRAPHIE

SOURCES

ALCMAN, éd. Claude Calame, Rome, Edizioni dell'Ateneo, 1983.

ALCMAN, *I frammenti*, éd. Antonio Garzya, Naples, Libreria scientifica editrice, 1954.

ALCMAN, *in Poetae melici Graeci*, éd. Denys L. Page, Oxford, Oxford University Press, 1962.

ALCMAN, *in Anthologia lyrica Graeca*, éd. Ernst Diehl Leipzig, Teubner, 1925.

ALCMAN, *in Poetae lyrici Graeci* III, éd. Theodor Bergk, Leipzig, Teubner, 1867.

AMBROISE, *Exameron*, éd. Charles Schenkl, CSEL, 32, 1, Vienne, 1897, p. 1-261.

Anthologia lyrica graeca, II (Alcman, Stesichorus, Simonides, Timocreon Lamprocles, Timotheus), éd. Ernst Diehl, Leipzig, Teubner, 1942.

APOLLONIOS DE RHODES, *Argonautiques* I (chants I-II), éd. Francis Vian, trad. Émile Delage, Paris, Les Belles Lettres, 1976.

APOLLONIOS DE RHODES, *Argonautiques* III (chant IV), éd. Francis Vian, trad. Émile Delage et Francis Vian, Paris, Les Belles Lettres, 1981.

ARISTOPHANE, *Les Oiseaux, Lysistrata*, éd. Victor Coulon, trad. Hilaire Van Daele, Paris, Les Belles Lettres, 1950.

ARISTOTE, *De l'âme*, éd. Antonio Jannone, trad. Edmond Barbotin, Paris, Les Belles Lettres, 2002.

ARISTOTE, *Histoire des Animaux. Livres I-X*, édition, traduction et notes Pierre Louis, Paris, Les Belles Lettres, 3 vol., 1964-1969.

ARISTOTE, *Metaphysica*, éd. Wilhelm von Christ, Leipzig, 1906.

ARISTOTE, *Métaphysique*, trad. Jules Tricot, Paris, Vrin, 1953.

ARISTOTE, *Physique*, livres I-IV, éd. et trad. Henri Carteron, Paris, Les Belles Lettres, 1990.

ARISTOXÈNE DE TARENTE, *Aristoxeni Elementa Harmonica*, éd. Rosetta da Rios, Rome, Istituto poligrafico dello Stato (Scriptores Graeci et Latini consilio Academiae Lynceorum editi), 1954.

ATHÉNÉE, *Athenaei Naucratitae libri XV* II (VI-X), éd. Georg Kaibel, Leipzig, Teubner, 1887.

ATHÉNÉE, *I deipnosofisti* (traduction commentée collective (pour le livre IX, Rodolfo Cherubina) sur le projet de Luciano Canfora), II (VI-XII), Rome, Salerno editrice, 2001.

ATHÉNÉE, *Deipnosophistae* III (*libri* VIIII-XI), éd. S. Douglas Olson, Berlin-Boston, De Gruyter, Teubner, 2020.

AUGUSTIN, *De la musique*, trad. Jean-François Thénard et Marc Citoleux ; préface Anne Isabelle Bouton-Touboulic, Paris, Éditions du Sandre, 2006.

AUGUSTIN, *De Musica*, éd. Martin Jacobsson, CSEL 102, Berlin-Boston, De Gruyter, 2017.

AUGUSTIN, *Dialogues philosophiques. L'ordre*, éd. et trad. Jean Doignon, Paris, Brepols, 1997.

AUGUSTIN, *La Cité de Dieu*, livres VI-X, éd. Bernard Dombart et Alphonse Kalb, trad. Gustave Combès, Paris, Desclée De Brouwer, 1959.

BASILE DE CÉSARÉE, *Homélies sur l'Hexaéméron*, éd. et trad. Stanislas Giet, Paris, Cerf, 1968.

CICÉRON, *De l'Orateur* II (livre II), éd. et trad. Émile Courbaud, Paris, Les Belles Lettres, 1928.

DIOGÈNE LAËRCE, *Vitae Philosophorum* I (*libri* I-X), éd. Miroslav Marcovich, Stuttgart-Leipzig, Teubner, 1999.

ÉLIEN, *De natura animalium libri XVII*, éd. Rudolf Hercher, Teubner, Leipzig, 1864.

ÉLIEN, *On the characteristics of Animals*, trad. anglaise Alwyn Faber Scholfield, Londres-Cambridge (Mass.), Loeb, Heinemann1958-1959, 3 vol.

ÉLIEN, *La personnalité des animaux*, trad. Arnaud Zucker, Paris, les Belles Lettres (coll. « La roue à livres »), 2 vol., 2002-2004.

ÉLIEN, *La natura degli animali*, trad. Francesco Maspero, Milan, Biblioteca Universale Rizzoli, 1998, 2 vol.

EURIPIDE, *Les Bacchantes*, éd. Jules Meunier, trad. Henri Grégoire, Paris, Les Belles Lettres, 1961.

EURIPIDE, *Le Cyclope, Alceste, Médée, les Héraclides*, éd. et trad. Louis Méridier, Paris, Les Belles Lettres, 1941.

EUSTATHE DE THESSALONIQUE, *Commentarii ad Homeri Odysseam ad fidem exempli romani editi*, éd. Johann Gottfried Stallbaum, Leipzig, Weigel 1825-1826 (réimpr. Hildesheim, G. Olms, 1970).

GUIDO D'AREZZO, *Regulae Rythmicae*, éd. et trad. Angelo Rusconi, *in* Guido d'Arezzo, *Le opere. Micrologus-Regulae Rhythmicae-Prologus in Antiphonarium-Epistola ad Michaelem-Epistola ad archiepiscopum Mediolanensem*, Florence, Edizioni del Galluzzo, 2005, p. 88-107.

HÉSIODE, *Théogonie. Les Travaux et les Jours. Le Bouclier*, éd. et trad. Paul Mazon, Paris, Les Belles Lettres, 1928.

Histoire Auguste. Vie de Sévère Alexandre, éd. Cécile Bertrand-Dagenbach, Agnès Molinier Arbo, trad. Cécile Bertrand-Dagenbach, Paris, Les Belles Lettres, 2014.

HOMÈRE, *L'Odyssée*, II (chants VIII-XV), éd. et trad. Victor Bérard, Paris, Les Belles Lettres, 1924.

HOMÈRE, *L'Odyssée*, III (chants XVI-XXIV), éd. et trad. Victor Bérard, Paris, Les Belles Lettres, 1924.

HOMÈRE, *L'Iliade. L'Odyssée*, trad. Louis Bardollet, Paris, Robert Laffont, 1995.

HOMÈRE, *Hymnes*, éd. et trad. Jean Humbert, Paris, Les Belles Lettres, 1941.

LACTANCE, *L'ouvrage du Dieu créateur*, éd. et trad. Michel Perrin, Paris, Cerf, 1974.

LUCRÈCE, *De la Nature* II (livres IV-VI), éd. et trad. A. Ernout, Paris, Les Belles Lettres, 1924.

MACROBE, *Commentaire au songe de Scipion* II (livre II), éd. et trad. Mireille Armisen-Marchetti, Paris, Les Belles Lettres, 2003.

MARTIANUS CAPELLA, *Les noces de Philologie et de Mercure. Livre IX. L'harmonie*, éd. et trad. Jean-Baptiste Guillaumin, Paris, Les Belles Lettres, 2011.

NOVUM TESTAMENTUM GRAECE, éd. Eberhard Nestle, Erwin Nestle, Kurt Aland et Barbara Aland, Stuttgart, Deutsche Bibelgesellschaft, 2012[28].

ORIGÈNE, *Contre Celse* II (livres III-IV), éd. et trad. Marcel Borret, Paris, Cerf, 1968.

ORPHÉE et ORPHIQUES, *Orphicorum fragmenta*, éd. Otto Kern, Dublin-Zurich, Weidmann, 1922[2] [1972].

ORPHÉE et ORPHIQUES, *Poetae Epici Graeci. Pars II. Orphicorum et Orphicis similium testimonia et fragmenta*, éd. Alberto Bernabé, Münich-Leipzig, K. G. Saur, 2004.

PHILODÈME DE GADARA, *Sur la musique* I-II (livre IV), éd. et trad. Daniel Delattre, Paris, Les Belles lettres, 2007.

PHILON D'ALEXANDRIE, *Alexander uel de ratione quam habere etiam bruta animalia (de animalibus) e uersione armeniaca*, trad. (de l'arménien) Abraham Terian, Paris, Cerf, 1988.

PHILON D'ALEXANDRIE, *Opera quae supersunt*, éd. Leopold Cohn et Paul Wendland, Berlin, Reimer, 1896.

PHILON D'ALEXANDRIE, *De fuga et inuentione*, trad. Esther Starobinski-Safran, Paris, Cerf, 1970.

PHILON D'ALEXANDRIE, *Legum Allegoriae*, trad. Claude Mondésert, Paris, Cerf, 1962.

PHILON D'ALEXANDRIE, *De posteritate Caini*, trad. Roger Arnaldez, Paris, Cerf, 1972.

PHILOSTRATE, *Vita Apollonii Tyanei*, éd. Gerard Boter, Berlin-Boston, De Gruyter (bibliotheca Teubneriana), 2022.

PHILOSTRATE, *Vie d'Apollonios de Tyane*, trad. Valentin Decloquement, Paris, Les Belles Lettres, 2023.

PLATON, *Lois* (livres I-VI), éd. et trad. Édouard des Places, Paris, Les Belles Lettres, 1951.

PLATON, *Lois* (livres VII-XII), éd. et trad. A. Diès, Paris, Les Belles Lettres, 1956.

PLATON, *Phédon*, éd. et trad. Paul Vicaire, Paris, Les Belles Lettres, 1995.

PLATON, *Phèdre*, éd. Claudio Moreschini, trad. Paul Vicaire, Paris, Les Belles Lettres, 1995.

PLATON, *République* (livres I-III), éd. et trad. Émile Chambry, Paris, Les Belles Lettres, 1947.

PLATON, *République* (VIII-X), éd. et trad. Émile Chambry, Paris, Les Belles Lettres, 1957.

PLINE L'ANCIEN, *Histoire Naturelle* VIII (livre VIII), éd. et trad. Alfred Ernout, Paris, Les Belles Lettres, 1952.

PLINE L'ANCIEN, *Histoire Naturelle* X (livre X), éd. et trad. Eugène de Saint-Denis, Paris, Les Belles Lettres, 1961.

PLINE L'ANCIEN, *Histoire Naturelle* XI (livre XI), éd. et trad. Alfred Ernout et R. Pépin, Paris, Les Belles Lettres, 1947.

PLOTIN, *Ennéades* I, éd. et trad. Émile Bréhier, Paris, Les Belles Lettres, 1924.

PLOTIN, *Ennéades* II, éd. et trad. Émile Bréhier, Paris, Les Belles Lettres, 1924.

PLOTIN, *Ennéades* III, éd. et trad. Émile Bréhier, Paris, Les Belles Lettres, 1925.

PLUTARQUE, *Traité 63. L'intelligence des animaux*, éd. et trad. Jean Bouffartigue, Paris, Les Belles Lettres, 2012.

PLUTARQUE, *Moralia* XII (920a-999b), éd. et trad. Harold Cherniss et William C. Helmbold, Loeb Classical Library, Cambridge (Mass.)-Londres, Harvard University Press et William Heinemann, 1984.

PLUTARQUE, *L'intelligence des animaux, suivi de Gryllos*, trad. Myrto Gondicas, Paris, Arléa, 2012.

PORPHYRE, *De l'abstinence* II (livres II-III), éd. et trad. Jean Bouffartigue et Michel Patillon, Paris, Les Belles Lettres, 1979.

SÉNÈQUE LE PÈRE, *Controversiae. Suasoriae*, éd. Lennart Hakanson, Leipzig, Teubner, 1989.

SÉNÈQUE LE PHILOSOPHE, *Consolation à Marcia*, éd. et trad. René Waltz, Paris, Les Belles Lettres, 1923.

SÉNÈQUE LE PHILOSOPHE, *Lettres à Lucilius* III (livres VIII-XIII), éd. François Préchac et trad. Henri Noblot, Paris, Les Belles Lettres, 1965.

SÉNÈQUE LE PHILOSOPHE, *Questions naturelles* I (livres I-III), éd. et trad. Paul Oltramare, Paris, Les Belles Lettres, 1961.

SÉNÈQUE LE PHILOSOPHE, *Tragédies*, éd. François-Régis Chaumartin et trad. Olivier Sers, Paris, Les Belles Lettres (Coll. Classiques en poche), 2011.

SEXTUS EMPIRICUS, *Esquisses pyrrhoniennes*, trad. Pierre Pellegrin, Paris, Points, 2019.

SUÉTONE, *C. Suetonii Tranquilli praeter Caesarum libros reliquiae*, éd. A. Reifferscheid, Leipizig, Teubner, 1860.

TIMÉE, *Historicorum Graecorum Fragmenta*, éd. Th. Mueller, Paris, 1841 [en ligne : https://www.dfhg-project.org/DFHG/#].

VARRON, *Économie Rurale* III, éd. et trad. Charles Guiraud, Paris, Les Belles Lettres, 1997.

ÉTUDES

ABRY, Josèphe-Henriette, « Des oiseaux, des dieux et des hommes à Rome », *in* Lachet et Lavorel (éd.), *Les oiseaux. De la réalité à l'imaginaire*, p. 25-46.

ALEXANDER, David C., "The Biographical Significance of Augustine's *De musica*", *Studia Patristica*, 33, 1997, p. 3-10.

ALEXANDRIDIS, Annetta, WILD, Markus, WINKLER-HORACEK, Lorenz (éd.), *Mensch und Tier in der Antike : Grenzziehung und Grenzüberschreitung*, Wiesbaden, Reichert Verlag, 2008.

ANDRÉ, Jacques, *Les noms d'oiseaux en latin*, Paris, Klincksieck, 1967.

ANTIN, Paul, « Cigales littéraires », *Bulletin de l'Association Guillaume Budé*, 3, 1962, p. 338-346.

ARBO, Alessandro, « Gli uccelli cantano davvero ? », *Rivista di estetica*, n.s. 8, 38, 1998, p. 113-126.

ARBO, Alessandro, *La traccia del suono. Espressione e intervallo nell'estetica illuminista*, Naples, La Città del Sole, 2001.

ARBO, Alessandro, « Augustin et le schématisme de l'akoumène », *in* Alessandro Arbo, *Archéologie de l'écoute. Essais d'esthétique musicale*, Paris, L'Harmattan, 2010, p. 15-49.

ARBO, Alessandro, « Musique animale ? » *in* Marta Grabocz et Geneviève Mathon (éd.), *F.-B. Mâche : le poète et le savant face à l'univers sonore*, Paris, Hermann, 2018, p. 141-155.

ARBO, Alessandro, « L'esthétique serait-elle (essentiellement) une affaire d'intellect ? », *Cahiers de l'IPC – Faculté libre de Philosophie*, 87, 2018, p. 37-54.

ARBO, Alessandro, MOLINIER ARBO, Agnès, « Les animaux sont-ils musiciens ? Autour d'un thème de la réflexion musicale antique », *in* Odile Mortier-Waldschmidt (éd.), *Musique et Antiquité. Actes du Colloque d'Amiens*, Paris, Les Belles Lettres, 2006, p. 209-243.

ARBO, Alessandro, MOLINIER ARBO, Agnès, « *In una perfecta musica scientia* : le rossignol de Pline l'Ancien », *in* Claude Brunet (éd.), *Des formes et des mots chez les Anciens. Mélanges offerts au Professeur Danièle Conso*, Besançon, PUFC, 2008, p. 255-273.

ARBO, Alessandro, MOLINIER ARBO, Agnès, « Aristote, Pline et le chant des oiseaux », *in* Yves Lehmann (éd.), Aristoteles Romanus. *La réception de la science aristotélicienne dans l'Empire gréco-romain*, Turnhout, Brepols, 2013, p. 121-139.

ARBO, Alessandro, MOLINIER ARBO, Agnès, « Musica e natura. Platone, Aristotele e la musicalità degli animali », *in* Enrica Lisciani Petrini, Piergabriele Mancuso et Laurence Wuidar, *La passione estetico-musicale. Per i 90 anni di Enrico Fubini*, Venise, Fondazione Ugo e Olga Levi, 2025, p. 203-210.

ARNOTT, William Geoffrey, "Swan Songs", *Greece and Rome*, 24, 1977, p. 149-153.

ARNOTT, William Geoffrey, "Ornithological Notes on the Aristotelian *History of Animals*", *in* Antje Kolde, Alessandra Lukinovich et André-Louis Rey (éd.), *Κορυφαίῳ ἀνδρί. Mélanges offerts à André Hurst*, Genève, Droz, 2005, p. 565-572.

ARNOTT, William Geoffrey, *Birds in the Ancient World from A to Z*, Londres-New York, Routledge, 2007.

BABUT, Daniel, *Plutarque et le Stoïcisme*, Paris, PUF, 1969.

BAPTISTA, Louis F. et KEISTER, Robin A., "Why birdsong is sometimes like music", *Perspectives in Biology and Medicine*, 48, 3, 2005, p. 426-443.

BARBIERI, Marcello (éd.), *Introduction to Biosemiotics. The New Biological Synthesis*, Dordrecht, Springer, 2007.

BARKER, Andrew, *Euterpe. Ricerche sulla musica greca e romana*, éd. Franca Perusino et Eleonora Rocconi, Pise, ETS, 2002.

BARKER, Andrew, "Transforming the Nightingale : Aspects of Athenian Musical Discourse in the Late Fifth Century", *in* Penelope Murray et Peter Wilson (éd.), *Music and the Muses. The Culture of Mousikē in the Classical Athenian City*, Oxford, Oxford University Press, 2004, p. 185-204.

BARTALESI, Lorenzo, *Estetica evoluzionistica. Darwin e l'origine del senso estetico*, Rome, Carocci, 2012.

BARTOL, Krystyna, "Measure of Pleasure : Conception of Artistic Delight in Philodemus' and Pseudo-Plutarch's Treatises *On music*", *in* Jerzy Styka (éd.), *Studies in Ancient Literary Theory and Criticism*, Cracovie, Księgarnia Akademicka, 2000, p. 161-167.

BATTEUX, Charles, *Les Beaux-Arts réduits au même principe*, Paris, Durand, 1746.

BAUMGARTEN, Alexander Gottlieb, *Aesthetica*, Francfort sur l'Oder, 1750 ; réimpr. Hildesheim, Georg Olms, 1961.

BEAGON, Mary, *Roman Nature. The Thought of Pliny the Elder*, Oxford, Clarendon, 1992.

BÉAGUE, Annick, BOULOGNE, Jacques, DEREMETZ, Alain et TOULZE, Françoise (éd.), *Les Visages d'Orphée*, Lille, Presses universitaires du Septentrion (Collection Savoirs Mieux, 2), 1998.

BECCHI, Paolo, "The Virtues and the Intelligence of Animals in Plutarch", *in* Delfim Ferreira Leão et Lautaro Roig Lanzillotta (éd.), *A Man of Many Interests. Plutarch on Religion, Myth, and Magic : Essays in honor of Aurelio Pérez Jiménez*, Leyde-Boston (Mass.), Brill, 2019, p. 138-171.

BÉLIS, Annie, *Aristoxène de Tarente et Aristote : Le Traité d'harmonique*, Paris, Klincksiek, 1986.

BELL, Jeremy et NAAS, Michael (éd.), *Plato's Animals : Gadflies, Horses, Swans, and other Philosophical Beasts*, Bloomington (Ind.), Indiana University Press, 2015.

BERIO, Luciano, *Intervista sulla musica*, éd. Rossana Dalmonte, Rome-Bari, Laterza 2007.

BETTETINI, Maria, « Introduzione generale » *in* Agostino, *Ordine, Musica, Bellezza*, éd. Maria Bettetini, Milan, Rusconi, 1992, p. V-LXV.

BETTETINI, Maria, « Introduzione », *in* Agostino, *Musica*, éd. Maria Bettetini, Milan, Rusconi, 1997, p. V-XXIV.

BETTETINI, Maria, « Note al libro I », *in* Agostino, *Musica*, éd. Maria Bettetini, Milan, Rusconi, 1997, p. 379-396.

BETTINI, Maurizio, *Voci. Antropologia sonora del mondo antico*, Turin, Einaudi, 2008.

BICKNELL, Jeanette, "Music", in Anna Christina Ribeiro (éd.), *The Bloomsbury Companion to Aesthetics*, Londres, Bloomsbury, 2012, p. 112-124.

BILLAULT, Alain, *L'univers de Philostrate*, Bruxelles, Latomus (Coll. Latomus 252), 2000.

BIVILLE, Frédérique, « Le langage est-il le propre de l'homme ? Points de vue anciens et modernes », *Revue des Études Latines*, 94, 2016, p. 1-20.

BLOCH, Raymond, *La divination. Essai sur l'avenir et son imaginaire*, Paris, Fayard, 1991.

BOCCADORO, Brenno, « Remarques sur les essais sur l'origine de la musique où il est parlé d'ornithologie », *Po&sie*, n. 167-168 (« Des oiseaux »), 2019, p. 89-111.

BODSON, Liliane, "Attitudes Toward Animals in Greco-Roman Antiquity", *International Journal for the Study of Animal Problems*, 4, 1983, p. 312-320.

BODSON, Liliane, "Aspects of Pliny's Zoology", *in* Roger French, Frank Greenaway (éd.), *Science in the Early Roman Empire. Pliny the Elder, his sources and his Influence*, Londres-Sydney, Routledge, 1986, p. 98-110.

BODSON, Liliane, « Caractères et tendances de la zoologie latine », *Études de lettres*, 1, 1986, p. 19-32.

BODSON, Liliane, « La zoologie romaine d'après l'*Histoire Naturelle* de Pline l'Ancien », *in* Jackie Pigeaud et José Oroz (éd.), *Pline l'Ancien témoin de son temps*, Salamanque-Nantes, Universidad Pontificia de Salamanca, 1987, p. 107-166.

BODSON, Liliane (éd.), *L'histoire de la connaissance du comportement animal : actes du colloque international*, Liège, Université de Liège, 1993.

BODSON, Liliane (éd.), *Le statut éthique de l'animal : conceptions anciennes et nouvelles*, Liège, Université de Liège / Institut de zoologie, 1996.

BODSON, Liliane, « Le témoignage de Pline l'Ancien sur la conception romaine de l'animal », *in* Cassin, Labarrière et Romeyer Dherbey (éd.), *L'animal dans l'Antiquité*, p. 325-354.

BONNAFÉ, Annie, « Le rossignol et la justice en pleurs (Hésiode, *Travaux* 203-212) », *Bulletin de l'Association Guillaume Budé*, 3, 1983, p. 260-264.

BONNER, John Tylor, *The Evolution of Culture in Animals*, Princeton, Princeton University Press, 1980.

BOUCHARD, Elsa, "The Self-Revealing Poet : Lyric Poetry and Cultural History in the Peripatetic School", *in* Bruno Currie et Ian Rutherford (éd.), *The Reception of Greek Lyric Poetry in the Ancient World. Transmission, Canonization and Paratext*, Leyde-Boston, Brill (Mnemosyne. Supplements, 430. Studies in Archaic and Classical Greek Song, 5), 2020, p. 182-202.

BOUFFARTIGUE, Jean, « Les animaux techniciens. Réflexions sur l'*animal faber* vu par les anciens », *Rursus*, 1, 2006, en ligne : http://journals.openedition.org/rursus/48 (consulté le 11/10/2024).

BOUFFARTIGUE, Jean, « Introduction », *in Plutarque. L'intelligence des animaux*, Paris, Les Belles Lettres, 2012, p. VII-LXIII.

BOUTON-TOUBOULIC, Anne-Isabelle « Plaisir et amour de la musique chez Saint Augustin », *in Saint Augustin,* De musica. *Traité de la musique*, trad. Jean-François Thénard et Marc Citoleux, Paris, Éditions du Sandre, 2006, p. 5-21.

BOYANCÉ, Pierre, *Lucrèce et l'épicurisme*, Paris, PUF, 1963.

BRENNAN, Brian, "Augustine's *De musica*", *Vigiliae Christianae*, 42, 1988, p. 267-281.

BRILLANTE, Carlo, « Il canto delle pernici in Alcmane e le fonti del linguaggio poetico », *Rivista di Filologia e di Istruzione Classica*, 119, 1991, p. 150-163.

BRISSON, Luc, *Orphée et l'Orphisme dans l'Antiquité gréco-romaine*, Aldershot, Ashgate (Variorum), 1995.

BRISSON, Luc, « Le corps animal comme signe de la valeur d'une âme chez Platon », *in* Cassin, Labarrière et Romeyer Dherbey (éd.), *L'animal dans l'Antiquité*, p. 227-245.

BRUNET, Philippe, *La Naissance de la littérature dans la Grèce ancienne*, Paris, Librairie Générale Française, 1997.

BRUNI, Stefano, « Sulla provenienza della situla di Plikasna. Contributi per una storia del collezionismo di antichità a Pistoia nella tarda età barocca », *Atti dell'Accademia nazionale dei Lincei. Rendiconti. Classe di scienze morali, storiche e filologiche*, 30, 3-4, 2019, p. 179-206.

BURR, Viktor, *Tiberius Julius Alexander*, Bonn, Rudolf Habelt, 1955.

BURRUS, Virginia, *"Begotten, not Made". Conceiving Manhood in Late Antiquity*, Standford, Standford University Press, 2000.

BYL, Simon, *Recherches sur les grands traités biologiques d'Aristote*, Bruxelles, Palais des Académies, 1980.

CALAME, Claude, *Les chœurs de jeunes filles en Grèce archaïque* II (Alcman), Urbino, Edizioni dell'Ateneo & Bizzarri, 1977.

CALAME, Claude, *Les chœurs de jeunes filles en Grèce ancienne. Morphologie, fonction religieuse et sociale (Les parthénées d'Alcman)*, Paris, Les Belles Lettres, 2019.

CALERO RODRÍGEZ, Luis, "The κύκνειον ᾆσμα : an Approach to its Musical Contents", *Greek and Roman Musical Studies*, 5, 2, 2017, p. 203-218.

CALVET, Jean et CRUPPI, Marcel, *Le bestiaire de l'Antiquité classique*, Paris, F. Landre, 1955.

CAMBOULIVES, Catherine et LAVALLÉE, Michèle (éd.), *Les metamorphoses d'Orphée*, Tourcoing-Strasbourg-Bruxelles, Snœck-Ducaju et Zoon, 1995.

CAPOMACCHIA, Anna Maria G. (éd.), *Animali tra mito e simbolo*, Rome, Carocci, 2009.

CAPPONI, Filippo, *Ornithologia latina*, Gênes, Università di Genova / Istituto di filologia classica e medievale, 1979.

CAPPONI, Filippo, *Le Fonti del X libro della "Naturalis Historia" di Plinio*, Gênes, Università di Genova / Istituto di filologia classica e medievale, 1985.

CAPPONI, Filippo, « Cultura scientifico-naturalistica di Plinio », *in* Jackie Pigeaud et José Oroz (éd.), *Pline l'Ancien témoin de son temps*, Salamanque-Nantes, Universidad Pontificia de Salamanca, 1987, p. 131-146.

CAPPONI, Filippo, « Per un lessico tecnico pliniano : (Plin. *nat.* 10) », *Invigilata Lucernis*, 13-14, 1991-1992, p. 75-120.

CASEVITZ, Michel, *Commentaire aux* Oiseaux *d'Aristophane*, Lyon, Éditions L'Hermès, 1978.

CASSIN, Barbara, LABARRIÈRE, Jean-Louis et ROMEYER DHERBEY, Gilbert (éd.), *L'animal dans l'Antiquité*, Paris, Vrin, 1997.

CASTIGNONE, Silvia et LANATA, Giuliana (éd.), *Filosofi e animali nel mondo antico*, Pise, ETS, 1994.

CENTRE DE RECHERCHES ANDRÉ PIGANIOL (éd.), *Homme et animal dans l'Antiquité romaine : actes du Colloque de Nantes 1991*, Tours, Centre A. Piganiol, 1995.

CHERUBINA, Rodolfo, *in* Rodolfo Cherubina *et al.*, *Ateneo. I deipnosofisti*, traduction commentée collective sur le projet de Luciano Canfora, II (VI-XII), Rome, Salerno editrice, 2001.

CHIESA, M. Curzio, « Le problème du langage intérieur chez les Stoïciens », *Revue internationale de philosophie*, 45, 1991, p. 301-321.

CICCARESE, Maria Pia (éd.), *Animali simbolici alle origini del bestiario cristiano*, Florence, Nardini, 2002.

CITRONI-MARCHETTI, Sandra, « *Iuuare mortalem.* L'ideale programmatico della *Naturalis Historia* di Plinio nei rapporti con il moralismo stoico-diatribico », *Atene e Roma*, 27, 1982, p. 124-148.

CITRONI-MARCHETTI, Sandra, *Plinio il Vecchio e la tradizione del moralismo romano*, Pise, Giardini, 1991.

CITRONI-MARCHETTI, Sandra, « Filosofia e ideologia nella *NH* di Plinio », *ANRW* II, 36, 5, New York-Berlin, 1992, p. 3249-3306.

CLUA SERENA, Josep Antoni, "Plutarch on Animals' 'aretê' and 'lógos' : from Autobulus to Soclarus (*De soll. an.* 961 F)", *in* Juan Antonio López Férez, Antonio López Fonseca et Marcos Martínez Hernández (éd.), *Πολυπραγμοσύνη : homenaje al profesor Alfonso Martínez Díez*, Madrid, Ed. Clásicas, 2016, p. 141-150.

COMOTTI, Giovanni, *La musica nella cultura greca e romana*, Turin, EDT, 1983 (2e édition).

CONSTANTINE, Mark *et al.*, *La voix des oiseaux. Une nouvelle approche des cris et des chants*, trad. de Guilhelm Lesaffre, Lonay, Delachaux et Niestlé, 2008.

COO, Lyndsay, "A Tale of two Sisters : Studies in Sophocles' *Tereus*", *Transactions and Proceedings of The American Philological Association*, 143, 2013, p. 349-384.

CORBEL-MORANA, Cécile, « Euripide lecteur d'Aristophane. Les trilles du rossignol : (à propos du verbe ἐλελίζομαι dans les *Oiseaux*, v. 213, *Hélène*, v. 1111, et les *Phéniciennes*, v. 1514) », *Revue de Philologie, de Littérature et d'Histoire Anciennes*, 78, 2, 2004, p. 223-238.

CORBEL-MORANA, Cécile, *Le bestiaire d'Aristophane*, Paris, Les Belles Lettres, 2012.

COURET, Alain et OGÉ, Frédéric (éd.), *Histoire et animal*, Toulouse, Presses de l'Institut d'études politiques de Toulouse, 1989.

COURTIEUX, Gilles, « *Elephas religiosus.* Variations grecques, romaines, païennes, juives et chrétiennes sur le thème de la religiosité animale », *Frontières. Revue d'Archéologie, Histoire et Histoire de l'Art*, 8, 2023 [https://journals.openedition.org/frontieres/1616].

COURTIL, Jean-Christophe, « Amare o disprezzare il proprio corpo : riflessioni sul *sui amor* nella lettera 82 a Lucilio », *Lucius Annaeus Seneca. Rivista Internazionale di Studi Senecani*, 2, 2022, p. 159-176.

CROSS, Rodney Martin, "*Vox naturae* : Music as Human-Animal Communication in the Context of Animal Training in Ancient Rome", *Greek and Roman Musical Studies*, 5, 2, 2017, p. 147-158.

CSAPO, Eric, "The Politics of the New Music", *in* Penelope Murray et Peter Wilson (éd.), *Music and the Muses : The Culture of 'Mousikè' in the Classical Athenian City*, Oxford, Oxford University Press, 2004, p. 207-248.

D'ANGOUR, Armand, "The New Music : so What's New ?", *in* Simon Goldhill et Robin Osborne (éd.), *Rethinking Revolutions through Ancient Greece*, Cambridge-New York, Cambridge University Pr., 2006, p. 264-283.

D'ANGOUR, Armand, "'Old' and 'New' Music : the Ideology of *Mousikè*", *in* Tosca A. C. Lynch et Eleonora Rocconi (éd.), *A Companion to Ancient Greek and Roman Music*, Hoboken, Wiley Blackwell, 2020, p. 409-420.

D'ANNA, Nuccio, *Publio Nigidio Figulo. Un pitagorico a Roma nel 1° secolo a. C*, Milan, Archè, 2008.

DARWIN, Charles, *The Descent of Man, and Selection in Relation to Sex*, Londres, Murray, 1871.

DAVENSON, Henri [pseud. de MARROU, Henri-Irénée], *Traité de la musique selon l'esprit de Saint Augustin*, Neuchâtel, Éditions de la Baconnière, 1942.

DAVIES, Stephen, *The Artful Species. Aesthetics, Art, and Evolution*, Oxford, Oxford University Press, 2012.

DEBIDOUR, Michel, « Mythologie, littérature et utopie : les oiseaux dans *les Oiseaux* d'Aristophane », *in* Claude Lachet et Guy Lavorel (éd.), *Les oiseaux. De la réalité à l'imaginaire. Actes du colloque international des 1, 2 et 3 juin 2005*, C.E.D.I.C. n° 26, Centre Jean Prévost (Université Jean Moulin Lyon 3), Lyon, Jacques André, 2006, p. 11-24.

DE BRASI, Diego, « Das Tier, der Mensch und Gott in Laktanzens *De opificio Dei* », in Ingo Schaaf (éd.), Animal Kingdom of Heaven. Anthropological Aspects in the Late Antiue World, Berlin-Boston, De Gruyter, 2019, p. 131-145.

DECLOQUEMENT, Valentin, « Introduction », *in* Philostrate, *Vie d'Apollonios de Tyane*, Paris, Les Belles Lettres, 2023, p. 1-19.

DELLA CORTE, Francesco, « Tecnica espositiva e struttura della *Naturalis Historia* », *in Plinio il Vecchio sotto il profilo storico e letterario. Atti del convegno di Como 5-6-7 ottobre 1979. Atti della tavola rotonda nella ricorrenza centenaria della morte di Plinio il Vecchio, Bologna 16 dicembre 1979*, Côme, New Press, 1982, p. 19-39.

DELORT, Robert, *Les animaux ont une histoire*, Paris, Seuil, 1984.

DE MELLO, Margo, *Animals and Society. An Introduction to Human-Animals Studies*, New York, Columbia University Press, 2012.

DÉTIENNE, Marcel, *L'écriture d'Orphée*, Paris, Gallimard, 1989.

DÍAZ-REGAÑÓN LÓPEZ, José María, « El Estoicismo de Eliano en su *Historia*

Animalium », *in Unidad e pluralidad en el mondo antiguo. Actas del VI Congreso español de studios clásicos (Sevilla, 6-11 abril de 1981). II Comunicaciones*, Madrid, Gredod, 1983, p. 415-421.

DIERAUER, Urs, *Tier und Mensch im Denken der Antike. Studien zur Tierpsychologie, Anthropologie und Ethik*, Amsterdam, Grüner (Studien zur Antiken Philosophie 6), 1977.

DIERAUER, Urs, « Raison ou instinct ? Le développement de la zoopsychologie antique », *in* Cassin, Labarrière et Romeyer Dherbey (éd.), *L'animal dans l'Antiquité*, p. 3-30.

DI GIULIO, Scott J., "Ποικίλα ποικίλως : Situating Aelian's Miscellanistic Programs Between Greek and Roman Models of Variety in the Second Sophistic", *Transactions of the American Philological Association*, 153, 1, 2023, p. 213-251.

EDWARDS, G. Fay, "The purpose of Porphyry's Rational Animals : a Dialectical Attack on the Stoics in *On abstinence from animal food*", *in* Richard Sorabji (éd.), *Aristotle re-interpreted : New Findings on seven hundred Years of the Ancient Commentators*, Londres-New York, Bloomsbury, 2016, p. 263-289.

EMERIT, Sibylle, PERROT, Sylvain et VINCENT, Alexandre (éd.), *De la cacophonie à la musique. La perception du son dans les sociétés antiques. Actes des journées d'études tenues à l'École française d'Athènes 12-14 juin 2014*, Le Caire, Institut français d'archéologie orientale, 2022.

FADDA, Emanuele, « Alcmane e la pernice. Note su vocalità e iconismo », *De musica*, 13, 2009, p. 1-15.

FALCON, Andrea, "Aristotle's Study of Animals in Context : the Peripatetic Study of Life Reconsidered", *in* Peter König et Jan-Ivar Lindén (éd.), *Aristoteles : antike Kontexte, gegenwärtige Perspektiven : Akten der Tagung « Die aristotelische Philosophie im antiken Kontext » in Heidelberg, 7.-9. Januar 2016*, Heidelberg, Winter (Heidelberger Forschungen, 45), 2020, p. 183-200.

FÉDOU, Michel, « Quelle place de l'homme dans le monde ? La réponse d'Origène à Celse », *in* Guillaume Bady et Diane Cuny (éd.), *Les polémiques religieuses du Ier au IVe siècles de notre ère. Hommage à Bernard Pouderon*, Paris, Beauchesne, 2019, p. 245-257.

FELD, Steven, *Sound and Sentiment : Birds, Weeping, Poetics, and Song in Kaluli Expression*, Durham-Londres, Duke University Press, 2012[3].

FERRARI, Gloria, *Alcman and the Cosmos of Sparta*, Chicago-Londres, University of Chicago Press, 2008.

FERRARIS, Maurizio, *L'immaginazione*, Bologne, Il Mulino, 1996.

FERRARIS, Maurizio, KOBAU, Pietro, *Analogon rationis*, Milan, Pratica filosofica, 1994.

FLAMAND, Jacques, *Macrobe et le néo-platonisme latin à la fin du IVe siècle*,

Leyde-Boston, Brill (Études préliminaires aux religions orientales dans l'Empire romain, dir. M. J. Vermaseren, 58), 1977.

FÖGEL, Thorsten, « Pliny the Elder's animals. Some remarks on the narrative structure of *Nat. hist.* 8-11 », Hermes, 135, 2, 2007, p. 184-198.

FONTENAY, Élisabeth de, « La raison du plus fort », Introduction à Plutarque, *Trois traités pour les animaux* (trad. Amyot), Paris, P.O.L., 1992.

FONTENAY, Élisabeth de, « La *Philantrôpia* à l'épreuve des bêtes », *in* Cassin, Labarrière et Romeyer Dherbey (éd.), *L'animal dans l'Antiquité*, p. 281-298.

FORTENBAUGH, William W. *et al.* (éd.), *Theophrastus of Eresus. Sources for his life, Writings, Thought and Influence*, II, Leyde, Brill, 1992.

FRENCH, Roger et GREENAWAY, Frank (éd.), *Science in the Early Roman Empire. Pliny the Elder, his sources and his Influence*, New York-Londres, Routledge, 1986.

FUBINI, Enrico, *L'estetica musicale dall'antichità al Settecento*, Turin, Einaudi, 1976.

GALASSO, Luigi, "Musical Metamorphoses in the Roman World", *in* Tosca A. C. Lynch et Eleonora Rocconi (éd.), *A Companion to Ancient Greek and Roman Music*, p. 75-86.

GALLAVOTTI, Carlo, « Le pernici di Alcmane », *Quaderni Urbinati di Cultura Classica*, 14, 1972, p. 31-36.

GAMBERINI, Leopoldo, *Plutarco « Della Musica »*, Florence, Olschki, 1979.

GARCÍA VALDÉS, Manuela, « Cienca y moral : Eliano desde Aristóteles y a la luz del estoicismo y la "zoofilia" moderna », *Emerita*, 71, 1, 2003, p. 1-50.

GAULY, Bardo Maria, « Plinius' Zoologie und die römische Naturgeschichte » *in* Gernot Michael Müller et Fosca Mariani-Zini (éd.), *Philosophie in Rom – römische Philosophie ? Kultur-, literatur- und philosophiegeschichtliche Perspektiven*, Berlin-Boston (Mass.), De Gruyter, 2018, p. 469-487.

GENETTE, Gérard, *L'œuvre de l'art. Tome 2. La relation esthétique*, Paris, Seuil (coll. « Poétique »), 1997.

GENSINI, Stefano et FUSCO, Maria, Animal loquens. *Linguaggio e conoscenza negli animali non umani da Aristotele a Chomsky*, Rome, Carocci, 2010.

GEUS, Klaus, "Paradoxography", *in* Paul T. Kayser avec John Scarborough (éd.), *The Oxford handbook of science and medicine in the classical world*, Oxford-New York, Oxford University Press, 2018, p. 431-444.

GILHUS, Ingvild Saelid, *Animals, Gods and Humans. Changing Attitudes to Animals, in Greek, Roman and Early Christian Ideas*, Berkeley-Londres-New York, University of California press, 2006.

GILSON, Étienne, *La philosophie au Moyen Âge. Des origines patristiques à la fin du XIVe siècle*, Paris, Payot, 1952.

GIRAUD, Marie-Hélène, « Les oiseaux dans l'*Ion* d'Euripide », *Revue de Philologie*, 61, 1, 1987, p. 83-94.

GOSSEREZ, Laurence, « Sous le signe du phénix (Ambroise de Milan, *Exameron*, V, 23, 79-80) », *in* Vannier (éd.), *La Création chez les Pères*, p. 55-75.

GOURINAT, Jean-Baptiste, « Le discours intérieur de l'âme dans la philosophie stoïcienne », *Chora*, 11, 2013, p 11-22.

GRACYK, Theodore, *On Music*, New York-Londres, Routledge, 2013.

GRAF, Walter, « Musikethnologische Notizen zum Orpheus von Enns-Lorch », *Anthropos*, 51, 1956, p. 735-741.

GRANT, Robert M., *Early Christians and Animals*, Londres-New York, Routledge, 1999.

GRIMAL, Pierre, « Pline et les philosophes », *in* Jackie Pigeaud et José Oroz (éd.), *Pline l'Ancien témoin de son temps*, p. 239-249.

GUIDOBALDI, Maria Paola, *Musica e danza*, Rome, Edizioni Quasar (coll. « Vita e costumi di Romani antichi », 13), 1992.

GUILLAUMONT, François, *Philosophe et Augure. Recherches sur la théorie cicéronienne de la divination*, Bruxelles, Latomus, 1984.

GUIZARD, Fabrice, "Singing God's Praise ? The Meaning of Birdsong in the Work of Christian Authors from the Fifth to Tenth Century", *Axe « Identités, Cultures, Langages » – MSH Dijon*, 2022 [en ligne : https://axe1mshdijon.hypotheses.org/358 (consulté le 19 décembre 2024)].

GURD, Sean Alexander, *Dissonance : Auditory Aesthetics in Ancient Greece*, New York, Fordham University Pr., 2016.

GYSELINCK, Wannes et DEMOEN, Kristoffel, "Author and Narrator : Fiction and Metafiction in Philostratus' *Vita Apollonii*", *in* Kristoffel Demoen et Danny Praet (éd.), Theios Sophistes. *Essays on Flavius Philostratus'* Vita Apollonii, Leyde, Brill, 2009, p. 95-127.

HADAS-LEBEL, Mireille, *Philon d'Alexandrie. Un penseur en diaspora*, Paris, Fayard, 2003.

HADAS-LEBEL, Mireille, *Rome, la Judée et les Juifs*, Paris, Picard (Antiquité/Synthèses 12), 2009.

HADJIMICHAEL, Theodora, "The Peripatetics and the Transmission of Lyric", *in* Bruno Currie et Ian Rutherford (éd.), *The Reception of Greek Lyric Poetry in the Ancient World : Transmission, Canonization and Paratext*, Leyde-Boston, Brill, 2020 (Mnemosyne. Supplements, 430. Studies in Archaic and Classical Greek Song, 5), p. 151-181.

HADOT, Pierre, *Qu'est-ce que la philosophie antique ?*, Paris, Gallimard, 1995.

HÄGG, Thomas, "The Sense of Travelling : Philostratus and the Novel", *in* Kathryn Chew, John Robert Morgan et Stephen M. Trzaskoma (éd.), *Literary Currents and Romantic Forms : Essays in Memory of Bryan Reardon*, Groningue, Barkhuis & Groningen University Library, 2018, p. 213-236.

HAMMANN, Christoph, « Plotin über den Unterschied zwischen Pflanze, Tier und Mensch », *in* Jochen Althoff, Sabine Föllinger et Georg Wöhrle (éd.), *Antike Naturwissenschaft und ihre Rezeption*, Trèves, Wissenschaftlicher Verlag Trier, 2020, p. 105-128.

HARRIS, Marvin, "History and Significance of the Emic/Etic Distinction", *Annual Review of Anthropology*, 5, 1976, p. 329–350.

HARRIS, Zellig S., *Structural linguistics*, Chicago, The University of Chicago Press, 1960.

HARTSHORNE, Charles, *Born to Sing. An Interpretation and World Survey of Bird Song*, Bloomington, Indiana University Press, 1973 (nouvelle édition : Bloomington, Indiana University Press, 1992).

HAURY, Auguste, « Le chant du rossignol ou Buffon mystifié par Aristophane », *Bulletin de l'Association Guillaume Budé*, 1960, p. 373-376.

HAUSSLEITER, Johannes, *Der Vegetarismus in der Antike*, Berlin, Töpelmann, 1935.

HEATH, John, *The Talking Greek. Speech, Animals, and the Other in Homer, Aeschylus, and Plato*, Cambridge, Cambridge University Press, 2005.

HINDERMANN, Judith, « Aelian und die ΠΟΙΚΙΛΙΑ : Ordnung und Unordnung in *De natura animalium* », *Rheinisches Museum für Philologie*, 159, 1, 2016, p. 71-98.

HOFFMANN, Bernhard, *Kunst und Vogelgesang in ihrer wechselseitigen Beziehungen vom naturwissenschaftlich-musikalischen Standpunkt beleuchtet*, Leipzig, Quelle & Mener, 1908.

HONING, Henkjan (éd.), *The Origins of Musicality*, Cambridge-Londres, The MIT Press, 2018.

HONING, Henkjan, *The Evolving Animal Orchestra. In Search of What Makes Us Musical*, trad. Sherry Macdonald, Cambridge-Londres, The MIT Press, 2019.

HÜBNER, Wolfgang, « Der Mensch in Aelians Tiergeschichten », *Antike und Abendland*, 32, 2, 1984, p. 154-176.

IERANÒ, Giorgio, « Arione e Corinto », *Quaderni Urbinati di Cultura Classica*, 41, 1992, p. 39-52.

JACOB, Christian, « De l'art de compiler à la fabrique du merveilleux. Sur la paradoxographie grecque », *Lalies*, 2, 1983, p. 121-140.

JACOBSSON, Martin et DORFBAUER, Lucas J., « Introduction », *in* Augustinus, *De Musica*, Berlin-Boston, De Gruyter (Corpus Scriptorum Ecclesiasticorum Latinorum, vol. 102), 2017, p. 1-10.

JAMES, Alan W., "Dionysos and the Tyrrhenian Pirates", Antichton, 9, 1975, p. 17-34.

JENNISON, George, *Animals for Show and Pleasure in Ancient Rome*, Manchester, Manchester University Press, 1937.

KANIA, Andrew, "Definition", *in* Theodore Gracyk et Andrew Kania (éd.), *The*

Routledge Companion to Philosophy of Music, Londres-New York, Routledge, 2011, p. 3-13.

KELLER, Adalbert, *Aurelius Augustinus und die Musik. Untersuchungen zu* De Musica *im Kontext seines Schrifttums*, Würzburg, Augustinus-Verlag, (« Cassiciacum », 44), 1993.

KELLER, Otto, *Antike Tierwelt*, 2 vol., Leipzig, 1913, repr. Hildesheim, Georg Olms 1963.

KIEFER Sara, SPIESS, Anne, KIPPER, Silke, MUNDRY, Roger, SOMMER, Christina, HULTSCH Henrike et TODT, Dietmar, "First-Year Common Nightingales (*Luscinia megarhynchos*) Have Smaller Song-Type Repertoire Sizes Than Older Males", *Ethology*, 112, 2006, p. 1217-1224.

KIEFER, Sarah, SOMMER, Christina, SCHARFF, Constance et KIPPER, Silke, "Singing the Popular Songs ? Nightingales Share More Song Types with Their Breeding Population in Their Second Season than in Their First", *Ethology*, 116, 2010, p. 619-626.

KIRCHER, Athanasius, *Musurgia universalis sive ars magna consoni et dissoni in X libros digesta*, Rome, Corbelletti, 1650.

KITCHELL, Kenneth F., *Animals in the Ancient World from A to Z*, Londres, Routledge, 2014.

KORHONEN, Tua et RUONAKOSKI, Erika, *Human and Animal in Ancient Greece : Empathy and Encounter in Classical Literature*, Londres, Tauris, 2017.

KOMPATSCHER, Gabriela, "Human-Animal Studies. Bridging the Lacuna between Academia and Society", *in* Raija Mattila, Sanae Ito et Sebastian Fink (éd.), *Animals and their Relation to Gods, Humans and Things in the Ancient World*, Wiesbaden, Springer, 2019, p. 11-22.

KOUSOULINI, Vasiliki, *A History of Alcman's Early Reception : Female-Voiced Nigthingales*, Cambridge, Cambridge Scholars Publishing, 2019.

KURK, Leslie, "Musical Animals, Choral Assemblages, and Choral Temporality in Sappho's Tithonus poem (fr. 58)", *American Journal of Philology*, 142, 1, 2021, p. 1-39.

LABARRIÈRE, Jean-Louis, « Imagination humaine et imagination animale chez Aristote », *Phronesis*, 29, 1984, p. 17-49 [reproduit *in* LABARRIÈRE, Jean-Louis, *La condition animale. Études sur Aristote et les Stoïciens*, Louvain-La-Neuve, Peeters, 2005, p. 106-112].

LABARRIÈRE, Jean-Louis, « *Logos endiathetos* et *logos prophorikos* dans la polémique entre le Portique et la Nouvelle-Académie », *in* Cassin, Labarrière et Romeyer Dherbey (éd.), *L'animal dans l'Antiquité*, p. 259-279.

LABARRIÈRE, Jean-Louis, « Le caractère musical de la voix chez Aristote : *apotasis, melos, dialektos* », *Philosophie Antique. Problèmes, Renaissances, Usages*, 2, 2002, p. 89-108 [en ligne : https://doi.org/10.4000/philosant.6726].

LACHET, Claude et LAVOREL, Guy (éd.), *Les oiseaux. De la réalité à l'imaginaire. Actes du colloque international des 1, 2 et 3 juin*, Lyon, Université Jean-Moulin-Lyon 3 (C.E.D.I.C. / Centre Jean Prévost, 26), 2006.

LANATA, Giuliana, « Thèmes animaliers dans le platonisme moyen : le cas de Celse », *in* Cassin, Labarrière et Romeyer Dherbey (éd.), *L'animal dans l'Antiquité*, p. 299-324.

LASSAUZET, Benjamin et MONTANDON, Alain (éd.), *Les insectes et la musique*, Paris, Hermann, 2022.

LEACH, Elisabeth Eva, *Sung Birds. Music, Nature and Poetry in the Later Middle Ages*, Ithaca-Londres, Cornell University Press, 2007.

LEÃO, Delfim Ferreira et ROIG LANZILLOTTA, Lautaro (éd.), *A Man of Many Interests. Plutarch on Religion, Myth, and Magic : Essays in honor of Aurelio Pérez Jiménez*, Leyde-Boston (Mass.), Brill, 2019, p. 138-171.

LE DU, Michel, *Les métaphores, Une enquête sur l'élasticité de l'esprit*, Paris, Vrin, 2023.

LEE PIKE, Kenneth, *Language in Relation to a Unified Theory of Structure of Human Behavior*, La Haye, Mouton, 1976[2].

LEITNER, Helmut, *Zoologische Terminologie beim älteren Plinius*, Hildesheim, H. A. Gerstenberg, 1972.

LESTEL, Dominique, *Les origines animales de la culture*, Paris, Flammarion, 2001.

LEVEN, Pauline, "Pan and the Music of Nature", in Tosca A. C. Lynch et Eleonora Rocconi (éd.), *A Companion to Ancient Greek and Roman Music*, p. 49-59.

LEVEN, Pauline, *Music and Metamorphosis in Greco-Roman Thought*, Cambridge, Cambridge University Press, 2021.

LEVINSON, Jerrold, *Music, Art, and Metaphysics. Essays in Philosophical Aesthetics*, Ithaca-Londres, Cornell University Press, 1990.

LEWIS, Sian et LLEWELLYN-JONES, Lloyd (éd.), *The Culture of Animals in Antiquity : a Sourcebook with Commentaries*, Londres-New York, Routledge, 2018.

LIAO, Diana A., BRECHT, Katharina F., VEIT, Lena, NIEDER, Andreas, "Crows 'Count' the Number of Self-Generated Vocalization", *Science*, vol. 384, Issue 6698, p. 874-877 [en ligne : DOI : 10.1126/science.adl0984].

LIAPIS, Vayos J., "Who Sings the Hoopoe's Song ? Aristophanes, *Birds* 202-208", *Classical Quaterly*, 63,1, 2013, p. 413-417.

LI CAUSI, Pietro, « Animali e uomini nel pensiero greco antico », *in* Li Causi et Pomelli, *L'anima degli animali. Aristotele, frammenti stoici, Plutarco, Porfirio*, p. IX-LXXVIII.

LI CAUSI, Pietro, « Introduzione. L'ottavo e il nono libro della *Historia animalium* », *in* Li Causi et Pomelli (éd.), *L'anima degli animali. Aristotele, frammenti stoici, Plutarco, Porfirio*, p. 5-14.

LI CAUSI, Pietro et POMELLI, Roberto (éd.), *L'anima degli animali. Aristotele, frammenti stoici, Plutarco, Porfirio*, Turin, Einaudi, 2015.

LI CAUSI, Pietro, *Gli animali nel mondo antico*, Bologne, Il Mulino, 2018.

LLOYD, Geoffrey, "Aristotle on the Natural Sociability, Skills and Intelligence of Animals", *in* Verity Harte et Melissa Lane (éd.), Politeia *in Greek and Roman Philosophy*, Cambridge-New York, Cambridge University Press, 2013, p. 277-293.

LOCHER, Albrecht, "The Structure of Pliny the Elder's Natural History", *in* Roger French et Frank Greenaway (éd.), *Science in the Early Roman Empire. Pliny the Elder, his sources and his Influence*, Londres-Sydney, Routledge, 1986, p. 20-29.

LOGUE, David M. et LECA, Jean-Baptiste, "Animal Culture : How a New Birdsong Went Viral", *Current Biology* 30 (issue 16), p. R957-R959 [en ligne : DOI : 10.1016/j.cub.2020.06.055].

LOMIENTO, Vincenzo, *La natura innamorata nell'*Esamerone *di Ambrogio*, Bari, Edipuglia, 2014.

LOUIS, Pierre, « Introduction », *in* Aristote, *Histoire des animaux, Tome I, Livres I-VI*, Paris, Les Belles Lettres, 1964, p. V-LV.

LUCIANI, Sabine, « Démocrite, Épicure, Lucrèce. L'originalité épicurienne en question », *Vita Latina*, 176, 2007, p. 93-106.

LYNCH, Tosca A. C. et ROCCONI, Eleonora (éd.), *A Companion to Ancient Greek and Roman Music*, Hoboken, Wiley Blackwell, 2020.

MÂCHE, François-Bernard, *Musique, mythe, nature ou les dauphins d'Arion*, Château-Gontier, Éditions Aedam Musicae, 2015[3].

MÂCHE, François-Bernard, *Musique au singulier*, Paris, Odile Jacob, 2001.

MÂCHE, François-Bernard, *Cent opus et leurs échos*, Paris, L'Harmattan, 2012.

MÂCHE, François-Bernard, "Philology and Zoömusicology", conférence au colloque *Moisa*, Athènes, 14 juillet 2016 (inédit).

MAINARDI, Danilo (éd.), *Dizionario di etologia*, Turin, Einaudi, 1992.

MANNUCCI, Erica Joy, *La cena di Pitagora. Storia del vegetarismo dall'antica Grecia a Internet*, Rome, Carocci, 2008.

MARAN, Timo, MARTINELLI, Dario et TUROVSKI, Aleksei (éd.), *Readings in Zoosemiotics*, Berlin et Boston, De Gruyter Mouton, 2011.

MARLER, Peter, "Origins of Music and Speech : Insights from Animals", *in* Nils L. Wallin, Björn Merker et Steven Brown (éd.), *The Origins of Music*, Cambridge, MIT Press, 2001, p. 31-48.

MARLER, Peter, « Les origines animales de la musique », *in* Jean-Jacques Nattiez *et al.* (éd.), *Musiques. Une encyclopédie pour le XXIe siècle*, II, *Les savoirs musicaux*, Paris-Arles, Cité de la musique / Actes sud, 2004, p. 495-505.

MARLER, Peter et SLABBEKORN, Hans (éd.), *Nature's Music. The Science of Birdsongs*, Amsterdam-San Diego, Elsevier Academic Press, 2004.

MARROU, Henri-Irénée, *Saint Augustin et la fin de la culture antique*, Paris, De Boccard (Bibliothèque des Écoles françaises d'Athènes et de Rome 145), 1938.

MARTINELLI, Dario, *How Musical is a Whale ? Towards a Theory of Zoomusicology* (Acta Semiotica Fennica XIII), Imatra, International Semiotics Institute, 2002.

MARTINELLI, Dario, *Of Birds, Whales, and Other Musicians : An Introduction to Zoomusicology*, Scranton-Londres, University of Scranton Press, 2009.

MARTINELLI, Dario, *A Critical Companion to Zoosemiotics. People, Paths, Ideas*, Dordrecht-Heidelberg-London-New York, Springer, 2010.

MARTINELLI, Dario, *Quando la musica è bestiale davvero. Studiare e capire la zoomusicologia*, Rome, Aracne, 2011.

MARZI, Giovanni, « Introduzione », *in* Augustinus, *De musica*, éd. Giovanni Marzi, Florence, Sansoni, 1969.

MASPERO, Francesco, « Introduzione », *in* Claudio Eliano, *La natura degli animali*, trad. it. de Francesco Maspero, Milan, B.U.R., 2002 (deuxième édition), p. 5-36.

MATHIEU-CASTELLANI, Gisèle, *Le rossignol poète dans l'Antiquité et à la Renaissance*, Paris, Classiques Garnier, 2016.

MATIGNON, Karine-Lou (dir.), *Révolutions animales. Comment les animaux sont devenus intelligents*, Paris, LLL, 2016.

MAYER OLIVÉ, Marc, « Publius Nigidius Figulus *pythagoricus et magus* », *in* Marina Piranomonte et Francisco Marco Simón (éd.), *Contesti magici / Contextos mágicos*, Rome, De Luca, 2012, p. 237-245.

MCCRACKEN, Janet, "Dogs and Birds in Plato", *Philosophy and Literature*, 38, 2, 2014, p. 446-461.

MERSENNE, Marin, *Harmonie universelle, contenant la théorie et la pratique de la musique*, Paris, Sébastien Cramoisy, 1636 ; éd. fac-similé de l'exemplaire conservé à la Bibliothèque des Arts et métiers et annoté par l'auteur, avec une introduction de François Lesure, Paris, CNRS, 1963.

MESSIAEN, Olivier, *Traité de rythme, de couleur et d'ornithologie* (1949-1992), tome V, partie I (« Chants d'oiseaux d'Europe »), Paris, Alphonse Leduc, 2018.

MEYER, Martin F., « Aristotelische Biologie : eine Synopsis », *Peitho. Examina Antiqua*, 11, 2020, p. 83-119.

MIRANDA, Lidia Raquel, « La animalización en *Hexamerón* : la relación *persona-aves* en la antropología moral de Ambrosio de Milán », *Classica Boliviana*, 12, 2023, p. 49-69.

MONDÉSERT, Claude, "Philo of Alexandria", *in* John Sturdy, W. D. Davies et William Horbury (éd.), *The Cambridge History of Judaism III (The Early Roman Period)*, Cambridge, Cambridge University Press, 1999, p. 877-900.

MONTANDON, Alain, « Paysages sonores », *in* Lassauzet et Montandon (éd.), *Les insectes et la musique*, p. 59-72.

MONTGOMERY, Hugo C., "The Fabulous Dolphin", *Classical Journal*, 61, 1966, p. 311-314.

MÜNCH, Paul et WALZ, Rainer, *Tiere und Menschen – Geschichte und Aktualität eines prekären Verhältnisses*, Paderborn, Ferdinand Schöningh, 1997.

MURGIER, Charlotte, « La part du propre (*oikeion*) dans la constitution du concept stoïcien d'appropriation (*oikeiosis*) », *Methodos. Savoirs et Textes*, 13, 2013 [en ligne : https://doi.org/10.4000/methodos.3030].

MURRAY, Penelope, "The Mythology of Muses", *in* Tosca A. C. Lynch et Eleonora Rocconi (éd.), *A Companion to Ancient Greek and Roman Music*, p. 13-24.

MYNOTT, Jeremy, *Birds in the Ancient World. Winged Words*, Oxford-New York, Oxford University Press, 2018.

NAAS, Michael, "Song and Dance Man : Plato and the Limits of the Human", *in* Emanuela Bianchi, Sara Brill et Brooke Holmes (éd.), *Antiquities Beyond Humanism*, Oxford, Oxford University Press, 2019, p. 63-76.

NAAS, Valérie, *Le projet encyclopédique de Pline l'Ancien*, Rome, École française (Coll. EFR 303), 2002.

NATTIEZ, Jean-Jacques, *Musicologie générale et sémiologie*, Paris, Christian Bourgois, 1987.

NATTIEZ, Jean-Jacques, « Pluralité et diversité du savoir musical », *in* Jean-Jacques Nattiez, avec la collaboration de Margaret Bent, Rossana Dalmonte et Mario Baroni (dir.), *Musiques. Une encyclopédie pour le XXIe siècle. 2. Les savoirs musicaux*, Arles-Paris, Actes Sud / Cité de la musique, 2004, p. 17-44.

NELSON, Thomas J., "'Most Musical, Most Melancholy' : Avian Aesthetics of Lament in Greek and Roman Elegy", *Dictynna*, 16, 2019, p. 1-47 [en ligne : https://doi.org/10.4000].

NEWMYER, Stephen T., *Animals, Rights and Reason in Plutarch and Modern Ethics*, Londres-New York, Routledge, 2006.

NEWMYER, Stephen T., "Calculating Creatures : Ancients and Moderns on Understanding of Number in Animals", *Quaderni Urbinati di Cultura Classica*, 89, 2008, p. 117-124.

NEWMYER, Stephen T., *Animals in Greek and Roman Thought. A Sourcebook*, Londres-New York, Routledge, 2011.

NEWMYER, Stephen T., "Animals in Plutarch", *in* Mark Beck (éd.), *A Companion to Plutarch*, Chichester, Wiley Blackwell, 2014, p. 223-234.

NOWICKI, Stephen, SEARCY, William A., HUGHES, Melissa et PODOS, Jeffrey, "The Evolution of Bird Song : Male and Female Response to Song Innovation in Swamp Sparrows", *Animal Behaviour*, 62, 2001, p. 1189-1195.

OBADIA, Claude, « La théorie platonicienne de la mousikè : une antinomie politique ? », *Le philosophoire*, 13, 2000, 3, p. 233-242.

OSBORNE, Catherine, *Dumb Beasts and Dead Philosophers. Humanity and the Humane in Ancient Philosophy and Literature*, Oxford, Clarendon Press, 2007.

OUELLETTE, Antoine, *Le chant des oyseaulx. Comment la musique des oiseaux devient musique humaine*, Montréal, Varia, 2020.

PABST, Angela, « Wenn die Tiere reden könnten : vom *Logos*-Gebrauch der Wesen ohne *logos* bei Plutarch », in Schmalzgruber (éd.), *Speaking Animals*, p. 333-357.

PANTI, Cecilia, *Filosofia della musica. Tarda Antichità e Medioevo*, Rome, Carocci, 2008.

PASTOUREAU, Michel, *Bestiaires du Moyen Âge*, Paris, Éditions du Seuil, 2020.

PATAKI, Elvira, « Variations sur l'immortalité. Tithon et la cigale chez Sappho (fragment 58) et dans la tradition homérique », *Gaia*, 18, 2015, p. 535-547.

PATEL, Aniruddh D., IVERSEN, John R., BREGMAN, Micah R. et SCHULZ, Irena, "Experimental Evidence for Synchronization to a Musical Beat in a Nonhuman Animal", *Current Biology*, Vol. 19, Issue 10, 2009, p. 827-830.

PAYNE, Katherine, "The Progressively Changing Songs of Humpback Whales : A Window on the Creative Process in a Wild Animal", *in* Nils L. Wallin, Björn Merker et Steven Brown (éd.), *The Origins of Music*, Cambridge, MIT Press, 2001, p. 135-150.

PELLEGRIN, Pierre, *La classification des animaux chez Aristote. Statut de la biologie et unité de l'aristotélisme*, Paris, Les Belles Lettres, 1982.

PERL, Carl Johann, "Augustine and Music", *The Musical Quarterly*, 41, 4, 1955, p. 496-510.

PERROT, Sylvain, « Le chant du coq dans les sources grecques et la notion de *kakophonia* (κακοφωνία) », *in* Sibylle Emerit, Sylvain Perrot et Alexandre Vincent, *De la cacophonie à la musique. La perception du son dans les sociétés antiques. Actes des journées d'études tenues à l'École française d'Athènes 12-14 juin 2014*, Le Caire, Institut français d'archéologie orientale, 2022, p. 231-250.

PIANA, Giovanni, *Il canto del merlo*, *in Archivio di Giovanni Piana*, Università di Milano (online), https://sites.unimi.it/gpiana/dm11/piana/merlo/merlo.pdf (consulté le 20/10/24).

PIGEAUD, Jackie et OROZ, José (éd.), *Pline l'Ancien témoin de son temps*, Salamanque-Nantes, Universidad Pontificia de Salamanca, 1987.

PINOTTI, Paola, « Gli animali in Platone : metafore e tassonomie », *in* Silvia Castignone et Giuliana Lanata (éd.), *Filosofi e animali nel mondo antico*, Pise, Edizioni ETS, 1994, p. 103-122.

PIZZANI, Ubaldo, « L'enciclopedia Agostiniana e i suoi problemi », *Congresso internazionale su S. Agostino nel XVI centenario della sua conversione (Roma*

15-20 Settembre 1986), I, Rome, Institutum Patristicum Augustinianum, 1987, p. 331-361.

POHLENZ, Max, « Tierische und menschliche Intelligenz bei Posidonios », *Hermes*, 76, 1941, p. 1-13.

PÖHLMANN, Egert, "Aristophanes and the 'New Music' : *Acharnians*, *Knights*, *Clouds*, *Birds*, *Thesmophoriazousai*, *Frogs*", *in* Dimitrios Yatromanolakis (éd.), *Music and Cultural Politics in Greek and Chinese Societies*, I (Greek antiquity), Cambridge (Mass.)-Londres, Harvard University Press, 2011, p. 29-64.

PÖHLMANN, Egert, "The Monody of the Hoopoe in Aristophanes' *Birds* 227-62", *Greek and Roman Musical Studies*, 5, 2017, p. 191-202.

POIRIER, Jean-Louis, Cave Canem. *Hommes et bêtes dans l'Antiquité*, Paris, Les Belles Lettres, 2016.

POLLARD, John, *Birds in Greek life and Myth*, Londres, Thames & Hudson, 1977.

POUIVET, Roger, *L'art et le désir de Dieu. Une enquête philosophique*, Rennes, Presses Universitaires de Rennes, 2017.

PRADEAU, Jean-François, *Plutarque. Manger de la chair*, Paris, PUF, 2024.

PRIEUR, Jean, *Les animaux sacrés dans l'Antiquité*, Rennes, Ouest France, 1988.

PRIVITERA, Giuseppe Aurelio, « Aspetti musicali nella storia del ditirambo arcaico e tardo-arcaico », *Annali dell'Università degli Studi di Napoli « L'Orientale »*, 13, 1991, p. 141-153.

RADICE, Roberto, « A proposito del rapporto fra Filone e gli stoici », *Fortunatae*, 17, 2006, p. 127-149.

REALE, Giovanni, *Storia della filosofia greca e romana VII. Rinascita del platonismo et del pitagorismo*, Corpus Hermeticum *e oracoli caldaici*, Milan, Bompiani, 2004.

REYNOLDS, Joyce, "The Elder Pliny and his Times", *in* French et Greenaway (éd.), *Science in the Early Roman Empire. Pliny the Elder, his sources and his Influence*, p. 1-10.

RICHTER, Gisela M. A., *Animals in Greek Sculpture*, Londres, Oxford University Press, 1930.

RIEMANN, Hugo, *Die Elemente der musikalischen Ästhetik*, Berlin, Spemann, 1900.

ROCCONI, Eleonora, *Le parole delle Muse. La formazione del lessico tecnico musicale nella Grecia antica*, Rome, Quasar, 2003.

ROCCONI, Eleonora, « Il canto delle rane in Aristofane, *Rane* 209-267 », *Quaderni Urbinati di Culture Classica*, 85, 1, 2007, p. 137-142.

ROCCONI, Eleonora, « Effetti speciali sonori e mimetismo musicale nelle fonti greche », *Annali della Scuola Normale Superiore di Pisa. Classe di Lettere et Filosofia*, 6, 2, 2014, p. 703-719.

ROCCONI, Eleonora, "Musical Aesthetics", *in* Lynch et Rocconi (éd.), *A Companion to Ancient Greek and Roman Music*, p. 323-335.

ROGERS, Lesley J. et KAPLAN, Gisela, *Not Only Roars & Rituals : Communication in Animals*, Crows Nest, Allen & Unwin, 1998.

RÖMER, Franz, « Die plinianische "Anthropologie" und der Aufbau der *Naturalis Historia* », *Wiener Studien*, 17, 1992, p. 104-108.

ROMEYER DHERBEY, Gilbert, « Les animaux familiers », *in* Cassin, Labarrière et Romeyer Dherbey (éd.), *L'animal dans l'Antiquité*, p. 141-156.

ROTHENBERG, David *et al.*, "Investigation of Musicality in Birdsong", *Hearing Research*, 2013, p. 1-13 [en ligne : http://dx.doi.org/10.1016/j.heares.2013.08.016 (consulté le 23/10/24)].

ROTHENBERG, David, *Un rossignol dans la ville. À la recherche du son parfait*, trad. Marie-Hélène Ray, Arles, Actes Sud, 2024.

ROUSSEAU, Jean-Jacques, *Essai sur l'origine des langues, où il est parlé de la mélodie et de l'imitation musicale*, éd. Catherine Kintzler, Paris, Flammarion, 1993.

RUTHERFORD, Ian, "Apollo and Music", *in* Lynch et Rocconi (éd.), *A Companion to Ancient Greek and Roman Music*, p. 25-36.

RYBAK, Fanny, « À l'écoute des insectes. Comment et pourquoi les insectes communiquent-ils par des signaux sonores », *in* Lassauzet et Montandon (éd.), *Les insectes et la musique*, p. 15-36.

SAINT-DENIS, Eugène de, « Introduction », in *Pline l'Ancien. Histoire Naturelle* X (livre X), éd. et trad. Eugène de Saint-Denis, Paris, Les Belles Lettres, 1961, p. 7-18.

SALLMANN, Klaus, « La responsabilité de l'homme face à la nature », *in* Pigeaud et Oroz (éd.), *Pline l'Ancien témoin de son temps*, p. 251-266.

SANTESE, Giuseppina, « Animali e razionalità in Plutarco », *in* Castignone et Lanata (éd.), *Filosofi e animali nel mondo antico*, p. 141-170.

SARTI, Susanna, "Musical Heroes", *in* Lynch et Rocconi (éd.), *A Companion to Ancient Greek and Roman Music*, p. 61-74.

SAUVAGE, André, *Étude de thèmes animaliers dans la poésie latine. Le cheval. Les oiseaux*, Bruxelles, Coll. Latomus, 143, 1975.

SCHAAF, Ingo, *Animal Kingdom of Heaven : Anthropozoological Aspects in the Late Antique World*, Berlin-Boston (Mass.), De Gruyter, 2019.

SCHAEFFER, Jean-Marie, *L'expérience esthétique*, Paris, Gallimard, 2015.

SCHMALZGRUBER, Hedwig (éd.), *Speaking Animals in Ancient Literature*, Heidelberg, Winter, 2020.

SCHWARTZ, Daniel R., "Philo, His Family, and His Times", *in* Adam Kamesar (éd.), *The Cambridge Companion to Philo*, Cambridge, Cambridge University Press, 2009, p. 9-31.

SCRUTON, Roger, *The Aesthetics of Music*, Oxford, Clarendon Press, 1997.

SCRUTON, Roger, *Animal Rights and Wrongs*, Londres, Demos, 2003.

SCRUTON, Roger, *Understanding music. Philosophy and Interpretation*, Londres-New York, Continuum, 2009.

SEBEOK, Thomas Albert, *Perspectives in Zoosemiotics*, La Haye, Mouton, 1972.

SEBEOK, Thomas Albert, "Zoosemiotics : At the Intersection of Nature and Culture", *in* Thomas Albert Sebeok (éd.), *The Tell-Tale Sign : A Survey of Semiotics*, Lisse, The Peter de Ridder Press, 1975, p. 85-95.

SEBEOK, Thomas Albert, *The Play of Musement*, Bloomington, Indiana Univ Press, 1981 ; *Il gioco del fantasticare*, trad. it. de Massimo Pesaresi, Milan, Spirali, 1984.

SEIBT, Uta, WICKLER, Wolfgang, KLEINDIENST, Hans-Ulrich et SONNENSCHEIN, Edith, "Structure, Geography and Origin of Dialects in the Traditive Song of the Forest Weaver *Ploceus bicolor sclateri* in Natal, S. Africa", *Behaviour*, 139, 9, 2002, p. 1237-1265.

SERBAT, Guy, « Pline l'Ancien. État présent des études sur sa vie, son œuvre et son influence », *ANRW*, II, 34, 4, Berlin-New York, 1986, p. 2069-2200.

SERRAVEZZA, Antonio, *Musica e scienza nell'età del positivismo*, Bologne, il Mulino, 1996.

SFORZA, Ilaria, « Il canto dei cigni iperborei ad Apollo : note su Eliano, *De natura animalium* XI, 1 », *in* Romina Carboni et Marco Giuman (éd.), Sonora. *La dimensione acustica nel mondo mitico, magico e religioso dell'antichità classica*, Pérouse, Morlacchi, 2015, p. 228-242.

SIMEONI, Francesca, « *Alexander vel De animalibus* : Philon d'Alexandrie et le débat antique sur le statut des animaux », *Revue des Sciences Philosophiques et Théologiques*, 107, 1, 2023, p. 3-34.

SLATER, Peter J. B., "Birdsong Repertoires : Their Origin and Use", *in* Nils L. Wallin, Björn Merker et Steven Brown (éd.), *The Origins of Music*, Cambridge, MIT Press, 2001, p. 49-63.

SMITH, Steven D., *Man and Animal in Severan Rome. The Literary Imagination of Claudius Aelianus*, Cambridge, Cambridge University Press, 2014.

SONNENSCHEIN, Edith, "Structure, Geography and Origin of Dialects in the Traditive Song of the Forest Weaver Ploceus bicolor sclateri in Natal, S. Africa", *Behaviour*, 139, 9, 2002, p. 1237-1265.

SORABJI, Richard, *Animal Minds and Human Morals. The Origins of the Western Debate*, Londres, Duckworth, 1993.

SORABJI, Richard, « Esprits d'animaux », *in* Cassin, Labarrière et Romeyer Dherbey (éd.), *L'animal dans l'Antiquité*, p. 355-373.

SOTAVALTA, Olavi, "Analysis of the Song Patterns of two Sprosser Nightingales, Luscinia luscinia", *Annales Zoologici Societatis Zoologicae Botanicae Fennicae 'Vanamo'*, 17, 4, 1956, p. 1-31.

SOURIAU, Étienne, *Le sens artistique des animaux*, Paris, Hachette, 1965.

STEIER, August, *Aristoteles und Plinius. Studien zur Geschichte der Zoologie*, Würzburg, C. Kabitzsch, 1913.

SMITH, Steven D., *Man and Animal in Severan Rome. The Literary Imagination of Claudius Aelianus*, Cambridge, Cambridge University Press, 2014.

STERN, Henri, « Les débuts de l'iconographie d'Orphée charmant les animaux », *in* Pierre Bastien, Françoise Dumas, Hélène Huvelin et Cécile Morrison (éd.), *Mélanges de numismatique, d'archéologie et d'histoire offerts à Jean Lafaurie*, Paris, Société française de numismatique, 1980, p. 157-164.

SVOBODA, Karel, *L'esthétique de Saint Augustin et ses sources*, Brno, Vydává Filosofická Fakulta, 1933.

SZENDY, Peter, « Phtongonomies animales (Chez Aristote, Mersenne, Kircher) », *in* Marta Grabocz (éd.), *Méthodes nouvelles / musiques nouvelles. Musicologie en création*, Strasbourg, Presses Universitaires de Strasbourg, 1999, p. 11-30.

SZÖKE, Peter, *A zene eredete és három világa – az élet elötti, az* állati *és az emberi lét szintjén* [L'origine de la musique et de ses trois règnes sur le plan de l'existence inorganique, animale et humaine], Budapest, Magvetö, 1982.

TANAKA, Masashi, "Vocal Imitation, A Specialized Brain Function That Facilitates Cultural Transmission in Songbirds", *in* Yoshimasa Seki (éd.), *Acoustic Communication in Animals From Insect Wingbeats to Human Music*, Singapore, Springer, 2023, p. 81-94.

TAYLOR, Hollis, "Connecting Interdisciplinary Dots : Songbirds, 'White Rats' and Human Exceptionalism", *Social Science Information*, 52, 2, 2013, p. 287-306.

TAYLOR, Hollis, "How Musical Are Animals ? Taking Stock of Zoömusicology's Prospects", *Music Research Annual*, vol. 1, 2020, p. 1–35 [en ligne : https://musicresearchannual.org/taylor-zoomusicology-2021/ (consulté le 12 octobre 2024)].

TERIAN, Abraham, « Introduction », *in* Philon d'Alexandrie, *Alexander uel De ratione quam habere etiam bruta animalia e uersione armeniaca*, Paris, Cerf, 1988, p. 17-82.

TODT, Dietmar et HULTSCH, Henrike, "Acquisition and Performance of Song Repertoire : Ways of Coping with diversity and versatility", *in* Donald E. Kroodsma et Edward H. Miller (éd.), *Ecology and Evolution of Acoustic Communication in Birds*, Ithaca, Comstock, 1996, p. 79-96.

TOYNBEE, Jocelyn M. C., *Animals in Roman Life and Art*, New York, Cornell University Press, 1973.

TURTRONE, Fabio, "Dumb Animals : a Short History of Classical Logocentrism", *Vichiana. Rassegna Internazionale di Studi Filologici e Storici*, 58, 1, 2021, p. 81-97.

VANNIER, Marie-Anne (éd.), *La Création chez les Pères*, Berne-Berlin-Bruxelles-Francfort-New York-Vienne, Peter Lang, 2011.

VEGETTI, Mario, « La scienza ellenistica : problemi di epistemologia storica », *in* Gabriele Giannantoni et Mario Vegetti (éd.), *La scienza ellenistica*, (Actes des journées d'études de Pavie, 14-16 avril 1982), Naples, Bibliopolis, 1984, p. 427-470.

VERDE, Francesco, « Il piacere della musica nell'Epicureismo », *La Cultura*, 1, 2021, p. 45-71.

VESPA, Marco, "A Voice Without a Muse. Primates and the Ancient Phonosphere in Greek and Roman Culture", *Greek and Roman Musical Studies*, 5, 2017, p. 159-177.

VESPA, Marco, « Les animaux et leur place dans le polythéisme gréco-romain. Le *De natura animalium* d'Élien à l'époque de la polémique chrétienne », *Ktèma*, 48, 2023, p. 105-121.

VIEILLEFON, Laurence, *La figure d'Orphée dans l'Antiquité tardive. Les mutations d'un mythe : du héros païen au chantre chrétien*, Paris, De Boccard, 2003.

VIEILLEFON, Laurence, « Les mosaïques d'Orphée dans les maisons de l'Antiquité tardive : fonctions décoratives et valeurs religieuses », *Mélanges de l'École française de Rome. Antiquité*, 116, 2, 2004, p. 983-1000.

VIGO, Alejandro G. (éd.), Oikeiosis *and the Natural Basis of Morality : from Classical Stoicism to Modern Philosophy*, Hildesheim-Zurich, Olms, 2012.

VOLK, Katharina, "Signs, Seers and Senators : Divinatory Expertise in Cicero and Nigidius Figulus", *in* Jason König et Greg Woolf (éd.), *Authority and Expertise in Ancient Scientific Culture*, Cambridge-New York, Cambridge University Press, 2017, p. 329-347.

WALLASCHEK, Richard, "On the Origin of Music", *Mind*, 16, 1891, p. 375-388.

WARTELLE, André, « Analyse métrique de l'appel de la huppe (Aristophane, *Oiseaux*, vers 209-262) », *Bulletin de l'Association Guillaume Budé*, 1966, p. 440-449.

WEISS, Naomi A., "Ancient Greek *Choreia*", *in* Lynch et Rocconi (éd.), *A Companion to Ancient Greek and Roman Music*, p. 161-172.

WEISS, Michael, HULTSCH, Henrike, ADAM, Iris, SCHARFF, Constance et KIPPER, Silke, "The use of network analysis to study complex animal communication systems : a study on nightingale song", *Proceedings of the Royal Society of London B : Biological Sciences*, 281 (2014) : 0460.

WEST, Martin L., *Greek Metre*, Oxford, Oxford University Press, 1982.

WEST, Martin L., *Ancient Greek Music*, Oxford, Clarendon Press, 1992.

WICKLER, Wolfgang, *Dialekte im Tierreich. Ihre Ursachen und Konsequenzen*, Münster, Aschendorff Verlag, 1986.

WILLIAMS, Dyfri, « La céramique grecque et le rôle d'Athènes », *in* Giovanni Pugliese Caratelli (éd.), *Grecs en Occident*, Milan, Bompiani, 1996, p. 85-98.

WITTGENSTEIN, Ludwig, *Leçons et conversations sur l'esthétique, la psychologie et la croyance religieuse*, trad. de Jacques Fauve, Paris, Gallimard, 1971 (éd. 1992).

WOLFF, Francis, *Pourquoi la musique ?*, Paris, Fayard, 2015.

ZANATTA, Marcello, "Voice as Difference in Aristotelian Zoology", *Journal of Ancient Philosophy*, vol. 7, 1, 2013, p. 1-18.

ZANNIER, Marie-Pierre, « De la classification au conditionnement des animaux chez l'agronome romain Varron », *in* Judith Förstel et Martine Plouvier (éd.), *L'animal : un objet d'étude*, Paris, Éditions du Comité des travaux historiques et scientifiques, 2020 [En ligne : http://dx.doi.org/10.4000/books.cths.10138]

ZIEGLER, Heinrich Ernst, *Der Begriff des Instinktes einst und jetzt. Eine Studie über die Geschichte und die Grundlagen der Tierpschychologie*, Jena, Fischer, 1910.

ZUCKER, Arnaud, « 'C'est la nature qui est magicienne' (Élien, *PA*, 2, 14) », *in* Alain Moreau et Jean-Claude C. Turpin (éd.), *La magie*, actes du colloque international de Montpellier, 25-27 mars 1999, Montpellier, Université Paul Valéry, 2000, p. 79-94.

ZUCKER, Arnaud, « Introduction », *in* Élien, *La personnalité des animaux. Livres I à X*, Paris, Les Belles Lettres, 2004, p. IX-XXXVI.

ZUIDEMA, Willem, HUPKES, Dieuwke, WIGGINS, Geraint A., SCHARFF, Constance et ROHRMEIRER Martin, "Formal Models of Structure Building in Music, Language, and Animal Song", *in* Honing, *The Origins of Musicality*, p. 253-286.

INDEX DES ANIMAUX

INDEX DES NOMS PROPRES

INDEX DES SOURCES

TABLE DES FIGURES

TABLE DES MATIÈRES

COLLECTION « MUSICOLOGIE »

La collection « Musicologie » publie les résultats des recherches menées en France et à l'étranger sur toutes les musiques, sans limites chronologiques ou géographiques, en veillant à la diversité des méthodes et des points de vue.

Retrouvez tous les titres de la collection en scannant ce code QR :

Et pour recevoir nos dernières actualités, abonnez-vous ici :

IMPRIM'VERT®

Achevé d'imprimer par Corlet,
Condé-en-Normandie (Calvados),
en Décembre 2025
N° d'impression : 189850 - dépôt légal : Décembre 2025
Imprimé en France